U0439555

中外哲學典籍大全
總主編 李鐵映 王偉光
中國哲學典籍卷

周易玩辭

經部易類

〔宋〕項安世 著
杜兵 點校

中國社會科學出版社

圖書在版編目（CIP）數據

周易玩辭／（宋）項安世著；杜兵點校．—北京：中國社會科學出版社，2021.5

（中外哲學典籍大全．中國哲學典籍卷）

ISBN 978－7－5203－8229－8

Ⅰ．①周…　Ⅱ．①項…②杜…　Ⅲ．①《周易》—研究　Ⅳ．①B221.5

中國版本圖書館CIP數據核字（2021）第064055號

出版人　趙劍英
項目統籌　王　茵
責任編輯　孫　萍　李凱凱
責任校對　趙　威
責任印製　王　超

出　　版　中国社会科学出版社
社　　址　北京鼓樓西大街甲158號
郵　　編　100720
網　　址　http://www.csspw.cn
發 行 部　010－84083685
門 市 部　010－84029450
經　　銷　新華書店及其他書店

印　　刷　北京君昇印刷有限公司
裝　　訂　廊坊市廣陽區廣增裝訂廠
版　　次　2021年5月第1版
印　　次　2021年5月第1次印刷

開　　本　710×1000　1/16
印　　張　28.5
字　　數　298千字
定　　價　105.00元

凡購買中國社會科學出版社圖書，如有質量問題請與本社營銷中心聯繫調換
電話：010－84083683
版權所有　侵權必究

中外哲學典籍大全

總主編　李鐵映　王偉光

顧　問（按姓氏拼音排序）

陳筠泉　陳先達　陳晏清　黄心川　李景源　樓宇烈　汝　信　王樹人　邢賁思
楊春貴　曾繁仁　張家龍　張立文　張世英

學術委員會

主　任　王京清

委　員（按姓氏拼音排序）

陳　來　陳少明　陳學明　崔建民　豐子義　馮顔利　傅有德　郭齊勇　郭　湛
韓慶祥　韓　震　江　怡　李存山　李景林　劉大椿　馬　援　倪梁康　歐陽康
龐元正　曲永義　任　平　尚　杰　孫正聿　萬俊人　王　博　汪　暉　王柯平
王　鐳　王立勝　王南湜　謝地坤　徐俊忠　楊　耕　張汝倫　張一兵　張志强
張志偉　趙敦華　趙劍英　趙汀陽

總編輯委員會

主　任　王立勝

副主任　馮顏利　張志强　王海生

委　員（按姓氏拼音排序）

陳　鵬　陳　霞　杜國平　甘紹平　郝立新　李　河　劉森林　歐陽英　單繼剛

吴向東　仰海峰　趙汀陽

綜合辦公室

主　任　王海生

「中國哲學典籍卷」

學術委員會

主　任　陳　來　趙汀陽　謝地坤　李存山　王　博

委　員（按姓氏拼音排序）

白　奚　陳壁生　陳　静　陳立勝　陳少明　陳衛平　陳　霞　丁四新　馮顏利

干春松　郭齊勇　郭曉東　景海峰　李景林　李四龍　劉成有　劉　豐　王中江

王立勝　吴　飛　吴根友　吴　震　向世陵　楊國榮　楊立華　張學智　張志强

鄭　開

項目負責人　張志强

提要撰稿主持人　劉　豐　趙金剛

提要英譯主持人　陳　霞

編輯委員會

主　任　張志强　趙劍英　顧　青

副主任　王海生　魏長寶　陳　霞　劉　豐

委　員（按姓氏拼音排序）

陳壁生　陳　靜　干春松　任蜜林　吴　飛　王　正　楊立華　趙金剛

編輯部

主　任　王　茵

副主任　孫　萍

成　員（按姓氏拼音排序）

崔芝妹　顧世寶　韓國茹　郝玉明　李凱凱　宋燕鵬　王沛姬　吴麗平　楊　康

張　潛　趙　威

中外哲學典籍大全

總序

中外哲學典籍大全的編纂，是一項既有時代價值又有歷史意義的重大工程。

中華民族經過了近一百八十年的艱苦奮鬥，迎來了中國近代以來最好的發展時期，迎來了奮力實現中華民族偉大復興的時期。中華民族衹有總結古今中外的一切思想成就，才能並肩世界歷史發展的大勢。爲此，我們須編纂一部匯集中外古今哲學典籍的經典集成，爲中華民族的偉大復興、爲人類命運共同體的建設、爲人類社會的進步，提供哲學思想的精粹。

哲學是思想的花朵，文明的靈魂，精神的王冠。一個國家、民族，要興旺發達，擁有光明的未來，就必須擁有精深的理論思維，擁有自己的哲學。哲學是推動社會變革和發展的理論力量，是激發人的精神砥石。哲學解放思維，净化心靈，照亮前行的道路。偉大的時代需要精邃的哲學。

一 哲學是智慧之學

哲學是什麽？這既是一個古老的問題，又是哲學永恒的話題。追問哲學是什麽，本身就是「哲學」問題。從哲學成爲思維的那一天起，哲學家們就在不停追問中發展、豐富哲學的篇章，給出一個又一個答案。每個時代的哲學家對這個問題都有自己的詮釋。哲學是什麽，是懸疑在人類智慧面前的永恒之問，這正是哲學之爲哲學的基本特點。

哲學是全部世界的觀念形態，精神本質。人類面臨的共同問題，是哲學研究的根本對象。本體論、認識論、世界觀、人生觀、價值觀、實踐論、方法論等，仍是哲學的基本問題和生命力所在！哲學研究的是世界萬物的根本性、本質性問題。人們可以給哲學做出許多具體定義，但我們可以嘗試用「遮詮」的方式描述哲學的一些特點，從而使人們加深對何爲哲學的認識。

哲學不是玄虛之觀。哲學來自人類實踐，關乎人生。哲學對現實存在的一切追根究底、「打破砂鍋問到底」。它不僅是問「是什麼」(being)，而且主要是追問「爲什麼」（why），特別是追問「爲什麼的爲什麼」。它關注整個宇宙，關注整個人類的命運，關注人生。它關心柴米油鹽醬醋茶和人的生命的關係，關心人工智能對人類社會的挑戰。哲學是對一切實踐經驗的理論升華，它關心具體現象背後的根據，關心人類如何會更好。

哲學是在根本層面上追問自然、社會和人本身，以徹底的態度反思已有的觀念和認識，從價值理想出發把握生活的目標和歷史的趨勢，展示了人類理性思維的高度，凝結了民族進步的智慧，寄託了人們熱愛光明、追求真善美的情懷。道不遠人，人能弘道。哲學是把握世界、洞悉未來的學問，是思想解放、自由的大門！

古希臘的哲學家們被稱爲「望天者」，亞里士多德在形而上學一书中說，「最初人們通過好奇—驚讚來做哲學」。如果說知識源於好奇的話，那麼産生哲學的好奇心，必須是大好奇心。這種「大好奇心」祇爲一件「大事因緣」而來，所謂大事，就是天地之間一切事物的「爲什麼」。哲學精神，是「家事、國事、天下事，事事要問」，是一種永遠追問的精神。

哲學不祇是思維。哲學將思維本身作爲自己的研究對象，對思想本身進行反思。哲學不是一般的知識體系，而是把知識概念作爲研究的對象，追問「什麽才是知識的真正來源和根據」。哲學的「非對象性」的思想方式，不是「純形式」的推論原則，而有其「非對象性」之對象。哲學之對象乃是不斷追求真理，是一個理論與實踐兼而有之的過程，是認識的精粹。哲學追求真理的過程本身就顯現了哲學的本質。天地之浩瀚，變化之奥妙，正是哲思的玄妙之處。

哲學不是宣示絶對性的教義教條，哲學反對一切形式的絶對。哲學解放束縛，意味著從一切思想教條中解放人類自身。哲學給了我們徹底反思過去的思想自由，給了我們深刻洞察未來的思想能力。哲學就是解放之學，是聖火和利劍。

哲學不是一般的知識。哲學追求「大智慧」。佛教講「轉識成智」，識與智相當於知識與哲學的關係。一般知識是依據於具體認識對象而來的、有所依有所待的「識」，而哲學則是超越於具體對象之上的「智」。

公元前六世紀，中國的老子說，「大方無隅，大器晚成，大音希聲，大象無形，道隱無名。夫唯道，善貸且成」。又說，「反者道之動，弱者道之用。天下萬物生於有，有生於無」。對道的追求就是對有之爲有、無形無名的探究，就是對天地何以如此的探究。這種追求，使得哲學具有了天地之大用，具有了超越有形有名之有限經驗的大智慧。這種大智慧、大用途，超越一切限制的籬笆，達到趨向無限的解放能力。

哲學不是經驗科學，但又與經驗有聯繫。哲學從其作爲學問誕生起，就包含於科學形態之中，是以科學形態出現的。哲學是以理性的方式、概念的方式、論证的方式來思考宇宙人生的根本問題。在亞里士多德那裏，凡是研究實體（ousia）的學問，都叫作「哲學」。而「第一實體」則是存在者中的「第一個」。研究第一實體的學問稱爲「神學」，也就是「形而上學」，這正是後世所謂「哲學」。一般意義上的科學正是從「哲學」最初的意義上贏得自己最原初的規定性的。哲學雖然不是經驗科學，却爲科學劃定了意義的範圍、指明了方向。哲學最後必定指向宇宙人生的根本問題，大科學家的工作在深層意義上總是具有哲學的意味，牛頓和愛因斯坦就是這樣的典範。

哲學不是自然科學，也不是文學藝術，但在自然科學的前頭，哲學的道路展現了；在文學藝術的山頂，哲學的天梯出現了。哲學不斷地激發人的探索和創造精神，使人在認識世界的過程中，不斷達到新境界，在改造世界中從必然王國到達自由王國。

哲學不斷從最根本的問題再次出發。哲學史在一定意義上就是不斷重構新的世界觀、認識人類自身的歷史。哲學的歷史呈現，正是對哲學的創造本性的最好説明。哲學史上每一位哲學家對根本問題的思考，都在爲哲學添加新思維、新向度，猶如爲天籟山上不斷增添一隻隻黄鸝翠鳥。

如果説哲學是哲學史的連續展現中所具有的統一性特徵，那麽這種「一」是在「多」個哲學的創造中實現的。如果説每一種哲學體系都追求一種體系性的「一」的話，那麽每種「一」的體系之間都存在着千絲相聯、多方組合的關係。這正是哲學史昭示於我們的哲學多樣性的意義。多樣性與統一性的依存關係，正是哲學尋求現象與本質、具體與普遍相統一的辯證之意義。

哲學的追求是人類精神的自然趨向，是精神自由的花朵。哲學是思想的自由，是自由的思想。

中國哲學，是中華民族五千年文明傳統中，最爲内在的、最爲深刻的、最爲持久的精神追求和價值觀表達。中國哲學已經化爲中國人的思維方式、生活態度、道德準則、人生追求、精神境界。中國人的科學技術、倫理道德、小家大國、中醫藥學、詩歌文學、繪畫書法、武術拳法、鄉規民俗，乃至日常生活也都浸潤着中國哲學的精神。華夏文化雖歷經磨難而能够透魄醒神，堅韌屹立，正是來自於中國哲學深邃的思維和創造力。

先秦時代，老子、孔子、莊子、孫子、韓非子等諸子之間的百家争鳴，就是哲學精神在中國的展現，是中國人思想解放的第一次大爆發。兩漢四百多年的思想和制度，是諸子百家思想在争鳴過程中大整合的結果。魏晋之際，玄學的發生，則是儒道冲破各自藩籬，彼此互動互補的結果，形成了儒家獨尊的態勢。隋唐三百年，佛教深入中國文化，又一次帶來了思想的大融合和大解放，禪宗的形成就是這一融合和解放的結果。兩宋三百多年，中國哲學迎來了第三次大解放。儒釋道三教之間的互潤互持日趨深入，朱熹的理學和陸象山的心學，就是這一思想潮流的哲學結晶。

與古希臘哲學强調沉思和理論建構不同，中國哲學的旨趣在於實踐人文關懷，它更關注實踐的義理性意義。中國哲學當中，知與行從未分離，中國哲學有着深厚的實踐觀點和生活觀點，倫理道德觀是中國人的貢獻。馬克思説，「全部社會生活在本質上是實踐的」，實踐的觀點、生活的觀點也正是馬克思主義認識論的基本觀點。這種哲學上的契合性，正是馬克思主義能够在中國扎根並不斷中國化的哲學原因。

「實事求是」是中國的一句古話。今天已成爲深遂的哲理，成爲中國人的思維方式和行爲基準。實事求是就是解放思想，解放思想就是實事求是。實事求是毛澤東思想的精髓，是改革開放的基石。只有解放思想才能實事求是。實事求是就是中國人始終堅持的哲學思想。實事求是就是依靠自己，走自己的道路，反對一切絶對觀念。所謂中國化就是一切從中國實際出發，一切理論必須符合中國實際。

二　哲學的多樣性

實踐是人的存在形式，是哲學之母。實踐是思維的動力、源泉、價值、標準。人們認識世界、探索規律的根本目的是改造世界，完善自己。哲學問題的提出和回答，都離不開實踐。馬克思有句名言：「哲學家們只是用不同的方式解釋世界，而問題在於改變世界！」理論只有成爲人的精神智慧，才能成爲改變世界的力量。

哲學關心人類命運。時代的哲學，必定關心時代的命運。對時代命運的關心就是對人類實踐和命運的關心。人在實踐中產生的一切都具有現實性。哲學的實踐性必定帶來哲學的現實性。哲學的現實性就是强調人在不斷回答實踐中各種問題時應該具有的態度。

哲學作爲一門科學是現實的。哲學是一門回答並解釋現實的學問，哲學是人們聯繫實際、面對現實的思想。可以説哲學是現實的最本質的理論，也是本質的最現實的理論。哲學始終追問現實的發展和變化。哲學存在於實踐中，也必定在現實中發展。哲學的現實性要求我們直面實踐本身。

哲學不是簡單跟在實踐後面，成爲當下實踐的「奴僕」，而是以特有的深邃方式，關注着實踐的發展，提升人的實踐水平，爲社會實踐提供理論支撑。從直接的、急功近利的要求出發來理解和從事哲學，無異於向哲學提出它本身不可能完成的任務。哲學是深沉的反思，厚重的智慧，事物的抽象，理論的把握。哲學是人類把握世界最深邃的理論思維。

哲學是立足人的學問，是人用於理解世界、把握世界、改造世界的智慧之學。「民之所好，好之，民之所惠，惠之。」哲學的目的是爲了人。用哲學理解外在的世界，理解人本身，也是爲了用哲學改造世界、改造人。哲學研究無禁區，無終無界，與宇宙同在，與人類同在。

存在是多樣的，發展是多樣的，這是客觀世界的必然。宇宙萬物本身是多樣的存在，多樣的變化。歷史表明，每一民族的文化都有其獨特的價值。文化的多樣性是自然律，是動力，是生命力。各民族文化之間的相互借鑒，補充浸染，共同推動著人類社會的發展和繁榮，這是規律。對象的多樣性、複雜性，決定了哲學的多樣性；即使對同一事物，人們也會産生不同的哲學認識，形成不同的哲學派别。哲學觀點、思潮、流派及其表現形式上的區别，來自於哲學的時代性、地域性和民族性的差异。世界哲學是不同民族的哲學的薈萃，如中國哲學、西方哲學、阿拉伯哲學等。多樣性構成了世界，百花齊放形成了花園。不同的民族會有不同風格的哲學。恰恰是哲學的民族性，使不同的哲學都可以在世界舞臺上演繹出各種「戲劇」。即使有類似的哲學觀點，在實踐中的表達和運用也會各有特色。

人類的實踐是多方面的，具有多樣性、發展性，大體可以分爲：改造自然界的實踐，改造人類社會的實踐，完善人本身的實踐，提升人的精神世界的精神活動。人是實踐中的人，實踐是人的生命的第一屬性。實踐的社會性决定了哲學的社會性，哲學不是脱離社會現實生活的某種遐想，而是社會現實生活的觀念形態，是文明進步的重要標誌，是人的發展水平的重要維度。哲學的發展狀況，反映着一個社會人的理性成熟程度，反映著這個社會的文明程度。

哲學史實質上是自然史、社會史、人的發展史和人類思維史的總結和概括。自然界是多樣的，社會是多樣的，人類思維是多樣的。所謂哲學的多樣性，就是哲學基本觀念、理論學説、方法的異同，是哲學思維方式上的多姿多彩。哲學的多樣性是哲學的常態，是哲學進步、發展和繁榮的標誌。哲學是人的哲學，哲學是人對事物的自覺，是人對外界和自我認識的學問，也是人把握世界和自我的學問。哲學的多樣性，是哲學的常態和必然，是哲學發展和繁榮的内在動力。一般是普遍性，特色也是普遍性。從單一性到多樣性，從簡單性到複雜性，是哲學思維的一大變革。用一種哲學話語和方法否定另一種哲學話語和方法，這本身就不是哲學的態度。

多樣性並不否定共同性、統一性、普遍性。物質和精神，存在和意識，一切事物都是在運動、變化中的，是哲學的基本問題，也是我們的基本哲學觀點！

當今的世界如此紛繁複雜，哲學多樣性就是世界多樣性的反映。哲學是以觀念形態表現出的現實世界。哲學的多樣性，就是文明多樣性和人類歷史發展多樣性的表達。多樣性是宇宙之道。

哲學的實踐性、多樣性，還體現在哲學的時代性上。哲學總是特定時代精神的精華，是一定歷史條件下人的反思活動的理論形態。在不同的時代，哲學具有不同的内容和形式，哲學的多樣性，也是歷史時代多樣性的表達。哲學的多樣性也會讓我們能够更科學地理解不同歷史時代，更爲内在地理解歷史發展的道理。多樣性是歷史之道。

哲學之所以能發揮解放思想的作用，在於它始終關注實踐，關注現實的發展；在於它始終關注著科學技術的進步。哲學本身没有絶對空間，没有自在的世界，只能是客觀世界的映象，觀念形態。没有了現實性，哲學就遠離人，就離開了存在。哲學的實踐性，説到底是在説明哲學本質上是人的哲學，是人的思維，是爲了人的科學！哲學的實踐性、多樣性告訴我們，哲學必須百花齊放、百家争鳴。哲學的發展首先要解放自己，解放哲學，就是實現思維、觀念及範式的變革。人類發展也必須多途並進，交流互鑒，共同繁榮。采百花之粉，才能釀天下之蜜。

三　哲學與當代中國

中國自古以來就有思辨的傳統，中國思想史上的百家争鳴就是哲學繁榮的史象。哲學是歷史發展的號角。中國思想文化的每一次大躍升，都是哲學解放的結果。中國古代賢哲的思想傳承至今，他們的智慧已浸入中國人的精神境界和生命情懷。

中國共産黨人歷來重視哲學，毛澤東在一九三八年，在抗日戰爭最困難的條件下，在延安研究哲學，創作了實踐論和矛盾論，推動了中國革命的思想解放，成爲中國人民的精神力量。

中華民族的偉大復興必將迎來中國哲學的新發展。當代中國必須有自己的哲學，當代中國的哲學必須要從根本上講清楚中國道路的哲學道理。中華民族的偉大復興必須要有哲學的思維，必須要有不斷深入的反思。發展的道路，就是哲思的道路，文化的自信，就是哲學思維的自信。哲學是引領者，可謂永恒的「北斗」，哲學是時代的「火焰」，是時代最精緻最深刻的「光芒」。從社會變革的意義上說，任何一次巨大的社會變革，總是以理論思維爲先導。理論的變革，總是以思想觀念的空前解放爲前提，而「吹響」人類思想解放第一聲「號角」的，往往就是代表時代精神精華的哲學。社會實踐對於哲學的需求可謂「迫不及待」，因爲哲學總是「吹響」這個新時代的「號角」。「吹響」中國改革開放之

「號角」的，正是「解放思想」「實踐是檢驗真理的唯一標準」「不改革死路一條」等哲學觀念。「吹響」新時代「號角」的是「中國夢」，「人民對美好生活的向往，就是我們奮鬥的目標」。發展是人類社會永恒的動力，變革是社會解放的永遠的課題，思想解放，解放思想是無盡的哲思。中國正走在理論和實踐的雙重探索之路上，搞探索没有哲學不成！

中國哲學的新發展，必須反映中國與世界最新的實踐成果，必須反映科學的最新成果，必須具有走向未來的思想力量。今天的中國人所面臨的歷史時代，是史無前例的。十三億人齊步邁向現代化，這是怎樣的一幅歷史畫卷！是何等壯麗、令人震撼！不僅中國歷史上亘古未有，在世界歷史上也從未有過。當今中國需要的哲學，是結合天道、地理、人德的哲學，是整合古今中西的哲學，只有這樣的哲學才是中華民族偉大復興的哲學。

當今中國需要的哲學，必須是適合中國的哲學。無論古今中外，再好的東西，也需要再吸收，再消化，必須要經過現代化和中國化，才能成爲今天中國自己的哲學。哲學是解放人的，哲學自身的發展也是一次思想解放，也是人的一个思維升華、羽化的過程。中國人的思想解放，總是隨著歷史不斷進行的。歷史有多長，思想解放的道路就有多長；發展進步是永恒的，思想解放也是永無止境的，思想解放就是哲學的解放。

習近平說，思想工作就是「引導人們更加全面客觀地認識當代中國、看待外部世界」。這就需要我們確立一種「知己知彼」的知識態度和理論立場，而哲學則是對文明價值核心最精練和最集中的深邃性表達，有助於我們認識中國、認識世界。立足中國、認識中國，需要我們審視我們走過的道路，立足中國、認識世界，需要我們觀察和借鑒世界歷史上的不同文化。中國「獨特的文化傳統」、中國「獨特的歷史命運」、中國「獨特的基本國情」，「決定了我們必然要走適合自己特點的發展道路」。一切現實的，存在的社會制度，其形態都是具體的，都是特色的，都必須是符合本國實際的。抽象的制度，普世的制度是不存在的。同時，我們要全面客觀地「看待外部世界」。研究古今中外的哲學，是中國認識世界、認識人類史，認識自己未來發展的必修課。今天中國的發展不僅要讀中國書，還要讀世界書。不僅要學習自然科學、社會科學的經典，更要學習哲學的經典。當前，中國正走在實現「中國夢」的「長征」路上，這也正是一條思想不斷解放的道路！要回答中國的問題，解釋中國的發展，首先需要哲學思維本身的解放。哲學的發展，就是哲學的解放，這是由哲學的實踐性、時代性所決定的。哲學無禁區、無疆界。哲學是關乎宇宙之精神，是關乎人類之思想。哲學將與宇宙、人類同在。

四 哲學典籍

中外哲學典籍大全的編纂，是要讓中國人能研究中外哲學經典，吸收人類精神思想的精華；是要提升我們的思維，讓中國人的思想更加理性、更加科學、更加智慧。

中國有盛世修典的傳統。中國古代有多部典籍類書（如「永樂大典」「四庫全書」等），在新時代編纂中外哲學典籍大全，是我們的歷史使命，是民族復興的重大思想工程。

只有學習和借鑒人類精神思想的成就，才能實現我們自己的發展，走向未來。中外哲學典籍大全的編纂，就是在思維層面上，在智慧境界中，繼承自己的精神文明，學習世界優秀文化。這是我們的必修課。

不同文化之間的交流、合作和友誼，必須達到哲學層面上的相互認同和借鑒。哲學之間的對話和傾聽，才是從心到心的交流。中外哲學典籍大全的編纂，就是在搭建心心相通的橋樑。

我們編纂這套哲學典籍大全，一是中國哲學，整理中國歷史上的思想典籍，濃縮中國思想史上的精華；二是外國哲學，主要是西方哲學，吸收外來，借鑒人類發展的優秀哲學成果；三是馬克思主義哲學，展示馬克思主義哲學中國化的成就；四是中國近現代以來的哲學成果，特別是馬克思主義在中國的發展。

編纂這部典籍大全，是哲學界早有的心願，也是哲學界的一份奉獻。中外哲學典籍大全總結的是書本上的思想，是先哲們的思維，是前人的足迹。我們希望把它們奉獻給後來人，使他們能够站在前人肩膀上，站在歷史岸邊看待自己。

中外哲學典籍大全的編纂，是以「知以藏往」的方式實現「神以知來」；中外哲學典籍大全的編纂，是通過對中外哲學歷史的「原始反終」，從人類共同面臨的根本大問題出發，在哲學生生不息的道路上，綵繪出人類文明進步的盛德大業！

發展的中國，既是一個政治、經濟大國，也是一個文化大國，也必將是一個哲學大國、思想王國。人類的精神文明成果是不分國界的，哲學的邊界是實踐，實踐的永恒性是哲學的永續綫性，打開胸懷擁抱人類文明成就，是一個民族和國家自强自立，始終佇立於人類文明潮頭的根本條件。

擁抱世界，擁抱未來，走向復興，構建中國人的世界觀、人生觀、價值觀、方法論，這是中國人的視野、情懷，也是中國哲學家的願望！

李鐵映

二〇一八年八月

「中國哲學典籍卷」

序

中國古無「哲學」之名，但如近代的王國維所説，「哲學爲中國固有之學」。「哲學」的譯名出自日本啓蒙學者西周，他在一八七四年出版的百一新論中説：「將論明天道人道，兼立教法的philosophy譯名爲哲學。」自「哲學」譯名的成立，「philosophy」或「哲學」就已有了東西方文化交融互鑒的性質。

「philosophy」在古希臘文化中的本義是「愛智」，而「哲學」的「哲」在中國古經書中的字義就是「智」或「大智」。孔子在臨終時慨嘆而歌：「泰山壞乎！梁柱摧乎！哲人萎乎！」（史記孔子世家）「哲人」在中國古經書中釋爲「賢智之人」，而在「哲學」譯名輸入中國後即可稱爲「哲學家」。

哲學是智慧之學，是關於宇宙和人生之根本問題的學問。對此，中西或中外哲學是共同的，因而哲學具有世界人類文化的普遍性。但是，正如世界各民族文化既有世界的普遍性，也有民族的特殊性，所以世界各民族哲學也具有不同的風格和特色。如果說「哲學」是個「共名」或「類稱」，那麼世界各民族哲學就是此類中不同的「特例」。這是哲學的普遍性與多樣性的統一。

在中國哲學中，關於宇宙的根本道理稱爲「天道」，關於人生的根本道理稱爲「人道」，中國哲學的一個貫穿始終的核心問題就是「究天人之際」。一般說來，天人關係問題是中外哲學普遍探索的問題，而中國哲學的「究天人之際」具有自身的特點。

亞里士多德曾說：「古今來人們開始哲學探索，都應起於對自然萬物的驚異……這類學術研究的開始，都在人生的必需品以及使人快樂安適的種種事物幾乎全都獲得了以後。」「這些知識最先出現於人們開始有閒暇的地方。」這是說的古希臘哲學的一個特點，是與當時古希臘的社會歷史發展階段及其貴族階層的生活方式相聯繫的。與此不同，中國哲學是產生於士人在社會大變動中的憂患意識，爲了求得社會的治理和人生的安頓，他們大多「席不暇暖」地周遊列國，宣傳自己的社會主張。這就決定了中國哲學在「究天人之際」

中首重「知人」，在先秦「百家争鳴」中的各主要流派都是「務爲治者也，直所從言之異路，有省不省耳」（史記太史公自序）。

中國哲學與其他民族哲學所不同者，還在於中國數千年文化一直生生不息而未嘗中斷，中國文化在世界歷史的「軸心時期」所實現的哲學突破也是采取了極温和的方式。這主要表現在孔子的「祖述堯舜，憲章文武」，删述六經，對中國上古的文化既有連續性的繼承，又經編纂和詮釋而有哲學思想的突破。因此，由孔子及其後學所編纂和詮釋的上古經書就以「先王之政典」的形式不僅保存下來，而且在此後中國文化的發展中居於統率的地位。

據近期出土的文獻資料，先秦儒家在戰國時期已有對「六經」的排列，「六經」作爲一個著作群受到儒家的高度重視。至漢武帝「罷黜百家，表章六經」，遂使「六經」以及儒家的經學確立了由國家意識形態認可的統率地位。漢書藝文志著録圖書，爲首的是「六藝略」，其次是「諸子略」「詩賦略」「兵書略」「數術略」和「方技略」，這就體現了以「六經」統率諸子學和其他學術。這種圖書分類經幾次調整，到了隋書經籍志乃正式形成「經、史、子、集」的四部分類，此後保持穩定而延續至清。

中國傳統文化有「四部」的圖書分類，也有對「義理之學」「考據之學」「辭章之學」和「經世之學」等的劃分，其中「義理之學」雖然近於「哲學」但並不等同。中國傳統文化沒有形成「哲學」以及近現代教育學科體制的分科，但是中國傳統文化確實固有其深邃的哲學思想，它表達了中華民族的世界觀、人生觀，體現了中華民族的思維方式、行爲準則，凝聚了中華民族最深沉、最持久的價值追求。

清代學者戴震說：「天人之道，經之大訓萃焉。」（原善卷上）經書和經學中講「天人之道」的「大訓」，就是中國傳統的哲學；不僅如此，在圖書分類的「子、史、集」中也有講「天人之道」的「大訓」，這些也是中國傳統的哲學。「究天人之際」的哲學主題是在中國文化上下幾千年的發展中，伴隨著歷史的進程而不斷深化、轉陳出新、持續探索的。

中國哲學首重「知人」，在天人關係中是以「知人」爲中心，以「安民」或「爲治」爲宗旨的。在記載中國上古文化的尚書皋陶謨中，就有了「知人則哲，能官人；安民則惠，黎民懷之」的表述。在論語中，「樊遲問仁，子曰：『愛人。』問知（智），子曰：『知人。』」（論語顏淵）「仁者愛人」是孔子思想中的最高道德範疇，其源頭可上溯到中國文化自上古以來就形成的崇尚道德的優秀傳統。孔子說：「未能事人，焉能事鬼？」「未知生，焉知死？」（論語先進）「務民之義，敬鬼神而遠之，可謂知矣。」（論語雍也）「智者知人」，在孔子的思想中雖然保留了對「天」和鬼神的敬畏，但他的主要關注點是現世的人生，是「仁者愛人」「天下有道」的價值取向，由此確立了中國哲學以「知人」爲中心的思想範式。西方現代哲學家雅斯貝爾斯在大哲學家一書中把蘇格拉底、佛陀、孔子和耶穌作爲「思想範式的創造者」，而孔子思想的特點就是「要在世間建立一種人道的秩序」，「在現世的可能性之中」，孔子「希望建立一個新世界」。

中國上古時期把「天」或「上帝」作爲最高的信仰對象，這種信仰也有其宗教的特殊性。如梁啓超所說：「各國之尊天者，常崇之於萬有之外，而中國則常納之於人事之中，此吾中華所特長也。……其尊天也，目的不在天國而在世界，受用不在未來（來世）而在現在（現世）。是故人倫亦稱天倫，人道亦稱天道。記曰：『善言天者必有驗於人。』此所以雖近於宗教，而與他國之宗教自殊科也。」由於中國上古文化所信仰的「天」不是存在於與人世生活相隔絕的「彼岸世界」，而是與地相聯繫（中庸所謂「郊社之禮，所以事上帝也」，朱熹中庸章句注：「郊，祀天；社，祭地。不言后土者，省文也。」），具有道德的、以民爲本的特點（尚書所謂「皇天無親，惟德是輔」，「天視自我民視，天聽自我民聽」，「民之所欲，天必從之」），所以這種特殊的宗教性也長期地影響著中國哲學對天人關係的認識。相傳「人更三聖，世經三古」的易經，其本爲卜筮之書，但經孔子「觀其德義而已」之後，則成爲講天人關係的哲理之書。四庫全书總目易類序說：「聖人覺世牖民，大抵因事以寓教……易則寓於卜筮。故易之爲書，推天道以明人事者也。」不僅易經是如此，而且以後中國哲學的普遍架構就是「推天道以明人事」。

春秋末期，與孔子同時而比他年長的老子，原創性地提出了「有物混成，先天地生」（老子二十五章），天地並非固有的，在天地産生之前有「道」存在，「道」是産生天地萬物的總根源和總根據。「道」内在於天地萬物之中就是「德」，「孔德之容，惟道是從」（老子二十一章），「道」與「德」是統一的。老子說：「道生之，德畜之，物形之，勢成之。是以萬物莫不尊道而貴德。道之尊，德之貴，夫莫之命而常自然。」（老子五十一章）老子的價值主張是「自然無爲」，而「自然無爲」的天道根據就是「道生之，德畜之……是以萬物莫不尊道而貴德」。老子所講的「德」實即相當於「性」，孔子所罕言的「性與天道」，在老子哲學中就是講「道」與「德」的形而上學。實際上，老子哲學確立了中國哲學「性與天道合一」的思想，而他從「道」與「德」推出「自然無爲」的價值主張，這就成爲以後中國哲學「推天道以明人事」普遍架構的一個典範。雅斯貝爾斯在大哲學家一書中把老子列入「原創性形而上學家」，他說：「從世界歷史來看，老子的偉大是同中國的精神結合在一起的。」他評價孔、老關係時說：「雖然兩位大師放眼於相反的方向，但他們實際上立足於同一基礎之上。兩者間的統一在中國的偉大人物身上則一再得到體現……」這裏所謂「中國的精神」「立足於同一基礎之上」，就是説孔子和老子的哲學都是爲了解決現實生活中的問題，都是「務爲治者也」。

在老子哲學之後，中庸說：「天命之謂性」，「思知人，不可以不知天」。孟子說：「盡其心者知其性也，知其性則知天矣。」（孟子盡心上）此後的中國哲學家雖然對天道和人性有不同的認識，但大抵都是講人性源於天道，知天是爲了知人。一直到宋明理學家講「天者理也」，「性即理也」，「性與天道合一存乎誠」。作爲宋明理學之開山著作的周敦頤太極圖説，是從「無極而太極」講起，至「形既生矣，神發知矣，五性感動而善惡分，萬事出矣」，這就是從天道講到人事，而其歸結爲「聖人定之以中正仁義而主静，立人極焉」，這就是從天道、人性推出人事應該如何，「立人極」就是要確立人事的價值準則。可以説，中國哲學的「推天道以明人事」最終指向的是人生的價值觀，這也就是要「爲天地立心，爲生民立命，爲往聖繼絶學，爲萬世開太平」。在作爲中國哲學主流的儒家哲學中，價值觀又是與道德修養的工夫論和道德境界相聯繫。因此，天人合一、真善合一、知行合一成爲中國哲學的主要特點。

中國哲學經歷了不同的歷史發展階段，從先秦時期的諸子百家争鳴，到漢代以後的儒家經學獨尊，而實際上是儒道互補，至魏晋玄學乃是儒道互補的一個結晶；在南北朝時期逐漸形成儒、釋、道三教鼎立，從印度傳來的佛教逐漸適應中國文化的生態環境，至隋唐時期完成中國化的過程而成爲中國文化的一個有機組成部分；宋明理學則是吸收了佛、道二教的思想因素，返而歸於「六經」，又創建了論語孟子大學中庸的「四書」體系，建構了以「理、氣、心、性」爲核心範疇的新儒學。因此，中國哲學不僅具有自身的特點，而且具有不同發展階段和不同學派思想内容的豐富性。

一八四〇年之後，中國面臨着「數千年未有之變局」，中國文化進入了近現代轉型的時期。在甲午戰敗之後的一八九五年，「哲學」的譯名出現在黄遵憲的日本國志和鄭觀應的盛世危言（十四卷本）中。此後，「哲學」以一個學科的形式，以哲學的「獨立之精神，自由之思想」推動了中華民族的思想解放和改革開放，中、外哲學會聚於中國，中、外哲學的交流互鑒使中國哲學的發展呈現出新的形態，馬克思主義哲學在與中國的歷史文化傳統、中國具體的革命和建設實踐相結合的過程中不斷中國化而產生新的理論成果。中華民族的偉大復興必將迎來中國哲學的新發展，在此之際，編纂中外哲學典籍大全，中國哲學典籍第一次與外國哲學典籍會聚於此大全中，這是中國盛世修典史上的一個首創，對於今後中國哲學的發展、對於中華民族的偉大復興具有重要的意義。

李存山

二〇一八年八月

「中國哲學典籍卷」

出版前言

社會的發展需要哲學智慧的指引。在中國浩如煙海的文獻中，哲學典籍占據著重要地位，指引著中華民族在歷史的浪潮中前行。這些凝練著古聖先賢智慧的哲學典籍，在新時代仍然熠熠生輝。

收入我社「中國哲學典籍卷」的書目，是最新整理成果的首次發布，按照内容和年代分爲以下幾類：先秦子書類、兩漢魏晋隋唐哲學類、佛道教哲學類、宋元明清哲學類、近現代哲學類、經部（易類、書類、禮類、春秋類、孝經類）等，其中以經學類占多數。本次整理皆選取各書存世的善本爲底本，制訂校勘記撰寫的基本原則以確保校勘品質。全套書采用繁體竪排加專名綫的古籍版式，嚴守古籍整理出版規範，並請相關領域專家多次審稿，整理者反復修訂完善，旨在匯集保存中國哲學典籍文獻，同時也爲古籍研究者和愛好者提供研習的文本。

文化自信是一個國家、一個民族發展中更基本、更深沉、更持久的力量。對中國哲學典籍進行整理出版，是文化創新的題中應有之義。中國社會科學出版社秉持「傳文明薪火，發時代先聲」的發展理念，歷來重視中華優秀傳統文化的研究和出版。「中國哲學典籍卷」樣稿已在二〇一八年世界哲學大會、二〇一九年北京國際書展等重要圖書會展亮相，贏得了與會學者的高度讚賞和期待。

點校者、審稿專家、編校人員等爲叢書的出版付出了大量的時間與精力，在此一並致謝。由於水準有限，書中難免有一些不當之處，敬請讀者批評指正。

趙劍英

二〇二〇年八月

點校說明

周易玩辭十六卷，南宋項安世撰，據其自序所記，此書初稿寫成於宋寧宗慶元四年（1198年），最終定稿則在宋寧宗嘉泰二年（1202年）。此書的版本大致有下面幾種。

俞琰讀易舉要卷四稱：「嘉定辛未，江陵樂章知郢州，刊板於郡之公庫。」今檢周易玩辭樂章所作跋最後落款爲「嘉定辛未歲閏二月中澣」，且俞琰所引的跋文與今存樂章跋文完全一致，可知確有此本。嘉定辛未爲公元1211年，這是目前所知的最早刻本，但後世未再見有關於此本的記載，大約已經佚失了。

晁公武郡齋讀書志卷五上周易玩辭條下載：「其（引按：指項安世）子寅孫刊於建安書院，樂章識於後」。建安書院建於宋理宗嘉熙二年（1238年），根據福建通志的記載，項安世之子項寅孫在宋理宗淳祐年間曾任福建轉運判官及提刑等職，周易玩辭當即刊刻於此時。晁公武所說的「樂章識於後」，應該就是嘉定刻本中樂章所作的跋。此本爲現存最早的刻本，國家圖書館及臺北圖書館均有藏本。

馬端臨周易玩辭序說：「家有善本，先公嘗熟復而手校之。方塘徐君掌教初庵，以是書鋟梓學舍，俾贅語其編尾，輒誦所聞。大德丁未。」徐之祥周易玩辭序說：「予過梧翁先生馬公考學，得所藏本，乃咸淳乙丑禮部貢院所點校。敬鋟諸梓，與朋友共，使家藏而人誦之，予之志也。大德丁未。」據此，則元大德丁未（1307年）曾有刻本印行。

虞集周易玩辭序云：「幹君克莊……取是書於篋，俾齊安郡學刻而廣之，蓋嘆乎學者之不多見是書也。不鄙謂集退老林下，庶乎困學之不敢忘，俾叙其説焉。」據此則元文宗時曾有刻本，惟其所據底本不詳，此本今已不傳。

清納蘭性德刊刻通志堂經解，其中所收周易玩辭書末有「咸淳乙丑被命典舉，以花朝日點畢於禮部貢院，鄱陽馬廷鸞」等字樣，可知通志堂本即是以徐之祥的刻本爲底本。四庫全書及摛藻堂四庫全書薈要所收周易玩辭即據通志堂本爲底本。

除了上述刻本之外，周易玩辭還有一些抄本，現在存世的有明代澹然齋抄本以及清代的三個抄本。

以上這些刻本，從傳布情況來看以通志堂本最爲廣泛。通志堂经解有两个刻本，初刻本在康熙十九年（1680年），此本校刻皆精，是清初官方刻本的代表；同治十二年（1873年）两广鹽運使巴陵鍾謙鈞据初刻本覆刻。總體而論覆刻本質量逊於初刻本，不過僅就周易玩辭一書而言，這兩個刻本差别并不太大。本次點校即以1974年臺灣廣文書局影印覆刻本通志堂經解中的周易玩辭爲底本（文中稱「通志堂本」），以國家圖書館所藏宋建安書院刻本（文中稱宋本）、明代澹然齋抄本（文中稱「明抄本」）、清抄本，以及四庫全書（文中稱「四庫本」）、摛藻堂四庫全書薈要（文中稱「薈要本」）所收本子相校，其中以宋本爲主要校本。

本次點校的主要目的不在於考索此書的版本沿革情況，而是期望整理出一個本子以供讀者研習參閱，因此在具體點校過程中遵循以下原則：

（一）舊刻本中凡屬傳統行文格式的内容，如提格、自稱用小字等，一概刊落，不作說明。

（二）凡底本與宋本相合，無論他本是否有異，概不出注。

（三）凡底本與宋本文字有異而意義無別者，一般不作校改。如「説」與「悦」、「它」與「他」、「無」與「无」等屬於字體異寫，「孔子」與「夫子」屬於名異而實同，「得孔子贊之則愈明」與「得孔子贊之而愈明」、「加『亨』字」與「加一『亨』字」等於意義無影響。

（四）凡底本與宋本文字有異且意義亦别者，則注明各本之情況；改動底本之處，必注明所據之本，并簡要説明校改理由。如改動之處屬於引文與原文不符之類，則僅注明所據之本而不説明理由。

（五）凡避諱而缺筆之字，徑改本字而不作説明；避諱而用他字者，則改用本字并出校記。

（六）書中引用周易經傳文辭之處，概不出注。引用他書之處，如引文與原文相合，則不出注；如引文與原文有明顯出入，一般出注説明。

通志堂本周易玩辭卷首依次列有納蘭成德、虞集、徐之祥、馬端臨、項安世之序，卷末附樂章跋。此次整理衹將項安世之序存於書前，其他序文則附於書末。此外，將清人王懋竑書項氏玩辭後一文及四庫全書總目提要中此書之提要一并附於最后，以供讀者參考，所附之文大體以作者時代爲次序。

臺灣賴貴三先生曾據臺灣臺北圖書館所藏宋建安書院刊本與通志堂經解初刻本所收周易玩辭對校，制有斠勘表，載於其碩士學位論文項安世周易玩辭研究中，此表對本次點校多有助益，特此指明。

點校古籍本非易事，難免疏漏，敬請讀者明辨指正。

杜　兵

二〇一八年五月

目録

周易玩辭序

序曰：大傳曰「君子居則觀其象而玩其辭，動則觀其變而玩其占」，讀易之法盡於此矣。易之道四，其實則二，象與辭是也。變則象之進退也，占則辭之吉凶也。不識其象，何以知其變？不通其辭，何以決其占？然而聖人因象以措辭，後學因辭而測象，則今之讀易所當反復紬繹精思而深味者，莫辭若也。於是作周易玩辭，宋〔一〕慶元四年，歲次戊午，秋九月己未，江陵項安世述周易上篇六卷、周易下篇六卷、繫辭兩卷、説卦一卷、序卦雜卦一卷。嘉泰二年壬戌之秋，重修周易玩辭十六卷，章句粗定，因自嘆曰：「安世之所學，蓋伊川程子之書也。程子平生所著獨易傳爲全書，安世受而讀之三十年矣。今以其所

〔一〕宋，宋本作「皇宋」。

得於易傳者述爲此書，而其文无與易傳合者，合則无用述此書矣。世之友朋以易傳之理觀吾書，則〔二〕本末條貫无一不本於易傳者；以易傳之文觀吾書，則未免有使西河之民疑汝於夫子之怒。知我者此書也，罪我者此書也。」九月丙午，安世謹書。

〔二〕則，據宋本補入，如此與下句文例一致。

周易玩辭卷第一

䷀乾下乾上乾〔二〕

彖

彖者，主釋卦下之彖辭也。「大哉乾元，萬物資始，乃統天」，以天道釋「元」字。「雲行雨施，品物流形」，言自「元」而「亨」也。「大明終始，六位時成」，以易象釋「亨」字也。「時乘六龍以御天」，言自「亨」而「利」也。「乾道變化，各正性命」，以天道釋「利」字也。「保合太和，乃利貞」，言自「利」而「貞」也。「首出庶物，萬國咸寧」，以人事釋「貞」字也。凡彖皆以易象與天道雜言者，見易之所象皆天道

〔二〕宋本先列卦象，次以雙行小字舉下卦上卦，再出卦名；通志堂本先列卦象，次出卦名，再以雙行小字舉下卦上卦；六十四卦皆然。今據宋本改，後文不再出注。

言之。

也；以人事終之者，見易以天道言人事也；六十四卦之例皆然。故今此書亦以天道、人事、易象三者合而

大哉乾元，萬物資始，乃統天

易之全體具於乾卦，觀易者觀於乾足矣。「乾」者純陽之名，「元」者陽德發生之始，在易象則奇爻一畫之始也。凡物以一該衆曰統，萬化皆始於「元」，故「元」之一字足以統天之全德；萬變皆起於奇，故奇之一畫足以統易之全象；此「元」之所以爲大也，所謂「善之長」、仁之體者如此。此以天道釋「元」字也。

雲行雨施，品物流形

元氣〔二〕一動，則屯而爲雲，解而爲雨，萬有一千五百二十之形出焉。奇畫一著，則偶而爲夫婦，索而爲父子，而萬有一千五百二十之數出焉。元之無所不通如此。此「亨」之所自出也。雲雨皆生於天一之水，故自「元」而「亨」者象之。

大明終始，六位時成

天道大明於元氣既行之後，始於子、午，終於巳、亥，各以六辰而成一氣，而三百六十五度分焉。易象大

〔二〕氣，據宋本改，他本作「象」。按下節有「元氣既行」之説，則作「氣」是。

明於奇畫既生之後，始於復、姤，終於乾、坤，各以六位而成一卦，而三百八十四爻列焉；所謂衆美之會通，典禮之秩叙者如此。此以易象釋「亨」字也。易家以爻爲位，以卦爲時。

時乘六龍以御天

龍者，物之能動者也。純陽之畫，能參能兩，能九能六，故取以爲象。作易者因六十四卦之時，用六龍之德變化推移於三百八十四位之中，以應天行之終始，如善御者乘六馬以御國車，進退疾徐无不應法。此以易象言自「亨」而「利」也。

乾道變化，各正性命

「乾道變化」即「時乘六龍」也，「各正性命」即「以御天」也。乘陰陽來往之變，以御資始流形之化，使飛走動植各盡其正性，稚壯老死各極其正命，所謂物之大利、理之大順者如此。此以天道釋「利」字也。

保合太和，乃利貞

曰「各」者，成乎萬也；曰「合」者，歸乎一也。萬者利之盡，一者貞之至。乾之六陽闔爲純陰，保神於静，合氣於漠，以固太和之本，以厚乾元之復，此屬「貞」字而曰「利貞」者，通結上文自「利」而「貞」也。所「保」之「和」即上文「性命」之根極也，曰「乃」者，言如此乃足以爲「利貞」之全德，明他卦之「利貞」皆不足以語此。

首出庶物，萬國咸寧

首者，形之極也。天爲萬物之極，貞乎一而萬物定；人君爲萬國之極，貞乎一而萬國寧。不貞不足以爲天下極，貞者，乾道之極，萬物之終也。人之心知專静不摇則萬事定矣，所謂事之楨幹者如此。此以人事釋「貞」字也。古語謂牆中之幹木爲楨，今謂之永久木。

乾元　乾道　大明　大和

推其本統言之則曰「乾元」，極其變化言之則曰「乾道」，闡而生萬則曰「大明」，合而歸一則曰「大和」，皆「元」之異名也。始乎「乾元」，終乎「大和」，萬物出於「元」，入於「元」，此「元」之所以爲大也。

六位　六龍

「六位」者，天地人[一]之位，初二三四五上是也。「六龍」者，當位之人，或九或六是也。不稱乾馬而稱震龍，何也？稱馬則止於乾，是用七也；震，動也，乾之動自震始，六十四卦皆由動而生，故以震言之。按卦象陽爻在初在二皆成震，在五在上皆爲震之反，惟三四兩爻正反皆震，故有「反復」「上」「下」之辭。

君子

乾爻謂之「六龍」，而三四獨稱「君子」，何也？曰：文言既釋之矣。「九三上不在天，下不在田」，故以

[一] 天地人，宋本作「天成」。

「君子」言之；「九四上不在天，下不在田，中不在人，故或之」，「或」字連上爻成文，或人或龍也。進脩者，人事也；躍淵者，天時也。躍可言龍，進脩不可言龍，故爻曰「或」，文言曰「君子」，示兼之也。易道尚象，此爻在天人之閒，取象不得不然，其實皆君子之事也。

利見大人

或謂二利見五，五利見二，非也。熟玩文言，其説自明。二曰：「善世而不伐，德博而化」，又曰：「見龍在田，天下文明」，皆言二之德盛化神而人利見之也。五曰：「聖人作而萬物覩」，又曰：「天且不違，況於人乎？」皆言五之位尊道行而人利見之也。二居陰位，其孔子、文王之事乎？五居陽位，其二帝三王之事乎？他卦「利見大人」，雖各主一事言之，不能如此之廣大，然亦卑者暗者利見德位之高明者也。

象

凡卦辭皆曰彖，凡卦畫皆曰象，未畫則其象隱，已畫則其象著，故指畫爲象，非謂物象也。大象總論六畫之義，小象各論一畫之義，故皆謂之象。其曰「天」曰「龍」者，自因有象之後，推引物類以明之爾。本稱易象者，非此之謂也。

德施普也

九二方時舍於田，未得時行之位也，言「德施普〔一〕」者，乾六爻皆聖人之事也。聖人以身爲時，與賢者不同，聖人隱則天下暗，聖人見則天下明，不以位爲隱顯也。孔子何嘗有位，而天下化之，故「德施普也」。「德博而化」皆於九二言之，此所謂「君德」也。「德施普也」，以「田」字言之；「天下文明」，以「見」字言之；「時舍也」，以「在」字言之；「君德也」，以「龍」字言之。

反復道也　重剛而不中

自上而下爲復，自下而上爲反，三之上下皆得純乾，故曰「反復道也」，此解「乾乾」二字，「乾乾」即「重剛」也。論位則「重剛」，故危；論德則反復合道，故「无咎」。四亦以進退皆合乾道，故得「无咎」。三以自脩，故曰「反復」；四以「自試」，故曰「進退」。

進无咎也　乾道乃革

彭城劉牧謂「在淵爲藏」，非經意也。龍之得水猶人之得時也，何謂藏乎？初九之藏，乃在地下，非在淵也，牧殆爲小雅「魚潛在淵」所誤爾。小象曰：「進无咎也」，明躍而在淵爲進而及時也。文言曰：「乾道乃

〔一〕普，宋本、明抄本無此字。

革」，卦至四則下革而爲上，時至卯則寒革而爲暄，皆進而得時者也。

文言元亨利貞

「善」也，「嘉」也，「義」也，皆「善」之異名也。在事之初爲「善」，「善」之衆盛爲「嘉」，衆得其宜爲「義」，「義」所成立爲「事」，此一理而四名也。故分而爲四則曰：「元者，善之長也；亨者，嘉之會也；利者，義之和也；貞者，事之幹也。」比而爲二則曰：「乾元者，始而亨者也；利貞者，性情也。」混而爲一則曰：「乾始能以美利利天下，不言所利，大矣哉。」「義之和」，「和」謂能順之也；「事之幹」，「幹」謂能立之也。

君子行此四德者，故曰：乾，元亨利貞

言惟君子然後能行此四德，惟乾然後能有此四德。乾，陽物也，惟君子足以配之。

龍德而隱章

惟其「不易乎世」，是以「遯世而无悶」；惟其「不成乎名」，是以「不見是而无悶」。「樂則行之」，即上文兩「无悶」也；「憂則違之」，即「不易」「不成」也。此三節疊相推演成文，論其大意，則一言以蔽之曰：「龍德而隱者也。」

龍德而正中章

二有龍德而得中位，人君之象也，以在下卦又非陽位，故不爲中位而爲中德。文言兩稱「君德」，明非君位也。此又稱「龍德」之中，明非龍位之中也。「龍德」者，天之陽德，乾六爻所同有也。然而初潛而上亢，三與四皆擇乎中庸者，五雖中又以位言，故六龍之德，惟九二爲「正中」也，此章專言聖人之中德。「庸言之信，庸行之謹」，書之「惟一」也；「閑邪存其誠」，書之「惟精」也；皆「允執厥中」之事也，此所謂「君德」也，此三句解「見龍在田」。「善世而不伐，德博而化」，謂澤及一世而不自以爲功，蓋德大而人自化，非化之也，此兩句解「利見大人」。上三句言脩己以敬，下兩句言安人安百姓也；上言正己，下言物正也。中庸所謂「小德川流，大德敦化，天地之所以爲大」者，即此爻也。

君子進德脩業章

「進德脩業」四字是九三一爻之主意也，君子所以乾乾夕惕者，凡爲此爾。「忠信」者，進德之基也，可與共學矣；「脩辭立其誠」者，積學之方也，「脩辭」所以察之，「立誠」所以存之；「居業」猶居貨也，有貯積之意焉，此「進德脩業」第一節也，下學之事也。「知至」猶得其門也，可與適道矣，故曰「可與幾也」，此再言進德之事，既以忠信爲基，又當以知至爲燭也。「終」者，全盡之也，宗廟之美，百官之富，爲我有矣，故曰「可與存義也」，此再言「居業」之事，既以存察積之，又當以不息成之也，此「進德脩業」第二節也，上達之事也。以上兩節皆演說乾乾夕惕若之意。「是故居上位而不驕，在下位而不憂」，此兩句方言「厲无咎」也。九三〔一〕在下卦之上，九四在上卦之下，故皆兼有上下之象，中庸所謂「尊德性道問學」「居上不驕，爲下不倍」，即此爻也。

君子欲及時章

「欲及時」三字專爲九四加之也，三與四皆在上下之交，不可以言正中之德，然龍德无不中也，故皆爲進脩之事。三猶在下，則自脩而已；四已革而上，故兼有「自試」之象焉。進退上下，不敢自必，相時而動，「或躍〔二〕在淵」，所謂「自試」也。大抵上下之交，皆危疑之地，故三「厲」而四「疑之」。中庸所謂「本諸身，徵〔三〕諸庶民」「庶幾夙夜，以永終譽」，即此爻也。

聖人作而萬物覩章

三與四同其危者也，三在下，故專言進脩；四在上，故言進脩之用。二與五同其安者也，二在下，故專言中德；五在上，故言中德之用。「聖人作」以解「飛龍在天」，「萬物覩」以解「利見大人」，此章上下文皆演說此一句。聖人者，先得我心之同然者也，故爲「同聲」「同氣」之義；聖人之於人亦類

〔一〕三，據宋本、明抄本、清抄本改，他本作「五」。按，此節只論三四兩爻，於五無涉，且下文「亢龍有悔」章中明言「三在下卦之上」，因知宋本是。

〔二〕躍，宋本、清抄本作「得」。

〔三〕徵，宋本、通志堂本作「證」，他本作「徵」，檢中庸作「徵」，據改。

也，故爲「各從其類」之義；此皆爲聖作物覩言之。中庸所謂「日月所照，霜露所墜，凡有血氣，莫不尊親」，即此爻也。

亢龍有悔章

「天德」者，貴下喜中〔二〕而忌上者也。四在上卦而能居下，五在上卦而得中位，三在下卦之上，猶有「下」義，亦可以「无咎」也。惟在上九一爻，无中无下，惟有「上」義而已。无中則「无位」，无下則「无民」「无輔」，此最「天德」之所忌也，然而所忌之性無所凝滯，窮則能變，必无遂「亢」之理，故爻辭不言凶咎，止言「有悔」，悔則能變也。象與文言亦皆言「時」而不言德，又曰「窮之災也」，明出於天，非人爲也。蓋有龍德者，必不至於上窮而不反，故雖亢矣，而猶稱龍焉，以見時有亢而德无窮也。

用九用六文言

乾、坤文言於六爻皆有演説，各成一章，獨用九、用六不然者，用九者，乾之坤，坤之文言即用九之文言也；用六者，坤之乾，乾之文言即用六之文言也。用九爲乾之坤，見左氏春秋傳，乾惟用九，故可變爲坤，使

〔二〕貴下喜中，宋本作「喜下貴中」。

用七，則終於乾矣。坤惟用六，故可變爲乾，使用八，則終於坤矣。是故用九「見群龍」之「无首」，首者，終窮之地，忽焉俱化，不見其終，此用九之所以爲善變也。用六「利」於「永貞」者，久也，言用六則能久，以其善變也。乾爲大，坤爲小，坤之終見乾而不見坤，故曰「以大終」也。乾主知，故曰「見」，言吉在見此理也；坤主行，故曰「利」，言利在行此事也。九六變，七八不變者，揲蓍之法遇純則變也。

用九爻象文言

乾辭言「用九」者四，其義皆難遽通，連「亢龍」章讀之則義明矣。知居終之「有悔」，則知「无首」之當「吉」；知「盈之不可久」，則知「首」之不可爲；知窮之足以致災，則知不窮之足以致治；知「極」爲天時之極，則知變爲「天則」之變矣。

見天則

則者，長短、廣狹、輕重、多寡之度也。聖人明於天之道，見其進退、得喪、存亡之度，是以用九而不用七。若用七而不變，則昧於天則矣。「見天則」即所謂「見群龍」也，「見群龍」即所謂「知進退」也，惟其「見」之「知」之，是以能「用」之也。然則用六亦可稱地則乎？曰：六即九之所變，亦天則也。

首字

凡卦以初爻爲趾爲尾，終爻爲首，形至首而終也，故易中「首」字皆訓爲終。或以首爲先，非經意也。乾爲首者，六陽之終也；既、未二卦之終皆爲「濡首」；比之「无首」爲「无所終」；用九之「无首」則以六龍盡變，不見其終也；「天德不可爲首」，「天德」即九也，九即龍德也，謂之天，謂之龍，豈有終窮之理？

時舍也

「舍」非用捨之捨，捨之則爲「潛龍」矣。舍者，隨其所在而居焉，古語舍訓爲置，苟置於此，則舍於此，故傳舍亦爲傳置。乾之「時舍」，井之「時舍」，皆言時適在此，非其常也；隨之「志舍下」，言志在下也；姤之「志不舍命」，言志不在命也；四「舍」字皆去聲。龍本行天之物，不常在田，出「潛」之初，時寓於此，故曰「時舍」。與「潛」異者，「潛」則入而不出，「舍」則已出而未行，時至九三乃可言「行事」也。然龍德之動，世道隨之，其入也陽氣爲之潛藏，其出也天下爲之文明，方舍於田，而其威靈氣燄之所感動固已遠矣。舜在佃漁，天下之爲父子者定；孔子爲匹夫，亂臣賊子者懼；龍德之動化其神若此，故曰「君德也」。

行事也

行事者，云爲動作之總名也。「潛龍」，夜也；「見龍」，旦也；「飛龍」，日中也；「亢龍」，日昃也；「乾乾」者，終日之所從事也，顏子之「四勿」是也。「或躍」者，試之於用，以自驗也，曾子之「三省」是也。三言「終日」，四言「及時」，此二爻者，經營乎晝夜之閒者也。

天下文明

凡明皆稱文，蓋明則天地人物皆粲然而有文，故火爲禮，離爲文章。

乾元用九，天下治也

爲治之道无他，通其變而已。下繫曰：「黄帝、堯、舜氏作，通其變，使民不倦，神而化之，使民宜之。易窮則變，變則通，通則久，是以『自天祐之，吉无不利』。黄帝、堯、舜垂衣裳而天下治，蓋取諸乾坤。」其所取者，正乾變爲坤、坤變爲乾之義也。文王作書，以乾坤爲首而名之曰易，其本旨正在於此。或泥「衣裳」二字，遂失其説，不知讀其全文，正「乾元用九，天下治也」之疏義也。

乾元　乾始

物之所難者，始而已，物既始則必亨，既亨則必利，利之極必復於元，貞者，元之復也，故四德總以一言曰「乾元」，又曰「乾始」，而四德在其中矣。以八卦言之，震其元也，故爲「出」；巽則既出而將相見也，故爲「齊」；離其亨也，故爲「相見」；坤則既相見而將利之也，故爲「役」；兑其利也，故爲「悦」；乾則既悦而將入於貞也，故爲「戰」；坎其貞也，故爲「勞」；艮自貞而將出爲元也，故爲「萬物之所終始」。合而言之曰「太極」，而八卦備矣，其「乾元」之謂乎！

性情也

「始而亨」者，乾之事業；利而貞者，乾之「性情」也，「性情」指本體言之。利者散而爲萬，貞者合而爲一。已散而復合，已萬而復一，言乾性純一，其情不貳，故雖萬有一千五百二十，而其所謂「虚一」者未嘗動也。

大哉乾乎［至］〔一〕天下平也

此重演彖辭也。「大哉乾乎，剛健中正，純粹精也」，此演「大哉乾元，萬物資始」「乾道變化，各正性命，保合太和」，以釋「元」字、「貞」字，明乾之性情如此也。「六爻發揮，旁通情也，時乘六龍，以御天也」，此演「大明終始，六位時成，時乘六龍以御天」，以釋「亨」字、「利」字，明乾之功用如此也。「雲行雨施，天下平也」，此演「雲行雨施，品物流形，首出庶物，萬國咸寧」，以明聖人法天之元亨利貞者如此也。此章移易本文，故爲錯綜，使人反復參玩以盡其意，其讀易之法乎？

龍德正中　剛健中正

稱「中正」者，二事也，二五爲中，陰陽當位爲正。稱「正中」者，一事也，猶言兑「正秋」，坎「正北

〔一〕至，宋本、通志堂本为雙行小字，今加［］以别。後文仿此，不再出注。

方」，但取其正得中位，非以當位言也。凡卦有九五者皆稱「中正」，以其備二美也。獨需彖及比、巽九五稱「正中」者，義在中而不在正也；艮之六五「以中正」也，五山姚小彭曰：「小象上下文叶韻，當作正中。」

純粹精也

「剛健中正」，以奇畫言也；「純粹精」，以六畫言也。聖人以一奇立萬化之本，其體剛健，至專至一，其用中正，至當至平；復以六畫備一奇之變，自始至終，无時而不剛健，自進至退，无往而不中正，此所謂「純粹精也」。

君子以成德爲行〔至〕其唯聖人乎

文言末章别出新意，以暢卦爻之義，讀易者所當詳玩也。自「乾元者，始而亨」至「所利大矣哉」一節，係重釋「元亨利貞」，皆不用上文四德之説。自「大哉乾乎」至「天下平也」一節，係重釋彖辭〔二〕，亦不用彖文本序此章。自「君子成德爲行」至「其唯聖人乎」，重釋爻辭，亦與上文六爻問荅不同。據上文言，乾之六爻皆是龍德，但以時位爲别，遇下而「潛」，遇中而「見」，遇交而「乾乾」，遇革而「自試」，遇尊位而「飛」，遇極而「亢」，皆不失爲龍德也。此章則不然，就人之德分出六等，以初之「潛」爲未成德之人，以二

〔二〕辭，據宋本、明抄本、清抄本改，他本作「釋」。按下文言「重釋爻辭」，與此句同例。

之「見」爲已成德之人，以三四之憂疑爲不得中行之人，以五之「飛」爲大聖之人，以上之「亢」爲大愚之人，復以用九爲「聖人」。末章特發此例，以見爻義之无窮，或以時言，或以位言，或以德言，皆可通也。此章也所以繼「六爻旁通」之後也歟？

學問居行

文言末章釋六爻皆微變前說。前章言九二爲「龍德」之「正中」，生而知之，安而行之者也；此章言九二之德始於「學」「問」，成於「居」「行」，學而知之，利而行之者也；及於成功一也，故皆曰「君德」也。「學」「問」猶屬於見聞，「居」「行」則爲我有矣。「寬以居之」，德久而業大也；「仁以行之」，舉斯而加彼也。此章大意謂「見龍」爲「成德」「可見」之行者，以别於「潛龍」之「未見」「未成」也。乾坤只以一畫成卦，自第二爻便爲重習之象，故乾二言「學」，坤二言「習」，此又先儒之所未察也。

䷁ 坤下坤上 坤

彖

易之「元亨」自奇而出，其所「利貞」亦復於奇而已。耦卦倚奇而立，是以能「元」能「亨」，故其所

「利貞」卒歸於「牝馬」二字，以明終始從奇也。下文又以人事推之，曰「君子有攸往」，此一句總起下文也；曰「先迷，後得主利」，言利在得主，不利爲主也；曰「西南得朋，東北喪朋，安貞吉」，言當貞於陽方，不當貞於陰方。凡此皆見所利所貞止於從乾，更无他道，故曰：「乾道變化，各正性命，保合太和，乃利貞」，其義尊矣。

牝馬之貞

「牝」取其順，「馬」取其行，順者坤之「元」，行者坤之「亨」。「利」者宜此而已，「貞」者終此而已，不能終此更无所利也。柔順者多不能終，惟牝馬爲能終之。四明樓尚書鑰爲安世言：北方蓄馬蕃庶，當游牝之時，每一牡將十牝以出，雖千百爲群，各從其牡，終不他合，此所謂「牝馬之貞」也。安世官越中時見歸明蕃官，言與此合。蓋物之牝者皆能順陽而行，求其從一而不變者，莫牝馬若也，故聖人取之以象坤焉。

至哉坤元

孔子以文王、泰伯爲「至德」，皆以其能順也。乾以純陽爲萬物之祖，其大莫加焉，而坤之六爻皆能隨其數而耦之，乾之所至，坤亦至焉，此可謂孝子順孫矣，可不謂「至德」乎？

德合无疆　行地无疆　應地无疆

「无疆」，天德也。「坤厚載物，德合无疆」，言地之德合乎天之「无疆」也。「牝馬地類，行地无疆」，言牝馬之德能行地之「德合无疆」也。「安貞之吉，應地无疆」，言君子之德能應地之「德合无疆」也。下兩「无疆」皆指上一句言之，上一句又指其所合者言之，故曰：「无疆」者，天德也。自「至哉坤元」至「德合无疆」，言「元」字；自「含弘光大」至「行地无疆」，言「亨」字；自「柔順利貞」至「應地无疆」，言「利貞」字。行地雖稱「牝馬」，然止言其行，尚屬「亨」字，自此以下乃屬「利貞」爾。

柔順利貞，君子攸行

彖曰：「牝馬地類，行地无疆，柔順利貞，君子攸行」，此明卦辭「君子有攸往」以下皆是推行「利牝馬之貞」一句也。言牝馬之德，與地相類，即其順行而不悖，既足以承天德之无疆；至其於柔順之中獨有利貞之美，則又君子之所當行也。自此以下皆言君子之事。「先」則失牝馬之道，故「迷」；「後」則得牝馬之常，故「利」：此推明上文「利」字也。「西南得朋」則從其類，非從牡也，故雖得而无終；「東北喪朋」則牝馬之從牡者也，故雖喪而有終，終則「安貞」也，「有慶」則「吉」也，此推明上文「貞」字也。既取物象，又言人事者，卦辭自坤始用物象，恐後人不明其義，故以人事衍之，以起六十四卦之例也。

君子攸行

「君子行此四德者」，指聖人言之也；「君子攸行」，指賢人言之也。指聖人言之，故下文曰：「故曰：

乾，元亨利貞」，言配天也；指賢人言之，故下文所言有「迷」有「利」，有「得」有「喪」，有「吉」有「凶」，皆擇善而固執者之事也，終之曰「應地無疆」，言配地也。

東北喪朋，乃終有慶

彖辭但言「得」「喪」二字，孔子恐後學誤認其意，將有以得爲吉，以喪爲凶者，故釋之曰「東北喪朋，乃終有慶」，所以發文王言外之意也。地之交乎天，臣之仕乎君，婦之歸乎夫，皆喪朋之慶也。然則微夫子，則彖不幾於誤人乎？曰：上文明言君子有攸往，先唱則迷，後〔一〕主則利，是則西南爲迷，東北爲利，自可類推矣，但得孔子贊之則愈明爾。

地勢坤

乾，健也；坤，順也。聖人於乾之大象既以「健」代「乾」，反以三隅，則可見「地勢坤」之爲「地勢順」矣。凡大象主釋卦名之義，故聖人於乾特著其例也。乾之象爲天，重乾是二天也，世无二天之理，故以「天行」象之。天一日一周，周而復始，有如二天，天而又天，不見其息，此乾之所以爲「健」也。坤之象爲地，重坤是二地也，亦无二地之理，故以「地勢」象之。東南地下，西北地高，有如二地，然以漸而高，行者

〔一〕後，宋本作「從」。按，「後主」用卦辭「後得主」，「從主」即上文「彖」條下「所利所貞止於從乾」之義，作「後」作「從」其義無别，未知孰是。

莫覺焉，此坤之所以爲「順」也。或以自高而下爲順，非也。重卦之法皆自下而上〔一〕，人道以下從上爲順，易中言「順」皆自下而上，如「履霜冰至，蓋言順也」，「地中生木，升，君子以順德，積小以高大」，順猶馴也，謂馴習而增，不能自覺也。以卦象與卦義合而觀之，則爲地勢自下而高，以明積順之義，无可疑矣。君子法之，亦爲積厚其德，令可載物，若自上而下，則爲覆物，非載物也。

六爻總義

初六在下之下，則爲「履」、爲「始」；六四在上之下，則爲「結」、爲「閉」。六三在下之終，爲「有終」、爲「臣道」；上六在上之終，爲「无陽」、爲「道窮」。四爻之義皆明白易見，獨中爻以在下者爲「大」、爲「光」、爲「无不利」，以在上者爲「善」、爲「文」、爲「美」，則不可不辨也。大率陰以在下爲正，陽以在上爲正，故二五皆中而乾之「天德」獨以屬五，坤之「地道」獨以屬二也。下非陽之位，故乾之九二爲在下而有陽德者；上非陰之位，故坤之六五爲在上而秉陰德者。黄者，地之色。裳者，下之服。文者，坤之象。皆屬陰也。

履霜堅冰，陰始凝也

程子以此句「堅冰」二字爲衍文，安世按，魏書曹丕時許芝奏云：「易傳曰：『初六履霜，陰始凝也。』」

〔一〕而上，宋本、清抄本無「上」字，疑其讀「而」字屬下句。

則是時猶未有此二字，明後人妄加也。郭京、徐氏本亦皆无此二字。

直方大

蒲陽鄭厚曰：「坤爻辭皆協『霜』字韻，此當曰『直方』而已，『大』字衍文，不然則屬下句。」今按，象辭曰「直以方也」，又文言亦止釋「直方」二字，則其説近是。但謂「大」字作衍文者非，「大」字自爲句，與既濟「小」字同。易中「大」字與「亨」「利」「貞」同爲四德，皆附於爻辭之下，别自爲句也。

六二大　六五元吉

「大」即「元」也，諸卦「元」字皆訓爲大。坤六二既爲「大」，六五又爲「元」，何也？「大」以用言，「元」以德言。六二爲卦之主，以主地道之用，故謂之「大」；六五非卦主，但言坤德之懿，故謂之「元」。元亨利貞四字與吉凶悔吝相對，元字无對，以本末爲分，善之本爲元，善之效爲吉，凡言「元吉」者，善之至也，故六五文言曰「美之至也」，明「元」在「吉」上者，其義例如此。惟乾之「元」兼「大」「始」「善」三義，他卦「元」在「亨」上或爲「大」，或爲「始」，「元」在「吉」上則爲「善」而已。

不習

姚小彭曰：「習，重習也。」今從之。夫二之所「習」，謂習初也。地類陰邪，不可使盛，若朋類相習，積陰不已，則賊亂之所由興也。初六、六二當重習之初，故示訓尤急。初六一陰方生，聖人即慮其習，曰「積」、曰「漸」、曰「馴」、曰「順」，皆深絶之。六二二陰洊至，位當重習，獨能「不習」，故聖人喜之。蓋初不正而二正，初不中而二中，每事相反而不相重，是以知其「不習」也。正則无私，故「直」；中則不偏，故「方」；捐私去偏，與陽同德，故「大」。陰不能大，大者陽也。上六習陰至六，故有「无陽」之疑；六二不習一陰，故「不疑其所行」。坤之六爻，五雖得中，猶在可疑之地，惟六二无可疑者，故其道最爲明白。自昔臣道之禍皆成於疑，疑者生於暗方，朋類重習之初，不自知其至於疑也，惟明者爲能「早辨」而「不習」，故曰「地道光也」。

六二之動

陰主静，陽主動，小象於「六二之道」以「動」稱之，示「不習」陰也。坤之所以爲天下之至順者，以其順天而行也，苟積陰自厚，不從陽而行，則天下之大逆也。陰動而從陽，臣動而從君，小人動而從君子，皆以動而成其順者，故曰：「坤道其順乎，承天而時行。」

乾坤二五

乾以九五爲主爻，坤以六二爲主爻，蓋二卦之中惟此二爻既中且正，又五在天爻，二在地爻，正合乾坤之本位也。乾主九五，故於五言乾之大用，而九二止言乾德之美；坤主六二，故於二言坤之大用，而六五止言坤德之美。六二之「直」，即「至柔而動剛」也。六二之「方」，即「至静而德方」也。其「大」，即「後得主而有常、含萬物而化光」也。其「不〔一〕習无不利」，即「坤道其順乎、承天而時行」也。六二蓋全具坤德者，孔子懼人不曉六二何由兼有乾「直」，故解之曰「六二之動，直以方也」，言坤動也剛，所以能直也。又懼人不曉六二何由无往不利，故又解之曰「地道光也」，言地道全〔二〕六二，猶乾之九五言「乃位乎天德也」。六五不得其光明之大用，而得其德美之盛，故曰「文在中也」，又曰「美在其中」，皆言體而不及用也。末句言「發於事業」，方微及於用。猶乾九二但言「龍德正中」，末句言「德博而化」，方微及於用。然終不及九五、六二爻辭之光大也。六三在上下之間，兼有體用之微意，上與五同功，故「含章可貞」，爲有其「文」。下與二同體，故「或從王事」，爲有其用。「文」雖非在中，而亦足以「發於事業」，故曰「以時發也」。用雖非正位之光大，而亦能以其智爲時用，故曰「智光大也」。

乾九三九四　坤六三六四

或者，不定之辭。乾九居四，坤六居三，皆陰陽相雜，故皆有「或」象。乾九四方懼而蓄乎人，「或躍」

〔一〕不，宋本脱此字。
〔二〕全，據宋本改，明抄本作「生」，他本作「主」。按，上文言「六二蓋全具坤德者」，則作「全」近是。又，「生」當爲「主」之訛。

而得乎淵，陽或居陰也。坤六三可「含章」而貞守，或從事而「光大」，陰或居陽也。九三德位皆陽，故但爲「乾乾」，更无退義。六四德位皆陰，故但爲「括囊」，更无進理。

六三

六三、六五皆以陰居陽者也，陰陽相雜爲文，故二爻皆有文章之象，而文言皆以「美」釋之，猶乾九二以陽居陰，亦爲「文明」之象也。五得中位，故爲「文在中」。三不得位而在上下之交，故静則「含之」，而可以守其貞於下，動或從王，亦足以發其知於上也。静者六也，動者三也，先「含章」而後從事，故不爲始而爲終。雖「含章」而有發時，故「可貞」而非必貞也，「可」謂亦可如此，非決辭也，故孔子贊之曰：「以時發也」，此以深辨「可」字之義，言可貞則貞，可發則發，恐人誤以「可貞」爲當貞也。爻辭於「可貞」之下用「或」字接之，便見「以時發也」之意。「含章」者，秋冬之時也。「從王事」者，春夏之時也。人但見陽居大夏而成歲，而不知爲之藏蓄、使有今日者，皆地之知也，「含之」則爲「知」，「發」之則爲「光大」。

六四

四與二皆[一]純陰，而二得中位，故坤之大用。四以純陰居交際之地，故爲天地閉塞、上下不通之象。上下

[一] 皆，據宋本、明抄本改，他本皆作「非」。按，下文明言「四以純陰居交際之地」，知四爲純陰。

之交皆絶，上不近名，下不近禍，故有「无咎无譽」之象。凡在上下之交者多具二義，故六三亦有「含」有「發」也，乾九三兼上位下位，九四兼上下進退，皆用此義。三有陰有陽，故有「發」時；四陰而又陰，故爲「閉」爲「括」而已。

其血玄黄

「龍」者，陰似陽也。「戰」者，敵辭也。「野」者，廣大之地，明坤之極盛也。「其血玄黄」，説者曰「陰陽俱傷也」，按文言「猶未離其類也，故稱血焉」，則「血」獨言陰，初不及陽也。又爻辭本惡陰道之盛，故陳其禍敗以爲戒。小象亦曰「其道窮也」。皆指陰而言，无與陽事也。其所以稱「玄黄」者，明其上下无别，此所謂「雜」也，曰「疑于陽」，曰「嫌于无陽」，曰「猶未離其類」，曰「天地之雜」，皆言陰之似陽，臣之似君。楚公子圍之「美矣，君哉」也，然終以野死，則熾盛而上僭者，亦何利哉？

蓋言順也

坤，陰物也，陰於類爲惡，坤所以爲萬物母者，獨以能不自行、順天而行也。彖曰：「至哉坤元，乃順承天」，文言曰：「坤道其順乎，承天而時行」，蓋坤之至善，惟在於順，然於初六一爻，獨惡其順者，以其非順乎陽，乃自順其陰也。順而承陽則爲至德，自順其陰則爲大逆，此易之所以貴於「早辨」也。

敬義立而德不孤

「直其正也，方其義也」，此言「直」字訓正、「方」字訓義也。「敬以直内，義以方外」，此言「直方」之所由致也。敬則心无私曲，故「直」，此六二之「正」也。義則事无偏頗，故「方」，此六二之「中」也。「敬義立而德不孤」，此以「不孤」解「大」字也。陰爲小，陽爲大，陰與陰相守則孤，孤則小，陰從陽則不孤，不孤則大。六二爲地道之主，内不私於其意，外不偏於其黨，則可以順天而行，與天作合而「不孤」矣。婦能如此則得乎夫，臣能如此則得乎君，皆陰德之「不孤」者也。

含之

「陰雖有美含之」絶句，此解「含章」。「以從王事」，「以」者，用也，用則不含矣，然猶「弗敢成也」，爲之傳續而已，此解「或從王事，无成」也，以「含之」連下文讀者非。

代有終

代者，繼也，陽施盡則无繼矣，陰受其荄實而胎養之，以待嗣歲之復生，所以繼之使有終也。亦猶人死則氣絶，以婦爲之傳嗣而後有終，故成家者夫而傳代者必資於婦，成歲者天而傳種者必資於地，故曰：「地道无成而代有終也」。

草木蕃　賢人隱

草木且蕃，況於人乎？言盛者，要其終也。賢人隱則物從之矣，言衰者，記其始也。

黃中通理章

近四旁莫若中央，四方之色各有所偏，通於此者必不通於彼，居中央則无不通矣，是故土王四季，脾主四支，此蓋地〔一〕之良能而五得之也。「黃中」屬「黃」字，「通理」屬「裳」字。「正位」屬「黃」字，「居體」屬「裳」字。「美在其中」屬「黃」字，「四支」「事業」屬「裳」字。黃居中央，故以象五。裳，下服之飾於外者，故以象六之在外卦者也。外卦三〔二〕六皆可稱裳，五獨稱之者，「美」在「黃」不在「裳」也，故曰「文在中也」。是故有「黃中」之德，則理可以旁通而无疑。有正中之位，則體可以安居而无愧。有「在中」之美，則暢之發之而「四支」「事業」无不美者。中之所發，其文固如此也。「美在其中」，此「美」屬「黃」字。「美之至也」，此「美」屬「裳」字。以在外卦，故極言發見之事。坤爲臣道，故五以外言、不以尊〔三〕言。坤六五之「正位」，猶乾九二之「正中」，皆言正得中位，非當位也。江東鄭夬謂「坤六五之臣配乾九五之君」，非也，六五雖言外事，然猶〔四〕以在身之「文」言之，不言坤道之大用也，必如六二之「直方大」而後可以言「承天」「時行」之事乎？

〔一〕地，據宋本改，他本皆作「世」。

〔二〕三，諸本同。按「三」非外卦，疑當作「四」。

〔三〕尊，據宋本、清抄本改，他本皆作「事」。

〔四〕猶，宋本、明抄本、清抄本作「獨」，疑訛。

乾坤變象

易以變易爲書，用九用六，以其能變也。故爻辭多取變象爲言，至本爻義重者則自從本爻，不必盡然也。或者專用變象，則反爲執一，非所謂易也。然乾之二五與坤之二三，皆明用變象，今特發之，使學者知卦變之説不可忽也。乾二變離爲乾之同人，故爲「見龍」、爲「文明」、爲「利見」，皆離之象也。「田」取德〔一〕博施普之義，即同人之「同人于野」也。乾五亦變離爲乾之大有，故爲「飛」、爲「利見」，亦離之象也；「聖人作而萬物覩」即大有之「得尊位大中而上下應之」也。坤二變陽爲乾在坤中，有内直外方之象，故孔子釋之曰：「六二之動，直以方也」，言不動則有方而无直也。陽爲大，故曰：「直方大」。陰得陽則不孤，故曰：「德不孤」。陽爲光，故曰：「地道光也」。坤三兼變、常二象，其曰「含章可貞」，則指其不變之時言之。曰「或從王事，无成」，則指其變時言之，「從王」即從陽也。六三變艮爲坤之謙，其「從王事」即謙之「勞」也；其「有終」即謙之「有終」也。陽爲光爲大，故曰：「知光大也」。此皆變象之明者，故略舉之以例諸卦焉。

〔一〕德，宋本訛作「得」。

周易玩辭卷第二

䷂震下坎上屯

屯義

凡稱患難者，皆事之至難者也，故謂有喪者爲家難，有兵者爲國難，女生者爲産難。屯者，始難之卦也，天地之始闢，萬物之始生，國家之始造，皆至難之時，故曰：「屯者，物之始生也」。物之充牣，事之繁劇，亦人之所難處，故又曰：「屯者，盈也」。彖曰：「剛柔始交而難生，動乎險中」，此以二卦之體言始生之屯。「雷雨之動滿盈」，此以二卦之象言物盈之屯也。「始交」謂一索而得震，「難生」謂遇坎也。按文雖具兩卦而意實指初爻，凡彖必以上下卦與主爻合説以釋卦名卦辭，他皆放此。

元亨利貞

屯之四德不足於「利」，故卦辭申之曰：「勿用有攸往，利建侯」，言其「利」止於建侯以立國，不利於冒險而輕進，則其「利」爲有限矣。彖不言「利」字，止言「大亨貞」三德，而別以「宜建侯而不寧」解「利」字，亦此意也。「大亨」者，大而且亨也，屯之才不足以盡「元」字，故以「大」訓之。或以「大亨」二字爲一意者，非也。除乾坤外諸卦有「元亨利貞」四德者，例皆放此。

勿用有攸往

彖不言「利」，亦不言「勿用有攸往」者，但以建侯爲宜，則餘不當用，從可知也。彖有不具〔一〕卦辭者，皆以此爲例。乾、兑不言「亨」，蒙、大畜、離、萃、渙不言「利貞」，坤不言「主利」，師不言「丈人」，坎不言「有孚」，困不言「无咎」，姤不言「女壯」，家人不言「利女貞」，井不言「无喪无得、往來井井」，震不言「不〔二〕喪匕鬯」，文雖不具而義在其中矣。

草昧

草屬震，言始創也；昧屬坎，言未明也。草昧者，棼棼泯泯之貌，言天造之初如此，此所謂屯也。

經綸

凡大象例於彖外別立新義，彖則專言世變之屯，象則自言人道之常。經者立其規模，綸者糾合而成之，亦

〔一〕具，據宋本改，他本皆作「見」。按下文「文雖不具而義在其中矣」，可證作「具」是。
〔二〕不，據宋本補入。

有艱難之象焉。「綸」字，釋文作「論」，論亦綸也。又大象例兼兩卦之象，「經」以象雷之震，「綸」以象雲之合也。他皆放此。

初九

凡卦皆有主爻，皆具本卦之德。如乾九五具乾之德，故爲「天德」之爻。坤六二具坤之德，故爲「地道」之爻。屯自觀卦變，以初九爲主，故爻辭全類卦辭，其曰「盤桓利居貞」，則「勿用有攸往也」，又曰「利建侯」，无可疑矣。他卦主爻放此，主爻説具觀卦。

居貞　行正

「居貞」者，其事也。「行正」者，其志也。初九以陽居陽，故爲「居貞」。動而求四，則六四又正，故爲「行正」。昭德晁公武曰：「初九躁而往則難愈深，陳勝、吳廣是也。怠而止則難不息，隗囂、劉表是也；故迹當盤桓，志當行正。建侯，所以定民志也；以貴下賤，所以得民心也。」安世按，陽貴陰賤，以初求四即「以貴下賤」也，蕭何勸高祖勿攻項羽，就封蜀漢，養其人民以收賢士，正得此爻之義者歟？

乘馬班如

凡卦爻稱馬者皆陰爻。屯三陰皆爲「乘馬」，賁六四爲「白馬」，晉下三爻爲「錫馬」，明夷六二、渙初六皆爲「拯馬」，中孚三與[一]四爲匹馬，无非陰爻者。惟大畜九三特舉乾之本象稱爲「良馬」，可見他馬皆陰也。易中陽爻皆稱車，陰爻皆稱馬，蓋馬本地類，於辰爲午，即坤初六之氣也。對牛言之則馬屬乾，就馬言之，則除良、老、瘠、駁之外，皆不屬乾也。屯六二用震馬，四、上皆用坎馬。晉用坤馬。賁、明夷、渙皆用坎馬。諸卦各有馬象，然皆於陰爻言之，則義可知矣。屯稱「乘」者，卦中四陰爲「乘」也。四馬之中，獨六三居剛，故「无虞」而徑進。二、四、上居柔，故皆班旋而不行，當屯之時，柔者皆不能行也。「班」「邅」「磐桓」，皆屯之象。左氏傳：「有班馬之聲」，「班」亦旋也，杜注以爲「分」者非。

匪寇婚媾

六二柔順中正，守常而不知變，謂初九爲「寇」，而不知其乃「婚媾」也。厄數既終，世難既平，君臣位定，天下爲漢，四皓欲不從，得乎？故曰：「十年乃[二]字」，女子許嫁而後字也。然而方難之初，近乘初九方興之震，抗而不荅，其事至難，故於四陰之中獨有迍邅之象。雖不得爲濟世之才，亦可謂人所難能矣，故曰：「六二之難，乘剛也」。初九上歷純坤，始得君位，與二相應，坤爲十，故曰：「十年乃字，反常也。」

[一] 三與，據宋本、明抄本、清抄本補入，他本皆脱此二字。按中孚六四「下亡其匹而絶其類，無復顧三之理」，知三爲四之匹。

[二] 乃，宋本、明抄本、清抄本訛作「不」。

女子貞

六二稱「女子」者，見賢而不從，世難而不救，此女子之貞，非丈夫之事，此劉玄〔一〕德所以輕許汜而重陳登也。觀此可見孔子大管仲之功。男子以濟世爲貞，不以小諒爲賢，初九康屯之主而以寇亂視之，此豈明識之士哉？

即鹿　往吝

金華劉剛中曰：「鹿指上六，鹿之性善求其類，上者三之類也。」安世按，此象爲通，蓋上有必亡之勢，則君子見幾而止矣；六三猶以類而從之，往值其窮，與之偕亡，亦可鄙也。凡爻例上爲往，下爲來，六四下而從初亦謂之「往」者，據我適人，於文當言「往」，不可言「求而來」也。

九五

屯不以九五爲主者，天地開闢，始建侯以爲主，五本在高位，非建侯也。初九「動乎險中」，故爲濟屯之主。「天造草昧」，皆自下起，物之始生，陽氣在下，五能主事則不屯矣，故九五不當復有主義。先儒以魯昭公之事爲說，雖美，然爻義自爲初九說戒。凡立事皆當艱難，惟膏澤一事不可艱難，五以坎水在上，當屯之時，

〔一〕玄，宋本作「元」，避始祖玄朗諱。通誌堂本、清鈔本亦作「元」，避聖祖玄燁諱。明鈔本作「玄」。

艱於施澤者也，此有司之事，非爲政之體也，況濟屯乎？故曰：「小貞吉，大貞凶」，言小人小事守此則吉，大人大事守此則凶也。象曰：「施未光也」，其義甚明，不必他説。

上六

上六當屯之時，居險之極，位高而无民，勢孤而无應，陰柔難輔，陽不之與。「泣血漣如」，无可延之策矣。坎爲水爲血〔一〕，故有「泣血」之象。

六爻總義

初九之「磐桓」，沛公在蜀漢三秦時也。「居貞」者，不取婦女貨財、約法三章、爲義帝發喪也。「建侯」者，立漢社稷也。「以貴下賤」者，輟洗吐哺以下賢也。六二守貞不嫁，四皓、兩生也。六三不見事幾，妄就而取窮，孔鮒之從陳涉、范增之事項羽也。六四明見事幾，求而後往，子房之迫而後言、韓信之拜大將而後留也。九五有權有勢而屯膏不下，失士民之心，非「以貴下賤」者，項羽之爲天下宰而不與人功、不與人利也。上六无應无與，「泣血」以待亡，秦王子嬰之爻也。

〔一〕爲血，據宋本補入，他本皆無。按僅據「坎爲水」之象難以解釋「泣血」之辭。

䷃ 坎下艮上 蒙

蒙亨

「蒙，亨」者，卦辭也。「以亨行」者，釋之也。凡物皆以險而止，以亨而行，蒙本不亨，其能亨者，時也。時險而止，則智者亦蒙；時亨而行，則蒙者亦智。天下无終險而不亨者，屯在險中猶可以大亨，而況於蒙乎？屯者天地之蒙也，故大而亨；蒙者萬物之蒙也，故各得其亨而已。然則蒙當何時而亨乎？曰：二五以中相遇則其時也。二以中通乎五，則險變而爲順；五以中通乎二，則止變而爲巽。順巽相通，則可謂亨矣。然而此非人力之所能爲也，君臣相遇，時焉而已，故曰「時中」也。此以二五相交釋「蒙亨」二字，自此以下方言九二亨蒙之法。

筮告

「匪我求童蒙，童蒙求我」，言强而聒也，人未必聽，待其求而後教之，則其心相應而不相違，所以養其誠也。「初筮告，再三瀆，瀆則不告」，言雜施以瀆之則蒙不能應，致一以導之則「其受命也如響」，所以養其明也，孔子之「舉一隅」是也。教者之啓蒙，如筮者之啓蓍，一則其神也，不一則其草也。或以蒙爲「筮」，以師爲「告」，非也。象以「瀆則不告」爲「瀆蒙」矣，又可改乎？且於理甚明，雖无象可也。此以九二初教六五之時釋「匪我求童蒙」以下五句也。二坎體，五互坤，水土相雜則汩〔一〕而成泥，故有「瀆蒙」之象。

蒙聖

洪範「庶徵〔二〕」，「聖」之反爲「蒙」，然而蒙有作聖之功，不可忽也。二與五爲正應，用「童蒙」之德以養其自然之正，不作聰明，惟正之順，則聖人也，蒙之利乃如此。此以九二教成六五之時明卦辭「利貞」二字也。坎「心亨」主思，故有作聖之象，自二至上爲頤，故有「養正」之象。

大象

「果行」象泉之出，「育德」象山之深。力行者似戇，强不可回，有進而无退。養德者似愚，深觀默養，闇然而内充。皆有蒙之象焉。象言治人之蒙，此言君子以蒙自治也。

利用刑人，用説桎梏

刑之於小，所以脱之於大，此聖人用刑之本心也，所以正法，非所以致刑也。至其極也，用師擊之，猶爲「禦」而不「爲寇」，蓋聖人之於蒙，哀矜之意常多，此九二之「包蒙」所以爲一卦之主也歟？

〔一〕汩，宋本、清抄本訛作「泊」。

〔二〕徵，宋本、明抄本、清抄本作「證」。按，尚書作「徵」。

以往吝

「發蒙」者利於初，過此以往，其習已深，雖欲止之，亦「吝」而難脱，其勢必至於「桎梏」也，故刑之於初者，「正法」以示之而有餘，止之於後者，干戈以禦之而不足。坎爲法律，在卦之始，艮爲守禦，在卦之終，象之示人可謂明矣。以爻象推之，往則入於坎中，故爲「吝」。説則坎變爲兑，是因險而得説也。此爻在孔子爲救失之教，辭孺悲、哂仲由之類是也。

九二

稱「蒙」者，未能受道。稱「婦」者，能受道者也。「蒙」則包之，容衆而矜不能也，初、三、四是也。「婦」則納之，於吾言無所不悦也，六五是也。蒙者，「物之穉也」，凡物穉則柔，長則剛，諸爻皆穉而二獨長，故爲「克家」之子，謂長子也。凡師稱長，孔子曰「以吾一日長乎爾」是也。二在内爲長子，則上在外其嚴君歟？此爻在孔子爲長善之教，「包蒙」則進互鄉，「納婦」則與曾點也。

子克家

子穉則爲蒙，長則能有家矣，謂其可婚也。爻辭曰「納婦吉」，象辭曰「剛柔接也」，其義甚明，而學者皆以「克家」爲能幹家事，既非蒙義，又豈所謂「剛柔接」乎？既堪受室，則能爲兄而養蒙，能爲夫而接婦，而幹家之略在其中矣，但不當以幹家解師長之道，使失卦義也。

六三

六三與上九正應，見九二之盛而失其身，違婦道矣。「金」以利言，明非義合，此豈九二之所當納哉？故爻言「勿取」，象言「不順」，必如六五之順而後可娶也。何以知三之從二、五之不從上也？曰：婦以從夫爲順，苟非其夫，皆謂之不順。三稱「不順」，則從二明矣。五稱「順」，則不從上明矣。蓋三陷於不中，非能有其身者；五止於中，必无背二之理也。上爲三夫，不當稱「金」；又遠於三，不當稱「見」。曰「見金夫」，明爲近利而夫之也。上艮爲躬，曰「不有〔一〕躬」，明棄上也。此爲學者非蒙非婦、以利而來者，聖賢之所不荅也。

六四

初六、六三皆近九二，六五亦近上九，又三五兩爻皆與陽應，初、三、五皆居陽位，惟六四一爻，所比所應所居无非陰者，在六爻之中獨爲无陽之人，故曰：「獨遠實也」。凡爻陰爲虛，陽爲實，此爲處蒙而无師傅者，「困而不學，民斯爲下矣」，故爲「困」爲「吝」。

六五

「童蒙」言心猶童子，他無所之，專心向二，既順且巽，所以於群蒙之中爲獨「吉」也。順而不巽，則從

〔一〕有，宋本、明抄本、清抄本脱此字。

而不改〔二〕，悦而不繹，雖事明師亦无可成之理。五本互坤爲順，動而交二則成巽，又二在下，入之象，故曰「順以巽也」。凡自下而上爲順，自上而下爲巽，故臣子弟言順，帝位言巽，所以别上下也。湯學於伊尹，故不勞而王。桓〔三〕公學於管仲，故不勞而霸。用此爻也，吉孰大焉。

不利爲寇

「爲寇」謂侵人也，凡兵入他境者皆謂之寇。「禦寇」者，則止於吾境而已。聖人恐人以「擊蒙」爲往而擊之，故立此以示訓。此爻在教者言之，則孔子之不攻陽虎而攻冉求，孟子之不罪臧倉而罪樂正子，皆「禦寇」而不「爲寇」者。吾徒畔道，毫髮不容，乃所以爲師友之愛，莊周之徒遂欲以是而施於盜跖，非大妄乎？

上下順也

上九所擊之蒙，莫近於五、四，然皆他人之應，非我之所當治，若擊之，是「爲寇」也，於理不順。獨六三在下，與上正應，乃見金而背上，恃險而爲盜，若擊之，是「禦寇」也，於理爲順，故曰：「上下順也」。以明上之應在下，則其敵亦當在下，不當近取上體之五、四也。在六三爲「行不順」，在上爲「上下順」，兩

〔二〕宋本此句後多「説而不改」一句。

〔三〕桓，宋本避宋欽宗諱作「威」，他本皆從之，清抄本訛作「戚」。按下文再遇「桓」避諱作「威」者徑改本字，不再一一出注，但通志堂本「桓」字亦有不避諱作「威」而用本字者。

「順」字正相應。

六爻

六爻之義，初常對上，二常對五，三常對四，觀之則其義易明。初用「刑」以「發」之，上必至於用兵以「擊」之。二爲「包」而接五，則五爲「童」而巽二。三爲見二而失身，則四爲遠二而失實。大約諸卦多然，終始見於初上，而曲折備於中爻也。

䷄ 乾下坎上 需

彖

需非終不進也，抱實而遇險，有待而後進也。凡待者皆以其中有可待之實也，我實有之，但能少待，必有「光亨」之理，所以使之待。若其无之，何待之有？故曰「需，有孚光亨」。「光亨」者不可以盈，必敬慎以終之，故曰「貞吉」。信能行此，則其待不虛，其進不溺，故曰「利涉大川」。「有孚光亨」者，需之理也。「貞吉」者，需之道也。「利涉大川」者，需之效也。故以「功」言之。

需，須也

頷毛爲須，以待年也。賤妾爲須，以待命也。賁、歸妹之「須」，義與需通。

剛健而不陷

「剛健」則能有所爲，「不陷」則能有所不爲，是「有孚」與「貞」也。秉德如此，必无困窮之理，是「光亨」與「吉」也。管仲霸心發於束縛之時，可謂「剛健」矣；得志之後反坫塞門，未可謂「不陷」也。

此以二義解卦辭也。

位乎天位，以正中也

言以中正之德而「位乎天位」也，「正中」以明「有孚」與「貞」，「天位」以明「光亨」與「吉」。上、五兩爻屬天，而五得位，故曰「天位」，以形容「光亨」與「吉」之盛，非以君爻取義也。此彖之法，先用二卦明卦辭之義，則以下卦當「有孚」與「貞」。復用主爻明義，則又以上卦九五一爻當之。此則彖之別例，分卦與爻對明卦義者也，他卦放此。

雲上於天

雲氣升於九天之上，而後雨可需也。若本无雲，何需之有？此所以貴於「有孚」，然而太過則亦能以墊溺，故又貴於「貞」。

飲食宴樂

「飲食」以養陰，象坎。「宴樂」以養陽，象乾。飲食宴樂，需客之具也，古語燕客爲需，今人謂之待客，亦此意也。飲食、宴樂皆有陷溺之禍，惟自强者能以剛制之，故需以乾坎成象，兼取其「剛健而不陷」也。

初九　九二

初九最遠於險，而曰「利用恒，无咎」。九二稍近於險，已「小有言」矣。而曰「以吉終」者，蓋初九以剛居剛，恐其躁急，故雖遠而猶戒，九二以剛居柔，性寬衍而居得中，故雖見侵毀，猶不害爲終吉也。需之貴於待也如此。初九在乾爲「勿用」，故戒以用常，用乾之故常也。九二在乾爲「寬以居之」，故爲「衍在中也」。需之「用恒」，訟之「食舊」，皆所以發乾坤變卦之例也。在需則本卦未變故稱曰「恒」。訟則本卦已變，二已新而三尚舊，故稱曰「舊」，明有新也。

九〔二〕三

三與險切近，未必皆三之罪，亦有居勢適然者，其要在熟玩「致」字而已。寇雖在外，然亦不自至，我有以致之則至，我敬慎而无失，則雖與之逼，亦无敗理。蔡興宗與小人同朝而自免於辱，祖逖與石勒爲鄰而自不

〔二〕九，諸本皆訛作「六」，按需卦之三爲陽爻，當作「九」。

可犯，乾之君子，隨其所遇皆當有以待之，此其所以「剛健而不陷」也。此爻在乾爲「夕惕」「无咎」，故以「敬慎」戒之。

六四

坎爲血爲穴。血者，坎之初、事之淺者也。穴者，坎之終、事之深者也。故四爲「血」，上爲「穴」。卦體本以乾需坎，坎非需乾者也，四亦稱「需」者，能順而聽，是亦需也。三陽上進而六四居淺以俟之，故曰「需于血」，不入于深，故曰「出自穴」。諸儒不考象辭而惑於「血」字，皆謂四爲陽所傷而出，殊不思傷則必當相拒，非「順以聽」也。以六居四，豈有拒乾之理，既謂之需，則不拒可知，雖坤文言亦但以血爲陰類，不訓爲傷也。

九五

六四以順聽稱「需」，九五至剛亦稱「需」者，一卦之主也。三陽恃其有孚，是以堅忍以需之。若上无九五，則賢者絕望久矣，又何需焉？需者，飲食之會也，在禮速客之辭曰「主人須矣」，三陽方來爲客，五爲主人，具酒食以需之，故曰：「需于酒食」，明其爲主也。需之六爻，獨上九不稱「需」者，陰已終也。

以中正也

需已至五猶曰「貞吉」者，當需之時，所恃者九五耳，可不貞乎？五，坎體也，使其在正位而不中，則必與二陰比爲險，不容三陽之來。使其雖中而不得正位，則亦不能主持三陽而使之進也。惟九五既中且正，有德有權，雖在險中，不可沈溺，所以能爲主人，以速嘉賓，以保君子之貞而成天下之吉，故曰：「酒食貞吉，以中正也。」

上六　六四

上六「入於穴」，反六四之「出」也。不速客，反六四之「需」也。兩爻皆以柔居柔，而相反如此者，上陰已終，无所用出，乾陽已至，无所用需，故入穴者非上六也，「不速之客」也。「不速」者，非主人也，客自來也。六四之象曰「順以聽」，言陰能順陽則陰猶爲主也。上六曰「不當位」，言陽已居陰則陽自爲主矣。其曰「敬之，終吉」，爲需道已成，以戒陽也。三將入險，險猶在外，則戒以「敬慎」，恐其敗事也。上已入險，處乎險中，則戒以「敬之」，願其終吉也。聖人之爲陽謀，其備如此。夫陽來居上而行事，要爲不當其位，然而不當之失小，不敬之禍大，王允之誅董卓，五王之誅二張，皆已勝而忽，不思所以終之也，幾年需之，一日敗之，可不惜哉？善需者勿以小失爲嫌，而以大禍爲憂，險雖已濟，猶不敢忽，必入其穴、終其事而後已，則可謂能敬也已矣。

䷅ 坎下乾上 訟

彖

需以有實，故需。訟以有實，故訟。无實而需，時至何用？无實而訟，情得必窮；故二卦皆以「有孚」

爲主。需主九五，訟主九二，二爻皆在坎中，二卦之「有孚」，即坎之「有孚」也。曲直未明，故「窒」。勝負未分，故「惕」。中止則吉，終成則凶。訟之情狀〔二〕於是曲盡矣。「利見大人」，或不與之校，如直不疑，或爲之和解，如卓茂，或使其心化，如王烈，或爲之辨明，如仲由，皆訟者之利也。「不利涉大川」，涉險之道利在同心，雖胡越之人猶當如左右手，此豈相爭之時哉？熙、譚相攻，袁禍愈亟，平、勃交驩，漢難遂濟，此「不利涉大川」之明驗也。

訟，上剛下險，險而健，訟

晁公武氏曰：「上以剛陵下，下不險則未必訟。下以險陷上，上不剛則未必訟。故曰『上剛下險』，此訟之事也。外健而內不險，未必生訟。內險而外不健，未必能訟。故曰『險而健』，此訟之人也。」

大象

乾陽生於坎子，坎水生於天一，乾坎本同氣而生者也。一動之後，相背而行，遂有天淵之隔。由是觀之，天下之事不可以細微而不謹也，不可以親暱而不敬也，禍難之端，夫豈在大？曹劉共飯，地分於匕箸之間；蘇史滅宗，忿起於笑談之頃。謀始之誨，豈不深切著明乎？「作」又屬乾，「謀」又屬坎。

〔二〕狀，宋本作「效」，疑訛。

初六終吉

「終吉」之「終」，非「終凶」之「終」也。「終凶」者，事之終，以終而致凶也。「終吉」者，時之終，初不撓，終无他也。「終吉」者在訟爲不終，在人爲有終也。

九二歸逋　邑户无眚

「逋」與「渝」皆指變象言之。遯之九三來居二而成訟，二復歸遯則訟息矣，故不謂之「渝」而謂之「逋」，「逋」即遯也。「三百户」指下三爻也，震九四在坎中，亦稱「百里」，二遯則下三爻皆不成坎，一家好訟則百家受害，言「三百户无眚」，見安者之衆也，此即卦辭所謂「有孚，窒，惕，中吉」也。「有孚」是以訟，「窒」是以「不克」，「惕」是以「歸逋竄」，「中吉」是以能保其邑户而无眚。此爻以「逋」明遯，所以發凡起例，使人知六十四卦皆復姤十二卦之所變也。

不克訟，歸逋竄也

「不克訟，歸逋竄也」，兩句皆是爻辭。「自下訟上，患至掇也」，兩句方是象辭。如需上六「不速之客，敬之終吉，雖不當位，未大失也」，句法亦然。

初六　六三

初與三皆有正應，在訟之時，相應乃相訟也。初六爲四所訟，始以居剛，雖與之辯，終以性柔，不敢力爭，故「不永〔二〕所事，小有言，終吉」。四互離也，自見其非而不克訟，故「其辯明」。六三爲上所訟，上，終訟之人也，不可與辯，三貞守「舊德」而不敢動，猶懼其見危也，或不幸而與爭王事，則明其事理而讓其成功，以存從上之禮，庶乎其可吉也。曰「食舊德，從上吉也」，此「從」字與「從王事」不同，此謂從上六也，二以五爲上，三以上爲上，各指所應言之。初以訟爲所事，則三之「王事」亦爭辯之事爾。

或從　或錫

三與上爻辭皆有「或」字，三之「或從」，即與上從事也。上之「或錫」，即三錫之也。三本坤之六三，因二變而成訟，三守舊德，「含章」不變，自无訟理，或因王事不得已而有爭，則亦務存謙順，不敢以成自居也。上本乾之「亢龍」，以剛終訟，於法當凶，自无勝理，以三從之，故有或來之錫。「或」者，言出於望外，三理勝而上受服也。「鞶帶」者，柔服之象。帶柔而在身之中，猶六三以柔在卦之中也。合二爻而觀之，則「或」字之義明矣。

舊德

六三之「舊德」，坤也。坤之中爻動而成坎，初六、六三皆舊爻也。曰「貞」，曰「或從王事，无成」，皆

〔二〕永，宋本訛作「求」，明抄本原作「求」，改字作「永」。

六三之舊辭，故聖人引之以實其義，所以發凡起例，使人知三百八十四爻皆乾坤之舊也。

三褫

自三至上所歷三爻，故爲「三褫」。「褫」字鄭康成本作「拕」，言三加之也，因象言「不足敬」，故人皆以「拕」爲「褫」。今按，「不足敬」者，謂其受服爲可鄙，非見其褫服而後慢之也。

九四

訟爻皆以禄位爲象，二有「邑」「户」，三有「食」、有「王事」，上有「錫帶」，則四之「命」亦爵命也。九，德爲剛，其命數居四爲柔。雖爲居所移而不克訟，然不正之人懼其不能以長守也。若能自復於正，就其所得之命變爲六四，則以柔居柔，既安且正，長无好訟之失矣，故曰：「復即命，渝，安貞不失也。」九四變則爲巽，巽主命，故爲「即命」，此亦以「渝」字發逐爻自變爲四千九十六卦之例也。

九五

人謂九五爲聽訟之君，非也。爻與象皆稱「訟」，何謂聽訟？但訟卦五爻皆不正，惟九五一爻既中且正，爲可尚爾。中則我不終訟，正則人不克訟，相訟者或即中而求正，好訟者或見正而中止，此訟中之最善者，故曰：「訟，元吉，以中正也」，何與聽訟之事哉？五或爲德之尊，或爲位之尊，不必專指人君也。諸家爲君位所惑，故謂君无訟理，遂以聽訟解之，殊不思君豈聽訟者哉？

六爻

凡訟皆起於剛而止於柔，九二、九四皆剛者也，是以起訟，終以居柔而「不克訟」，故一「逋」一「渝」，皆變而止。初六、六三雖居剛位，不免於應，而其德皆柔，故能「終吉」，一爲「不永所事」，一爲從事「无成」。獨九五一爻有全剛之資，有尊大之勢，可以訟矣，而居中履正，非好訟者也，故爲「元吉」。上九以剛居柔，可以不克訟矣，而在訟之終，居高而用剛，不勝不已，此終訟之凶人也，「亦不足敬」。

无成

坤之六三雖「无成」而「有終」，但不敢爲唱而已。訟之六三止云「无成」，則終始皆无矣，進不敢居其前，退不敢從其後，此其所以爲「貞厲」也歟？

䷆ 坎下坤上 師

師貞

「師貞」，言師出於正也，九二无正之象，故彖以「剛中而應，行險而順」釋之。夫用剛而不過於中，專制於下而君應之，置之死地而人以爲順，斯師也其不謂之正大之師乎？此湯、武所以爲王者之師，伊尹、太公所以爲王者之佐也，故曰「可以王矣」。用師者多出於霸術，故以「可以王」者爲正。

丈人吉，无咎

行正道，用正人，乃天下之善兵也。「丈人」者，尊嚴正大之人，若伊尹、太公、諸葛孔明之類是也。霸者之兵專行詭道，用狙詐之人，故多勝者多禍，未有吉而无咎者也。易之言兵必正、必丈人、必出於王道，然後獲吉而无後憂。方是時未見秦漢以下之禍也，而文王、周公、孔子固已言之，玆其所以爲文王、周公、孔子歟？孟子曰：「征之爲言正也，各欲正己也」，出師如此，可謂得「師貞」之義矣。詩曰「維師尚父，時維〔一〕鷹揚」，用將如此，可謂得「丈人」之義矣。

彖辭

九二彖辭蓋與象辭互相發明，象之「剛中而應」即爻之「在師中吉，承天寵也」。彖之「行險而順」，「毒天下而民從之」即象之「懷萬邦也」。九二爲將，上得君心，下得民心如此。古之人惟伊、吕足以當之，湯必求元聖，武王必得仁人，知此義也。

大象

容民畜衆，或以爲寓兵於民，非也。大象皆别以物象立義，无重用彖義者，豈於師象必重述兵法乎？以物

〔一〕時維，宋本、清抄本訛作「惟時」。按，毛詩大雅大明作「時維」。

類推之，地之所以能固者，以其中有水也。千仞之山，水竭則崩。六尺之軀，氣竭則死。水所以畜地，氣所以畜形。君子之於民也，浸潤之道深入乎其中，所以能涵畜萬衆而不分也。「容」「畜」屬坎，「民」「衆」屬坤。

初六　六〔一〕四

坎爲律，初爲出師之始，故曰「師出以律」。四脱於險而在順地，故曰「左次」。初能不用律而「臧」，反戒之者，以柔處剛，其德不常，雖能大勝，亦能大敗也。四能不戰而免於咎者，以柔處柔，其德有常，雖不勝亦不敗也。與其剛而偶勝，不若柔而不敗，故曰：「暴虎馮河，死而无悔者，吾不與也，必也臨事而懼，好謀而成者也。」

九二

「在師中」者，明其爲將也。「吉」者，戰勝也。「无咎」者，民從之而无怨也。「王三錫命」，君寵之也。爻辭本是三事，小象特交錯其文，使互相解釋，以暢未盡之意。言「在師中吉」，以其承天之寵，是以「錫命」，解「在師」之吉也。言「王三錫命」，以其能「懷萬邦」，是以「无咎」，解「錫命」之蓄也。蓋明二所以勝，非己之功，以與五相應，得君寵也。五之錫二，非喜其能勝，以二用中德，衆陰從之，賞其能

〔一〕六，據宋本改，他本皆作「初」。

懷吾民也。將而知此，則无恃功之心。君而知此，則不賞殘民之將。聖人著此以爲後世君臣之法，此所以有功於贊易也。師自五至二歷三爻，故爲「三錫」，猶比自二至五爲「三驅」也，二卦反對，故各於主爻言之。

懷萬邦也

古之言兵者皆言懷而不言威，不獨此卦然也。禹之征苗，曰「感」曰「格」。湯之伐夏，曰「室家相慶」、曰「民大悦」。文王之遏徂旅，曰「以篤周祜」「以對天下」。武王之伐商，曰「萬姓悦服」、曰「綏萬邦」。成王之四征不庭，曰「撫萬邦」、曰「綏厥兆民」。方是時，未有明日復旆之諸侯畏之之謀也，未有威震海内、名聞諸侯之説也。

六五

六五柔順居中，得出師之道矣，未得將將之方也。柔者无妄舉之事，用於田獵則可以有獲，用於師旅則利在「執言」，有言可執而後伐之，故於出師之道爲貞、爲无咎。柔者无果斷之明，爲將者當用九二帥師之才。若用六三「輿尸〔二〕」之人，則師出雖正，其行亦凶。故於將將之道爲不能用丈人、爲凶，此所以有卦辭之「无

〔二〕 尸，宋本訛作「尺」。

咎」而无其「吉」也。「長子」謂有丈人之德。「弟子」謂非丈人也。「帥師」謂能勝其任，故曰「以中行也」。「輿尸」謂不勝其任，故曰「使不當也」。

六三　上六

初與四對，初戰四不戰也。二與五對，二將也，五君也。三與上對，三敗事，上成事也。師之命在將，民〔二〕所載也，乃使妄人爲之，猶載尸以行，言必敗死，故曰「大无功也」。三以坎車載坤尸，故曰「輿尸」。三在險之極，上在順之極，成敗之所以異也。

小人勿用

師之上六「小人勿用」，與既濟九三「小人勿用」同，皆言小人得此爻不可用也。鄭夬曰：「上六，師之極也，師不可極，大君有天命，可以開國承家以正而成功也。小人无天命，則亂邦而已。」安世按，易中言「小人弗克」「小人否」，皆言君子可用、小人不可用也，「君子吝」「大人否亨」，皆言小人可用、君子不可用，當從鄭説。

師三爻凶

師衆以順爲武，故三爻居剛者皆「凶」，初六、六三、六五是也。九二以剛居柔，是以「吉」而「无咎」；

〔二〕民，宋本訛作「氏」。

行險之貴於以順也如此。

坤下坎上 比

比：吉，原筮，元永貞，无咎

人道之相親比，以求吉也，苟无始終，則反成怨咎，何所得吉哉？故必原之以推其始，筮之以占其終。「元」者，其始善也。「永貞」者，其終善也。終始皆善，不變不回，則比道得而怨咎忘矣。是道也，惟九五能之，剛實在中，堅固不變，所居又正，何慮其不「元永貞」乎？故曰：「原筮，元永貞，无咎，以剛中也。」

不寧方來

凡卦自上而下爲來，比之成卦，本以坤在下爲下順而從上，又四陰在下皆順而從五，已得比輔之義矣。而五猶以位在坎中，憂畏不寧，方且來比於下，上下之心相求如此，此比之所以成也。當比之時，上下相求，五居尊位，猶汲汲如此，而上六獨安安而居，徐徐而來，守窮陰之位，違人道之吉，欲不凶，得乎？「方來」二字與「朱紱方來」之文同。

不寧

屯之初九「動乎坎中」，故爲「宜建侯而不寧」。比之九五居坎而下比，故爲「不寧方來」，皆以坎爲不寧也。坎險而多憂，故爲「不寧」之象。

比吉

王昭素云多此「也」字。

地上有水

水之附於地上，天下之至親而不可解者也。天與水同起於北方，而其行相違而不相親；水與土同生於中，而衰旺死生无不同之。是故先王象之以立封建之法，亦所以同其盛衰而爲至親不可解之策也。是故古者内自中國，外及四夷，尺地一民，皆分以與人，使世守之。王者以是世與其侯相親，諸侯以是世與其王相親，鄰國以是世爲鄰國，臣民以是世爲臣民，是以深交固結而不可犯也。秦始皇畏其然也，故盡剗之，而不思陳、吴、劉、項之不畏己也，豈不悖哉？「萬國」象地，「諸侯」布其上象水。

六爻

比之六爻皆以從五爲吉，以其「元永貞」也。二與五爲正應，皆不待求而自比，故六二「自内」而无假於外，九五用中而不誡於内，皆言其易也，餘爻皆須宛轉相因。初六因四而從五，故爲「有他」。六四捨初而從五，故爲「外比」。曰「他」、曰「外」，皆言非正應也。上六「後夫」，違衆亢然，自絶於五，獨爲窮人，而六三因之，則无得五之理矣，故爲「比之匪人」，如衛人之女失身於蚩氓，窮人之可傷者也，故曰「不亦傷乎」。此比之所以貴於「原筮」，而「原筮」之所以貴於「元永貞」也。

初六

初六「有孚比之，无咎」，此言初當比四也。以陰比陰，雖若有咎，然四則有孚於五者也，上後於五，故六三比之爲「匪人」，四孚於五，故初六比之爲「无咎」。然不獨无咎而已，九五之孚既盈於六四之缶，必且自四而來及初矣。初與五本非正應而得其吉，故曰「有他吉」。坎卦五爲「有孚」，四爲「用缶」，坎水盈則下流，故初六取以爲象。

比之自内

六二之正，其所自有，以六居二，正位也。以二比五，正應也。但能固守其所自有，則足以吉矣，故爻曰「自内貞吉」，象曰「不自失也」，皆无所假於外也。

六二貞吉　六四貞吉

六二自内，不求於外，戒之曰「貞吉」，六四捨内比外，亦曰「貞吉」者，兩爻以柔居柔，懼其不能固也，正己而不求於人，與割所愛而從賢，斯二者非有貞固之德，皆不足以守之。

失前禽　邑人　三驅　使中

古者田獵之法，逆己而來者舍之，故无面傷者。順己而去者射之，故自膘達肩爲上。「失前禽」即「舍逆」也，春秋傳「服則舍之」，舍，置也，不必用上聲讀。前禽之不射與邑人之不誡同意，禽既來則不必取，人既親則不必誡矣。以田獵言之，初六在下爲左，六四在上爲右，五自後驅之，是爲「三驅」；六二正中，向五而來，是爲「前禽」。兩中相比相和親，是爲「邑人」。以中使中，不謀自合，故爲「不誡」。「使」字與師卦六五「使」字同，師五使三不當，故「凶」。比五使二得中，故「吉」。使民之道有二：出而爲師則使之於戰陳，入而爲比則使之於田獵。使之以中則民順之，不中則民違之，故師之二亦以中爲吉。

六四　上六

四與上皆正而吉凶異者，四在五内，故能比五。上在五外，不能比五也。初與三皆不正而吉凶異者，初比於四，四與五孚，可因以從五。三比於上，上與五背，不可因以從五也。比之諸爻，但以所比爲吉凶，不於本爻取義，故爻辭皆曰「比之」，蓋指所比之人也。

比之无首

上六所謂「比之」者，指九〔一〕五也。上與五同體，五中且正，不能求比，乃反外而後之。三不正之人也，乃以敵應，同德而比之。比中與正，乃可永貞，比於不正，安得有終？故曰「後夫凶，其道窮也」，言其當比而不比也。又曰「比之无首」，言其不當比而比之也。「首」字訓終，義見乾卦，上以「終」言之，故以比三爲「无所終」。三自本〔二〕爻言之，故以比上爲「匪人」，蓋所比在彼，所喪在己也。

後夫　比賢　從上

曰「夫」、曰「賢」、曰「上」，皆指五也。以陽言之爲夫，以德言之爲賢，以位言之爲上。比之四有應在下，故謂五爲上，以別下也。訟之三其應在上，若就五則反下，故象以「從上」別五，義各有當也。

䷈ 乾下巽上 小畜

彖

陰陽之理，畜極則亨，畜之小者，雖未遽亨，及其成也，終有亨理。以六爻言之，一柔得位，五陽應之，

〔一〕九，宋本、明抄本訛作「六」。

〔二〕本，宋本、明抄本、清抄本訛作「人」，明抄本「人」後之「爻」字脱。

能係其情，未能全制之也，故爲小畜。以二卦言之，健而能巽，不激不亢，其勢必通。二五皆剛中，同心同德，其志必行，故有亨理。凡陰閉之極，則陽氣蒸而成雨，「密雲不雨」者，陰方上往，未至於極也，「自我西郊」者，方起於此，未至於彼也，此皆言所畜之小。然謂之「尚往」，則非不往，謂之「未行」，則非不行，亨固在其中矣。此於人事爲以臣畜君，終當感悟之象。

風雨雲月

四本象風，以其互兑而在天上，故謂之「雲」。兑正西，故爲「西郊」。至四而遇巽風，故爲「不雨」。主四言之，故爲「我」。四升至上，風復爲澤，故爲「既雨」。自巽至兑，自東南至正西，故又爲「月幾望」之象。

大象

以山畜天，則日月星辰、風雲雨露升降於一山之中，其所畜積大矣。以風畜天，則其力之所至止於盪摩披拂，是以謂之小。「懿」者，小德之名，若元凱之「恭懿」，文王之「懿恭」是已。君子以小懿而文大德，雖不若「前言往行」啓發培灌之多，然而和氣令辭、婉容愉色，聖賢所以輔成其德者，不可廢也。

輻字

小畜九三「輿説輻」，陸氏釋文云：「本亦作輹」，子夏、虞翻傳皆作「輹」。安世按，輻无説理，必輪破轂裂而後脱也。輿下之輹乃有脱時，車不行則脱之。今畜道止於不行，非有破裂之象，恐與大壯、大畜同作「輹」字爲長。

妻字

九三「反目」則稱「妻」，言相敵也。上九「既雨」則稱「婦」，言相順也。

載字

易中「載」字皆訓爲積，重坤之象爲「厚德載物」，象其積也。小畜之「尚德載」，象以「德積載」釋之。大有〔一〕之「大車以載」，象以「積中不敗」釋之。則載之爲積明矣。今俗閒舟車之積亦謂之載，而音曰「在」。

下三爻

下卦三陽皆爲巽所畜者也，初九正之於初，不施畜止而自復於道，无過可補，此畜之最美者也。九二不正之念已動於中而後牽之，牽而後復，畜而後止，已用力矣，以其在中而未遠，故亦不至於失道，「亦」之爲言，猶可之辭也。九三剛已過中而後畜之，四當其上，親與之角，其勢必至於相拂，如人已升輿，輹説係而止之，夫不行正，妻「反目」而爭之，此鬻拳之兵諫、先軫之不顧，畜道之至不美者也。象恐人以「反目」爲妻之

〔一〕 大有，諸本皆訛作「大畜」。按下文所引「大車以載」乃大有九二爻辭。

悍，故曰「不能正室也」，明不正在夫不在妻也。以魏鄭公之事觀之，則初九者太宗導人諫之時也，九二者悦而從諫之時也，九三者勉强從諫欲殺田舍翁之時也。

上三爻

上卦三爻皆畜乾者也，六四爲主，當畜之初，以陰畜陽，以小畜大，能无憂乎？六四互體爲離，下有伏坎爲血、爲惕，獨恃與五有孚，故能離其血惕，去而出之，變爲乾之九四，以免於咎也。臣之畜君，必信而後濟，非與上合志不可爲也。九五、六四以正相孚，攣結而不可解，天禄之富，與四共之，而不以〔二〕自居，此所謂「合志」也。上九居畜之極，畜道已成，昔之「不雨」者，今「既雨」矣。昔之「尚往」者，今「既處」矣。昔之「脱輹」者，今爲「載」矣。昔之「反目」者，今爲「婦」矣。彖之所謂「亨」，於是見之。「尚」者，上也。「載」者，積也。畜至於上，其德積而成載，則所畜大矣。然以小畜大，非可常之事也，婦道貞此而不變則爲危，君子過此而復行則爲凶。蓋月望則昃，陰極則消，自然之理也，臣之畜君固出於正，然進而不止則君有所疑，能无凶乎？既亨之後又以戒之者，蓋六四至上則爲夬，將有見決之凶，不可不戒也。

〔二〕不以，據宋本改，他本皆作「不能」。按，「不以自居」表示自願不居，與「相孚」之義合，「不能自居」表示力不足居，與「相孚」之義悖。

上九象辭

「既雨既處，尚德載」，此二句言畜道之成，故曰「德積載也」。「婦貞厲，月幾望，君子征凶」，此三句戒畜道之過，故曰「有所疑也」。象於首尾各取一句包之，如泰之九二「包荒，用馮河，不遐遺，朋亡，得尚于中行」，凡五句，而象辭曰「包荒，得尚于中行」，亦取首尾二句，凡象之例多類此。

履 兑下乾上

字義

「履，不處也」，履只訓行，畜止而履行，二卦正相反對也。人之所行未有能外於禮者，故序卦謂履爲「有禮」，非以禮訓履也。觀曲禮、少儀、鄉黨，可見古人一舉手動足无非禮者，故大壯曰「非禮勿履」，亦以履爲行而已。

履虎尾

陰本静而不行，履以一陰在内而行衆剛之事，故謂之履。履之本義如此，而成卦之後却有二義：自下卦言之，六三以兑之説與乾相應，下説上和，故能以柔行剛而无見咥之凶；自上卦言之，九五以中正臨下，雖剛而和，故能「履帝位」以聽乎三而无相疑之疚，亦「履虎尾」而「不咥」者也。兑與乾皆有虎象。禹以臨民爲「朽」「馭」〔一〕，湯以得位爲「深淵」〔二〕，穆王以「宅丕后」爲「虎尾」〔三〕，則爲卦主與居帝位，安得不皆謂之「履虎尾」乎？三自下通上，故謂之「亨」。五自上通下，故謂之「光明」。如武王之「光于四海，无所不通」〔四〕，是亦亨也。「不疚」以訓「不咥」，「光明」以訓「亨」字。

上天下澤

天上地下者，其分自絶，不必辨也。天上水下者，其志自乖，不必定也。惟上天下澤，則澤之氣常行於天，而天之分自嚴於上，故爲行而不處之象，又爲辨而能定之象，此其所以合於禮也。禮爲人之交通而設，然禮行而分愈明，是以君子履之。「辨上下」屬乾之斷，「定民志」屬兑之説。

初九　九二

「素履」者，疑若安於平素，而反謂之「往」、謂之「行願」。「坦坦」者，疑若平行无礙，而反謂「幽人之貞」。蓋以爻位之剛柔言之也。初九重剛，其志在行，不能使之不往，但能不失其初心之素則无咎矣。學者初

〔一〕引文見尚書五子之歌。
〔二〕引文見尚書湯誥。
〔三〕引文見尚書冏命、尚書君牙。
〔四〕引文見孝經。

心皆在於行志，非必皆逐禄也，及其既仕始失之耳。九二履柔行中，无所歆羨，「坦坦」者，寬閑之貌，故爲「幽人」之「貞」，其心坦蕩不可亂。

六三

「眇」者、「跛」者，象六之柔也。「能視」「能履」，象三之剛也。柔而履剛，本无可行之理，故曰「不足以有行也」。「履虎尾」者，行危道也，喻六居三所履不正也。本不足行，又行危道，安得不傷，故曰「咥人之凶，位不當也」。「武人」，粗暴之人也，不足行而行，不可履而履，皆粗暴之象。「大君」者，一卦之主也，六三質雖甚柔而所履者剛，又當不處之時，而得爲一卦之主，是以粗暴如此，故曰「武人爲于大君，志剛也」，言本剛才而有剛志，故其象如此。

眇　跛

六三當履之時而在下體，謂之「跛」可也。又有視象者，六三互體爲離，離目不正，故謂之「眇」，亦以見人之妄行者皆由於不明也。

六三　九四

三五履剛，故爲「虎尾」，以象其危。四履柔亦爲「虎尾」者，凡卦之下爻爲尾，乾爲虎，四在其尾也。彼以義言之，此以象言之也。三剛而尚武，與五爭爲主，故「凶」。四柔而愬愬，上巽乎五，故「終吉」。三言

「志剛」，可見四之志柔。四言「志行」，可見三之志不足行。皆互文也。諸爻皆以位爲志，初爲「行願」，二爲「中不自亂」，三爲「志剛」，四爲「志行」，皆主位言之。蓋其所自處如此，則其志可知矣。

六三　九五

六三於彖辭爲「亨」者，以下卦言之有和説之德也。於本爻爲「凶」者，資本陰柔，履位不正，宜其凶也。九五於彖辭爲「不疚」者，以上卦言之有剛健中正之德也。於本爻爲「厲」者，以剛行剛，志在夬決，所決惟三，而三當權用事，方爲一卦之主，其理雖正，其事則危也，故小象獨以位之正當爲言，其義明矣。凡彖多言卦德，凡爻多論爻位。

其旋元吉

上九與六三爲應，以六三所視所履考其禍福之祥，則六三雖凶而上九反吉，旋，反也。上九居亢龍之位，又與三相應，疑於不吉。然六三履剛而上九履柔，六三應剛而上九應柔，故彼之凶反足以爲我之吉。履柔爲善，應柔爲吉，故曰「元吉」。陰陽相得爲慶，三爲一卦之主，説而應乎我，故爲「大有慶」也。

六爻

履之六爻皆以履柔爲吉，故九二爲「坦坦」，九四爲「愬愬終吉」，上九爲「其旋元吉」，皆履柔也，柔則不敢肆行，所以其行常吉。六三，卦辭本善，終以履剛爲「凶」。初九、九五所履皆正，然初僅能「无咎」，五不免於「厲」，皆履剛也，是故初則懼其失初心之正而教之以保其素，五則懼其恃勢位之正而教之以謹其決。蓋剛者喜動而好決，任剛而行者，後多可悔之事也。

一陰一陽卦義

一陰一陽之卦，在下者爲復、姤，在上者爲夬、剥，其義主於消長也。在二、五者，陽在二爲師之將，在五爲比之「王」，陰在二爲同人之「君子」，在五爲大有之君子，其義主於得位也。在三、四者，陽在三則以剛行柔爲「勞謙」，在四則以剛制柔爲「由豫」，陰在三則以柔行剛爲履，在四則以柔制剛爲小畜，其義主於用事也。大抵用事之爻，在下者爲行己之事，在上者爲制人之事，行己以剛爲貴，故行剛者曰謙，制人者柔易悦而剛難制，故制柔者曰豫，制剛者曰畜。

周易玩辭卷第三

䷊ 乾下坤上 泰　䷋ 坤下乾上 否

泰否二象

以天道言之，内陰外陽則死，内陽外陰則生。以人道言之，内柔外剛則爲小人，内健外順則爲君子。以世道言之，内小人外君子則爲亂世，内君子外小人則爲治世。合而言之，消長二字而已。否則凡屬君子之道者皆消，凡屬小人之道者皆長，泰則反是，故二象皆以消長終之。「否之匪人」，言否塞不通，无復人理也。「不利君子貞」，言欲以君子之道正之使通，當否之時，非有大人之道能入否以致亨，則當循君子之義「儉德」以退避。若欲正之，使變塞爲通，必无可免之理，孔子論蘧伯玉、史魚，其意可見矣。否則有所不利，泰則物无不通，君子小人皆得其亨，故不分利不利。歷觀史傳，凡小人得志必害君子，君子得志未嘗使小人失所，故泰於「吉」之下又加一「亨」字，明泰之福所及者公，物无不遂也。若但言「小往大來，吉」，則疑於大者獨吉而福不及小人矣。

上下交而其志同也

分不可交，其交者志而已。

否之匪人　天下无邦

以一身言之則爲「匪人」，以天下言之則爲「无邦」，上下不交，陰陽斷絶，其惡如此。

健順剛柔

否言「内柔外剛」，據其物言之也。在泰則成德矣，故曰「内健外順」，以德言也。匪人无德，故不言德。

彖具三義

泰否之彖皆具三義，第一段曰：「天地交而萬物通也，上下交而其志同也」，此以重卦上下爲義，於陰陽二氣无所抑揚，但貴其交而已。第二段曰：「内陽而外陰，内健而外順，内君子而外小人」，此以卦體内外爲義，雖在内在外各得其所，要是重内輕外，則已於陰陽有所抑揚矣。第三段曰：「君子道長，小人道消也」，此以六爻消長爲義，十月純坤既極，陽自復生，至三爲泰，乾三陽長，坤三陰消，所以成泰，至此則全是好陽而惡陰，以陽長陰消爲福，則不止於抑揚而已。否彖則依此推之，大抵諸卦皆然，如小畜之彖「柔得位而上下應之」，是統論六爻五陽一陰也。「健而巽」，却以兩卦言之。「剛中而志行」，又以九二九五兩爻言之。故彖之義无所不備，不可以一説通也。

泰否二象

「天地變化，草木蕃」，故泰之象曰：「后以財成天地之道，輔相天地之宜，以左右民。」「天〔一〕地閉，賢人隱」，故否之象曰：「君子以儉德避難，不可榮以禄。」

泰象

獨陰不生，獨陽不成，陰陽交然後萬物泰，人君法之以立道，將以納民於泰，其可有所偏乎？「財成之」，恐其太過也。「輔相之」，恐其不及也。曰「財成」、曰「輔相」、曰「左右」，皆交脩之義也。以德言之，「哲」「謀」「肅」「乂」「聖」。以治言之，「正直」「剛克」「柔克」。以事言之，「平秩」「平在」「敬致」。以術言之，「逆」「順」「寧」「彌」「遠」。皆「財成」「輔相」之目也。「財成」其道所以「左右」民德也，「輔相」其宜所以「左右」民生也。「道」屬天，「宜」屬地，「左」又屬天，「右」又屬地。

否象

「儉德辟難」，不與害交也。「不可榮以禄」，不與利交也。此君子所以體天地不交之象也。世固有假辟禍之

〔一〕天，宋本訛作「夫」。

名以保榮禄者，故聖人必兼言之。「不可榮」猶言不可得而榮，非戒其不可也。「儉德」又屬地之嗇，「不可禄」又屬天之高。

泰否下三爻

泰之初九，君子始以類進，君子難進，故聖人勉之以「征」，欲其以及人爲念，不以獨善爲樂，故曰「志在外也」。否之初六，小人始以類進，小人進則爲邪，故聖人戒之以「貞」，貞則君受其福，邪則君受其禍，故曰「志在君也」。泰之九二，進而得中，聖人喜其能包小人也。否之六二，亦進而得中，聖人幸其能承君子也。泰之九三，君子之極盛也，無所復勉，憂之而已。否之六三，小人之極盛也，無所復戒，羞之而已。小人在内，德不當位，反使君子在外而包之，名位愈高羞辱愈大，故曰：「包羞，位不當也。」當否之盛時，小人以爲榮，聖人獨指其本心之辱者以示之，使知榮辱之實在此而不在彼也。

泰否上三爻

泰至於四，將變爲否，故小人與其鄰「翩翩」而下入，此小人之所同願，故曰：「中心願也」。否至於四，將變爲泰，故君子與其「疇」相麗而求福，亦君子之所同願也，故曰：「志行也」。泰之五，在群陰之中，獨能降心下賢，以受元吉之福，其實衆皆願下，而五以在中，所下者二，遂得所歸，故曰：「中以行願也」。否之五，在群陽之中，獨能撥亂「休否」，以建大人之功，雖其才足以有爲，然亦因在君位，遂得爲之，故曰：「位正當也」。泰之上六，泰復爲否。否之上九，否復爲泰。聖人於泰之終則追恨〔一〕其所從來曰：「其命亂也」。於否之終則幸其速去曰：「何可長也」。爻辭以「傾否」爲「喜」，亦幸辭云。易以陰陽相得爲喜，先不相交而今交矣，故曰：「先否後喜。」

拔茅

乾之初爻爲震，坤之初爻動亦爲震，震草在下，艮手反拔之，故否泰初爻皆有「拔茅」之象。陰爻能變乃得爲陽，故否取變象，言小人能變亦可爲君子也。

以其彙　以其鄰　疇離〔二〕

陰陽皆以類而進退，故泰否之初皆稱「彙」，以其主下三爻之進退也。泰之四稱「鄰」，否之四稱「疇」，以其主上三爻之進退也。

〔一〕恨，宋本訛作「限」。

〔二〕宋本「離」下多一「祉」字。

包荒　包承　包〔一〕桑

易中稱「包」者皆謂陽包陰也。泰之九二，君子自内而包外，故曰「包荒」，「荒」者，遠外之名也。否之六二，君子自上而包下，小人在下承之，故曰「包承」，「承」者，下載〔二〕上之名也。泰之君子固爲光大，否之小人亦足致吉者，皆以其得中，不爲已甚之事也。然而君子當否之時，欲包小人而受其承，非有大人之道者不能於否中致亨也，「入獸不亂群，入鳥不亂行」，「涅而不緇，磨而不磷」，惟大人能之，故曰：「大人否，亨，不亂群也」，乃若君子之常道則爲「儉德辟難」而已。否六二所稱之「大人」，即九五之「大人」也。凡木根衆而包土深者謂之包，九五以乾陽下包而六二以坤土承之，故在五爲「包桑」，在二爲「包承」，「包」字皆指五也。

泰九二

九二剛而能柔，其道中平，無所偏倚，能包在外之三陰，與之相應，如徒步涉河，无所疑忌，陰雖遠而不之遺，陽雖近而不之比，獨離其朋，上合於六五之中行，二五相易遂成既濟，以此處泰，不亦光大乎？五交二

〔一〕此處及本條末句「在五爲『包桑』」，兩「包」字據宋本、明抄本、清抄本改，他本作「苞」。按，本條末句言「在五爲『包桑』，在二爲『包承』，『包』字皆指五也」，據此二五兩爻皆應作「包」。

〔二〕載，宋本作「戴」。

成離，故有「光大」之象。二至[一]五成坎，故有「馮河」之象。郭子儀之待回紇與魚朝恩，裴度之待蔡人，皆「包荒」而不惡，「馮河」而不疑，故盜賊小人意消心化，其道愈大，其德愈光，其九二之謂乎？

泰九二　六五

泰之所以成泰者，以九二、六五上下相交，其志同歸於中行，所以泰也。九二之陽上交於五，如舜之尚見於帝，故曰「得尚於中行」，九二之「中行」即指六五之「中以行願也」。六五之陰下交於二，如帝女之下嫁於諸侯，故曰「帝乙歸妹」。治泰之事皆九二主之，六五同[二]心以亨其效而已，故九二之爻辭言事甚多而不言其福，六五之爻辭言福而不及事，人君之道莫善於此，故曰「元吉」。

帝乙歸妹

帝女下嫁之禮至湯而備，湯嫁妹之辭曰：「无以天子之富而驕諸侯，陰之從陽，女之順夫，天下之義也，往事爾夫，必以禮義。」湯稱天乙，或者亦稱帝乙乎？商王名多相同，以其皆用十干[三]也。

否六二　九五

大人之道如龍之變化，雖在否而不詘於否，使之在下則入於其群，而否有可通之理，故曰「否，亨」。使之

[一] 至，據宋本改，他本作「致」。
[二] 同，宋本作「降」，明抄本作「阳」。
[三] 十干，據宋本、清抄本改，明抄本作「十年干」，四庫本同，通志堂本、薈要本皆作「十足干」。

在上則出乎其類，而否有可止之功，故曰「休否」。二者皆天下之大事，非大人不能也。若論其常，則居否之時，正道不利，但當「儉德辟難，不可榮以禄」而已，故否之彖象皆稱「君子」，而二與五獨言「大人」，蓋君子者，上下之通稱，故引之以明常道。大人者，非常人之得稱，故引之以明非常之事。

泰九三

「无平不陂」，爲三陽言之。「无往不復」，爲三陰言之。兩言「无」「不」者，明此皆天道之必至而有孚者也，人能知此，則當泰之極，不可不盡人事以防之，「艱」則不敢易也，「貞」則不敢弛也，撫極泰之運而操心之危，如此則舉動之際必无過咎，夫然後彼之必至之「孚」可以「勿恤」，我之固有之福可以長享矣。乾之九三固能「乾乾夕惕」「雖危无咎」者也，用以居泰，不亦宜乎？

九三艱貞无咎　上六貞吝

九三、上六其位皆正，故皆得爲「貞」。九三將變而有陽剛之才，能艱難以保其「貞」，則可以「无咎」。上六已亂而又以重陰處之，其所謂「貞」者，固守其柔不敢動作而已，豈不爲可吝哉？

九三勿恤其孚　六四不戒以孚

六四之徒樂於世變，故以「不戒以孚」爲遂其心。九三之位正當其變，故以「勿恤其孚」爲自强其志。彼方與其鄰背富而違實，我當主持其類，保富而食實，故六四曰「翩翩不富，皆失實也」，九三曰「勿恤其孚，于食有福」。蓋六四居三陰之首，群陰所從以叛陽；九三居三陽之上，群陽所依以拒陰。此二爻者正相當之地，故象曰「天地際也」。凡陰爲貧、爲虚、爲禍，凡陽爲富、爲實、爲福。

泰九三　否九四

泰九三於「无咎」之下言「有福」，否九四於「无咎」之下言「疇離祉」者，二爻當天命之變，正君子補過之時也。泰之三知其將變，能脩人事以勝之，使在我者无可咎之事，然後可以「勿恤」小人之「孚」而自食君子之「福」也。否之四因其當變，能脩人事以乘之，有可行之時而无可咎之事，則不獨爲一己之利，又足爲衆賢之「祉」也。是二者苟有咎焉，其禍可勝言哉？

泰上六

泰之上六，東周平、桓之爻也，雅降爲風，王降爲國，「城復於隍」也。「彼其之子，不與我戍申」，「勿用師」也。告命不出於王畿，「自邑告命」也。當是時也，天命已亂，閔默自守而已，故曰「貞吝」。若桓王帥諸侯以伐鄭，則恥於「貞吝」而用師者也，无德以造命，而欲用力以勝之，命其可得勝乎？

泰上六命亂　否九四有命

泰上變初爲蠱，自城之至高復於隍之至深也。泰上，坤也，蠱初，巽也，坤爲衆，巽爲命，衆變於上而命顛於下，故曰：「其命亂也」。否之九四變初爲益，天地變而風雷作，風雷皆命令之象，故爲「有命」。當否之時，群陽將復，苟无天命，四雖有志，可若何哉？故曰：「有命无咎，志行也」。泰雖極治，以命亂而成蠱。否雖極亂，以有命而成益。命者，天之所令、君之所造也，道之廢興，豈非天邪？世之治亂，豈非君邪？

自邑告命　告自邑

泰之「自邑告命」，先言「勿用師」者，因其不可用衆，是以止於自邑也。夬之「告自邑」，後言「不利即戎」者，因其「告自邑」所以「不利即戎」也。泰之上六，陰方叛陽，若用衆陰，令〔二〕必不行，自保其邑，雖曰可吝，猶未失於正也。夬之上六，陽方決陰，若用一邑之人以攻五陽之衆，勢必不敵，但往而從之，不保其邑，猶爲有利爾。

䷌ 離下乾上 同人　䷍ 乾下離上 大有

兩卦名

一陰在下，勢不足以有衆，能推所有以同乎人者也，故名曰「同人〔三〕」。一陰在上，人同乎我，爲我所有

〔二〕令，宋本、明抄本、清抄本作「勢」。
〔三〕人，宋本、明抄本脱此字。

者也，故名曰「大有」。象於同人曰「應乎乾」，明我應之也。於大有曰「上下應之」，明人應我也。履卦柔在下亦曰「應乎乾」，小畜柔在上亦曰「上下應之」，此可以推卦例矣。

同人于野，亨　大有，元亨

同人，乾之九二也，「見龍在田，德施普也」，故曰「同人于野，亨」，有「善世不伐」之義焉。大有，乾之九五也，「飛龍在天，大人造也」，故曰「大有，元亨」，有「首出庶物」之義焉。同人曰「文明以健，中正而應，君子正也」，意與九二文言相協。大有曰「應乎天而時行」，曰「順天休命」，意與九五文言相協。

同人曰，同人于野，亨

「同人曰，同人于野，亨」，此句當連上文解之。其説謂「柔得位得中而應乎乾」，故其卦曰「同人」，而同人之繇又曰「同人于野，亨」也。蓋本之以中正而无邪，行之以剛健而无欲，故能忘己而同人，又能忘人而同乎野也，故以兩「曰」字明之。先儒皆以連下文，故其説不通。下文「利涉大川，乾行也」，獨以「健行」二字解「利涉」一句爾。乾在外故曰「乾行」，言出行於外，健則能涉也。

同人，應乎乾　大有，應乎天

兩卦皆以離之中爻爲主，而以乾爲應者也，同人離在下，以德爲主〔一〕，故曰「應乎乾」者，應其德也。大

〔一〕主，宋本脱此字。

天」，亦卦例也。

有離在上，以位爲主，故曰「應乎天而時行」者，應其命也。履兑在下曰「應乎乾」，大畜艮在上曰「應乎

應乎乾　乾行也

同人以一柔爲主[一]，徒柔不能以同乎人也，必以天德行之，故雖得位得中而必「應乎乾」乃可謂之同人。至於「利涉大川」，則又曰此「乾行也」，明非柔之所能辦也。凡卦之以柔爲主者皆然。履之六三不能以自亨也，必曰「應乎乾，是以履虎尾，不咥人，亨」。小畜之六四不能以自亨也，必曰「剛中而志行乃亨」。大有之六五不能以自亨也，必曰「應乎天而時行，是以元亨」。凡此皆柔爲卦主而其濟也必稱乾焉，此乾之所以爲大歟？「元亨」説具鼎卦。

利涉大川

易中卦辭有「利涉大川」者八卦，非乾則巽，蓋北方屬水，乾行涉之，海居東南，巽木涉之也。需、訟、同人、大畜四卦皆以乾行爲象者也，需之乾自下而上，故曰：「利涉大川，往有功也」。訟違乾而下行，故曰：「不利涉大川，入于淵也」。同人曰「乾行」，大畜曰「應乎天」，皆專以乾爲訓也。蠱、益、涣、中孚四

[一] 主，宋本、明抄本脱此字。

卦皆以巽木爲象者也。蠱之巽自下而往，故曰：「往有事也」。益自震而巽，二木相繼，故曰：「木道乃行」。渙曰「乘木有功」，中孚曰「乘木舟虚」，皆專以巽爲訓也。頤之爻辭，六五以柔「不可涉大川」，上九以剛「利涉大川」，亦四卦取乾之義也。謙之爻辭，初六「用涉大川」，以二至四有坎爲川，然以无乾、巽，不得言利涉也。

利君子貞

單言「利貞」，則貞者守正而已矣。君子之貞，則通天下之志而一之也，否以不通，故「不利君子貞」。若固守之貞，則否之初六〔二〕亦有之矣。

利涉大川，乾行也

彖以「利涉大川」爲「乾行」，明利涉者乾也，非離也，離有伏坎〔三〕在下爲川，又有互巽在上爲舟，雖有涉川之象矣，然非乾之健行不能以利涉也。訟「天與水違行」，故「不利涉」。同人「天與火」同，故「利涉」。未有違天而可濟者也，未有不健而能濟也。

〔二〕六，宋本、明抄本、清抄本訛作「九」。
〔三〕宋本此處衍一「坎」字。

文明以健，中正而應

「文明以健」則其健也非妄行，「中正而應」則其應也非私係，發之以明，行之以公，此君子所以合天下之志而正夫一也，同人之道莫利於斯矣。

同人：文明以健　大有：剛健而文明

「文明以健」，先明後健，由明智而達天德也。「剛健而文明」，先健後明，秉天德以照萬事也。此皆以卦體言之。若以爻言，同人得中正之理於内，而外應乎「乾行」，亦先明後健之象。大有「得尊位大中而上下應之」，亦有先健後明之象。

同人、大有二象

君子觀天火之同，則知天下之物雖曰萬殊，隨其類而觀之，則同於樂得其志而已，此君子之學所以能同乎人也。「辨」謂明見其情而〔二〕治之。觀天火之照，則知爲人上者必明賞罰、章好惡，以恭行天命，此君子之政所以能大有爲也。天命謂天討有罪、天命有德也。學以知之，故曰：「通天下之志」。政以行之，故曰：「應乎天而時行」。同人「類族」屬乾之五，「辨物」屬離之二。大有「遏惡揚善」屬離，「休命」屬

〔二〕而，宋本、明抄本作「非」。

乾也。

同人六爻

同人卦有「亨、利」而爻无全美，初九方出門之初，得失禍福惟其所擇，固非他人之咎。上九在國外，處遠而无同，亦非己之悔也。然二爻者，於同人之義皆未有得，初尚未可知，上已无望矣，故獨於上曰：「志未得也」。「郊」與「野」異者，「野」以曠蕩言，「郊」喻其遠而已。三四不得中道而恃力以求同，四以柔自反，猶可得吉。三以剛懷毒，終无所施，亦皆无同人之效。獨二與五可以言同，而又皆係於應，无大同之量，非所謂「同人于野」者也。二專於柔，眷戀宗戚之私情，固爲吝道。五專於剛，以離合爲悲喜，竭其力以與三決，僅幸一勝，此於交友之分可謂「斷金」。若曰同人之道，豈其然哉？故爻辭不復有言，而其道之吝自可見矣。

同人九三

「伏戎于莽」，處下卦也。「升其高陵」，望上卦也。「三歲不興〔一〕」，終不與五爭也。「安行」者，安分而行也。始望而終安之，故不言凶。爻言「升」、言「興」，象言「敵剛」，皆明敵在上卦，恐人誤以爲攻二也。三

〔一〕 興，宋本、清抄本訛作「與」。

離爲戈兵，下有伏坎，故爲「伏戎」。五爲高位，下有伏坤，故爲「高陵」。自三至五歷乾三爻，故爲「三歲」。凡陽卦稱歲，陰卦稱年。三與五遠，故爲「升其高陵」，四與五鄰，故爲「乘其墉」。

弗克攻

象恐人以「弗克攻」爲力之弱，故釋之曰：「義弗克也」，又曰：「困而反則也」，言能顧義知困，復循乾則，此即春秋褒「弗克納」之義也。觀此則知九二之「不克訟」，亦非不勝而歸，蓋九二居中履柔，能自反而逃其患也。凡爻言「不克」者，皆陽居陰位，惟其陽，故有訟有攻。惟其陰，故「不克訟」「弗克攻」。訟之九二、九四，同人之九四，皆是物也。

同人上九　大有初九

大有與同人反對，大有之初九即同人之上九，皆遠於柔者也。故同人六爻獨上九爲「不得志」，大有六爻獨初九爲「无交」也。然而六二當同於人而上九獨不見同，此二之吝，非上之傲也，故爲「无悔」。六五受人之交而初九獨不往交，則害於大倫矣，故爲有害。雖然，豈其咎哉？居勢適然，豈容强合？若能危行言遜〔一〕，艱以自守，則雖无上下之交，亦足免於咎也。馮衍、梁鴻之在東漢，皆居大有而「无交」者也，衍退而自脩，

〔一〕言遜，宋本作「遜言」。

可以无咎，鴻作五噫之辭，爲章帝所惡，則失於輕易，違初九克艱之義矣。

无交害也　小人害也

大有之時，以上下交孚爲利，而初獨无交，三或弗克交，其害不亦宜乎？若以「无交害」爲无害，則「小人害也」亦可爲小害乎？凡言害者，皆不利之名也。

有攸往，无咎

「九二：大車以載，有攸往，无咎」，象曰：「大車以載，積中不敗也」，蓋以「不敗」解「无咎」也。二受大有之寄而能持之以中，故其載雖重，而可以有行无敗也。

公用亨於天子

「公用亨於天子」，左氏傳卜偃以「亨」爲「享」，陸氏釋文諸家易説亦皆作「亨獻」之義。或謂「亨」字當改作「享」字，非也，古文「亨」與「享」同，但作「享」義解之，不必改字也。

大有中爻

大有六五爲主，初獨「无交」，逸民也。上在其上，賓師也。獨中爻三位爲臣。二，大臣也，受大有之任，故爲「載」。三，外臣也，奉大有之物以朝貢，故爲「亨」。二以中故「无咎」，三以不中故有戒。君子用亨則爲桓、文，「小人弗克」則爲曹、馬矣。四，近臣也，以柔自抑，不怙大有之寵，故爲「匪其彭」。干寶云：

「彭亨，盛滿貌也」〔二〕，居寵思危，惟明者能之，四居離之初，能明於初，故爲「辨晳」。六五居離之中，有中孚之象爲信，體柔爲順，履信思順而上下應之，則其孚交矣，所慮者居易而忘備，故云「威如吉」，欲其自警畏也。或謂當以威肅下，非也。以柔順之資，撫大有之運，自有易忽无備之象，觀家人上九象辭，可見「威如」之義在己而不在人也。

大有上九

六五在本爻，但見其履信思順而已，至上九而後見其尚賢，故孔子曰「又以尚賢」也。蓋當大有之世，受群下之應未足爲大，群下已至而又能尊賢乃足以爲大也。有群下易，有大賢難，武王必得箕子而後爲大有，不至於此不足以言大有之成也，故大傳以此爲六五之全德，而象辭亦曰「大有上吉」，明事關全卦，非止上爻也。此猶師之上六，論師之事至此而終，其言「大君」，蓋指六五，非謂上六爲大君也。小畜上九，論畜之道至此而成，稱「月」與「婦」，亦指六四，非謂上九爲「婦」也。

大有初九　大有上九

兩爻象辭皆稱「大有」者，明他卦在初而「无交」未爲有害，當大有之時乃爲有害爾。他〔三〕卦上九

〔二〕經典釋文卷二「其彭」條：「干云：彭亨，驕滿貌。」
〔三〕他，宋本脱此字。

乘六五未必如此之吉，當大有之時「尚賢」如此，乃爲「吉无不利」爾。二爻皆即全卦〔二〕取義，故以卦名冠之。

人字　大〔三〕字

同必言人，明我能同人，非本同也。猶家人以男正女，指女爲人也。有必言大，明小能有大，非本大也。猶大畜以陰畜陽，指陽爲大也。

䷎ 艮下坤上 謙

謙亨

彖曰：「謙亨，天道下濟而光明，地道卑而上行」，此以卦體釋卦辭也。九三，乾也，降在下卦而萬民服之，是「下濟而光明」也。坤，地道，處勢至卑而升在上卦，是「卑而上行」也。「下濟」與「卑」皆釋「謙」字，「光明」與「上行」皆釋「亨」字。自人事言之，尊者行之則「有光」，即「天道下濟而光

〔二〕卦，據宋本、明抄本、清抄本改，他本皆作「爻」。按作「卦」方與下文「以卦名冠之」之義相合。
〔三〕大，宋本、明抄本訛作「天」。

明」也。卑者行之則「不可踰」，即「地道卑而上行」也。始雖謙下，終必高明，是「有終」也。必稱「君子」者，以君子之心行之則有後福，苟非其人，如共工、王莽之象恭，得罪於天，雖欲有終，得乎？自「天道虧盈」以下，皆極言謙之必有後福，質之於天、地、神、人之心，以明「有終」之義也。

謙謙君子　勞謙君子

初六、九三皆稱「君子」者，此二爻皆非小人之所宜處也。初在謙之下，過謙者也，小人用之則爲柔佞矣，君子當不得已之時，用之以柔身濟難，則求吉之道也，故曰「卑以自牧」。「牧」者，馴養六畜之名也。三有大功爲萬民所服，小人處之則有不賞之禍，君子處之，致恭下人以保其終，則庶乎其獲吉矣。故二爻皆言「吉」而象皆再言「君子」，其意深矣。

用涉大川，吉

「利涉大川」者，未必有險也，但其道自利於濟險耳。「用涉大川」者，非利之也，有險在前，用此可以免凶也。

六二　上六

六二「鳴謙」，象以「中心」解之。上六「鳴謙」，象以「志」解之。豫之初六「鳴豫」，象又以「志」解之。然則凡言「鳴」者皆「志」也，志有憂有樂，皆寓於鳴。當豫之時，人志以從上爲樂，當謙之時，人志在下，不以上爲樂也。二在下卦之中，如其所欲，故其「鳴」爲得志。上在上卦之上，欲下而不可得，故其「鳴」爲「未得志」。此非小象辨之，則後世必不敢分爲二説也。雖然，二之「得志〔一〕」固爲「吉」矣，上謙已極，方病過中，豈可更得志乎？不得志於外，而用三之剛以自治其内，乃上六之「利」也，故曰：「鳴謙，志未得也，可用行師，征邑國也。」凡言「邑」者，皆指近言之，坤爲國，故曰「邑國」。

撝謙不違則

「鳴」者，情發於聲。「撝」者，用在於手。謙卦以柔居柔者三爻，皆誠於謙者也。二與上情藴於中而不見於用，故徒有其聲，「鳴」焉而已。惟六四一爻適當其用，故以「撝」言之。何以見四之當其用？曰：以其在三〔二〕與五之中而見之也。三爲大功之臣，五爲柔順之主，四居其中，當貴臣之位，使接三不用其謙，則必有抑功臣而激其變，如盧杞之於唐者。承五不用其謙，則必有挾柔主而弄其權，如中常侍之於漢者。謙於此時无往不利，施之於用，正得事宜，故雖以柔而不爲失則也。

萬民服也　征不服也

六五處謙之時，非樂於「侵伐」也。三以獨陽爲萬民所服，己既下人，人亦下己，故可以止於謙，无所復

〔一〕志，據宋本、明抄本改，他本皆作「吉」。

〔二〕三，底本作「二」，其他諸本皆作「三」，據改。下文「三爲大功之臣，五爲柔順之主，四居其中」，正謂四居三五兩爻之中，故知作「三」爲是。

爲也。五以陰柔居尊位，已雖隆[一]謙，人未免有不謙者，故必用「侵伐」以一之，帥衆謙以攻少不謙，固不患於不利，又不謙者去則天下皆謙，故又爲「无不利」也。居謙之上，當「亨」與「有終」之時，故不[二]言謙，但言「謙亨」之效。「不富以其鄰」，不待賞而服者，同謙者也。「利用侵伐」，待刑而後服者，不謙者也。二者皆服，則无不謙矣。

无不利

六四先言「无不利」，明所向皆利於如此，言所施之宜也。六五既言「利用侵伐」，又言「无不利」，明自此之後无有不利之事，言所收之效也。

六五　上六

六五「利用侵伐」，上六「利用行師」，此二爻皆與卦材爻德不類者，居謙之極當反爲豫，豫「利行師」，故皆有行師之象也。五居君位，故利以征人。上无民，故可以自征。五居剛，故不假用師。上居柔，故必用師而後可。上之所用，蓋用三也。謙自二至上皆師卦也，三在師中，爲萬民所服，即師之「懷萬邦也」。師之六五「利執言」，故此六五亦「利侵伐」。師之上六與六三之小人相應，故戒以「勿用」，此所應者九三之君子，

[一] 隆，據宋本、明抄本、清抄本改，他本皆作「降」。按「隆謙」即下文「六爻」條「謙而不已」之義。
[二] 不，宋本訛作「下」。

故勸以「可用」也。

六爻

謙之六爻，惟九三爲不得不謙者，故其取義最重，餘爻皆弱，自无不謙之患也。三以重剛獨陽，爲衆陰所服，功大德尊，不謙則无以保其終，故惟三之謙足以繫一卦之義。初最在下，二柔而中，四柔而正，皆无嫌於不謙者，但嫌其多謙耳。若五之居尊，上之處極，謙而不已則爲過矣，必能用剛以治人之叛、攻己之偏，而後爲利也，故五以「侵伐」爲「利」，而不言謙，上以「征邑國」爲「利」，而不得遂其謙，聖人之意蓋可見矣！

大象

「地中有山」，兼具兩義。自山言之，居高而能下，則以謙裁己者也。自地言之，高者下之，下者高之，則以謙裁物者也。「裒多益寡」所以象山，謂分人以財，不以自殖，教人以善，不以自高，此在己之事，非謂奪甲予乙也。「稱物平施」所以象地，謂有禮者殖之，昏暴者覆之。「虧盈而益謙，惡盈而好謙」，此治人之事，非謂以物予人也。然大象皆實，「地中有山」豈有其實乎？曰：此正實象也。以天下之勢觀之，地之最下而負海者，其中最多大山，非地中有山而何？若曰地下有山則不可耳。

周易玩辭卷第四

䷏ 坤下震上 豫

利建侯行師

屯之時，九五屯膏而初九爲濟屯之主，故爲「利建侯」。豫之時，六五「貞疾」而九四爲「由豫」之主，故亦爲「利建侯行師」。由我而豫，非「建侯」乎？朋盍而濟，非「行師」乎？屯之初，豫之四，皆震之初爻，主器之長子也，故皆有「建侯」之象。屯「動乎險中」，故爲「建侯而不寧」，坎爲憂，故曰「不寧」。豫「順以動」，故爲「利建侯行師」，坤爲衆，故曰「師」。

剛應而志行

九四一剛言應，猶小畜六四一柔言「柔得位而上下應之」也。「剛應」即「朋盍簪」，「志行」即「志大行」也。

刑罰清

「刑罰清而民服」，非謂簡省刑罰以悦民也，言順理之事，不煩刑罰而民自服，如日月四時无裁抑之者，而其數自不相過，其氣自无差忒，皆「順動」之驗也。

時義　時用

豫、隨、遯、姤、旅，皆若淺事而有深意，故曰：「時義大矣哉」，欲人之思之也。坎〔二〕、睽、蹇，皆非美事而聖人有時而用之，故曰：「時用大矣哉」，欲人之别之也。頤、大過、解、革，皆大事大變也，故曰：「時大矣哉」，欲人之謹之也。人死於過而生於頤，頤受六十四卦之終氣，故頤、大過之時與解、革同其「大」也。

大象

豫之大象言「作樂」者，凡豫多不善，遊豫、逸豫、怠豫、戲豫，皆非君子所尚。惟樂者，先王之所以飾喜也。以此爲豫，與天地祖考同其樂，則无惡於豫矣。然樂亦有鄭、衛，故必曰「崇德」，明非淫樂也。曰「殷薦之上帝，以配祖考」，明非自娱也。聖人之爲豫慮可謂深矣！「崇德」猶章德也，説文曰「作樂之盛稱

〔二〕　坎，宋本、明抄本、清抄本作「险」。按此处所言皆卦名，当作「坎」。

殷」，「崇」與「殷」皆盛大之意。

雷　樂

雷出乎地而奮乎上，樂作乎下而薦乎上，其義一也。「作樂崇德」皆下之順事也，薦上帝「配祖考」，皆所以感動乎上也。

六二　六三

凡物之兩間爲介，介所以分也。許氏說文曰：「介，分畫也。」當豫之時，五弱四强，人莫能分，六二辨於去就之分，如介於石間，斷然易識，不待事成，故「吉」，「終日」謂成事也。六三介於狐疑之地，既上視而不能去，又遲回而不能就，故多「悔」。二爻之相反，中正與不中正而已。中正之人則能早辨，故曰：「以中正也」。不中不正之人則不能自決，故曰：「位不當也」。

六二　六五

二「貞吉」，五「貞疾」者，二正而五不正也。貞於正，故雖違衆而吉。貞於不正，是貞於「疾」也，「疾」可貞乎？君弱臣强，是在疾證爲陽虚而陰實，雖久而不亡〔二〕，何樂之有？然而君昏於上，臣治於下，

〔二〕亡，宋本訛作「忘」。按，「不亡」即爻辭「恒不死」之義。

臣尙戴君，天命未改，中位未亡，謂之「疾」可也，謂之「死」不可也，此其平王之後、桓文之時乎？

初六　六三

九四，豫之主也，天下之豫由我致之，猶急於朋合，不敢有自矜自怠之意。初六，小人也，見己之應爲主於上，即矜誇自鳴，其志已極，能无及乎？六三見四之得志，仰而慕之，已爲可悔，又不決然從四，徘徊觀望，以自後於朋合之時，則又可悔之甚者也。「有」字即古文「又」字，古周易「又」多作「有」。大抵人之常情，居豫之時，不矜則怠，是以禍亂相尋，倚伏不休，抑亦先覺者是賢乎？則六二其人也。以往事驗之，初六則弦、黄之恃齊以爲豫者也，六三則曹、衛之慢晉而自豫者也，六二則微子之去、箕子之留、比干之死，分義所在，坦然明白於殷周未判之先，中庸所謂「前定」之「豫」也，非中正之人，其孰能之？

謙九三　豫九四

謙之九三，伊尹、周公之事也，書曰「臣罔以寵利居成功」，記曰「有庇民之大德，有事君之小心」〔一〕，即易之「勞謙」也。豫之九四，齊桓、晉文之事也，首止之會，踐土之盟，即易之「由豫」也。

〔一〕禮記表記：「雖有庇民之大德，不敢有君民之心」，又云：「有君民之大德，有事君之小心。」推尋注意，引文中「庇」字當爲「君」字之誤。

勿疑朋盍簪

「勿疑朋盍簪」，按釋文「簪」字或爲「撍」，或爲「寁」，音或爲「子甘反」，或爲「子感反」，其訓皆爲「速也」「疾也」。王弼作易傳，盡廢先儒之説，獨「簪」字仍訓爲「疾」，蓋古訓有不可易者，此類是也。豫之時，上下怠慢，治之之法以齊速爲上，故二以「不終日」得「吉」，三以「遲有悔」，九四以大賢之資，居可爲之位，仗陽剛而履柔順，爲上下衆陰之所宗仰，所宜速合群類以扶王室，豈可更有疑緩之心，以滋其怠哉？孔子曰：「相桓公，霸諸侯，一匡天下，民到於今受其賜，微管仲，吾其被髮左衽矣」，此正豫之九四也。聖人導之以「大有得」，勉之以「勿疑」而速合，其愛天下切矣。管仲曰：「宴安鴆毒，不可懷也」，姜氏〔一〕曰：「懷與安，實敗名」，皆明於「由豫」之機者歟？三四居上下之交，故兩爻皆有遲疑之戒。

上六

上六「冥豫成，有渝无咎」，「成」者，極也，豫極則昏，故曰「冥豫成」。豫之反爲謙，謙則无豫怠之咎，上之變爲晉，晉則无冥暗之咎，故曰「有渝无咎」。凡言「渝」者，皆當以變卦觀之。

〔一〕 姜氏，宋本、清抄本作「咎犯」，明抄本作「舅犯」。按左傳僖公二十三年：「姜曰：『行也。懷與安，實敗名。』公子不可。姜與子犯謀，醉而遣之。」作「咎犯」蓋屬誤記。

六爻

初六悦樂之豫也，六二先事之豫也，六三猶豫也，上六逸豫也，諸爻豫義各自不同，然皆因九四而生，故九四爲豫之主。

䷐ 震下兑上 隨

天下隨時　隨時之義

釋文云：王肅本作「天下隨之」，「隨之時義大矣哉」〔一〕。按此則上「時」字爲聲之誤，下「時」字爲字之倒也。或曰：古「時」字從「之」，故「之」「時」二字易雜。然則皆字之誤也。

大象

震，朝氣也。兑，暮氣也。春入於秋，歲之暮也。卯入於酉，日之暮也。木入金鄉則絶，雷入澤中則蟄，人入晦時則息，皆隨時之明義也。

〔一〕釋文卷二「而天隨時」條下注：「王肅本作『隨之』」，「隨時之義」條下注：「王肅本作『隨之時義』」。

初九

同人之初曰：「出門同人，又誰咎也」，隨之初曰：「出門交有功，不失也」，同與隨皆貴於正大，不可有所私昵，故皆以「出門」爲貴。

官有渝，貞吉

「官」，主也，初九爲一卦之主，以乾之上九與坤之初六相變而成隨，上九、初六本皆不正，因變而得正，遂有動説之象，故曰：「官有渝貞吉」。此一句論卦之始變，二爻相易，此隨之本也，即卦辭所謂「剛來而下柔，動而説，隨也」。「出門交有功」，欲其捨内卦之二陰，從外卦之正應。此一句却論成卦之後，上下之相隨，此隨之用也。在變則欲其改不正而爲正，在應則欲其捨不正而交正，隨之貴於正如此，即卦辭所謂「大亨，貞，无咎，而天下隨之也」[一]。

初九　九四

當隨之時，近者易昵。初九近於六二，九四近於六三，陰陽之情以近而相隨，則隨[二]之失道者也；初與四雖俱爲陽，然以正應相隨，則隨之合道者也。初九當「出門」之初，尤所當謹，故欲其「交有功」之人，謂隨

[一] 此句所引乃隨卦彖传之文，其中「之」字当作「时」，疑句中「卦」字为「彖」之讹。

[二] 則隨，宋本無此二字，明抄本、清抄本無「則」字。

四也，四有明善之功，故曰「有功」；於九四則欲其「有孚在道」，謂隨初也，兩陽以正相孚，則所孚在道而不在情。復之四從初九，亦謂之「從道」，初四互離爲明，明於邪正之辨，則其所交自然无咎，故曰孚於道者，明之功也。

六二　六三

「六二：係小子，失丈夫」，象曰：「係小子，弗兼與也」。「六三：係丈夫，失小子」，象曰：「係丈夫，志舍下也」。說者以丈夫爲正應，非也。凡言「係」者，皆非正應，以私意相牽係爾。凡言「失」者，謂正應也，本應有而今亡之，故謂之失。六二與九五爲正應，係初九則失九五矣，以二陽言之，故初爲「小子」，五爲「丈夫」也。六三與上六爲正應，係九四則失上六矣，以陰對陽言之，故六爲「小子」，九爲「丈夫」也。「丈夫」「小子」，特言其大小之別爾，非有所謂抑揚也。上卦以上六爲上、九四爲下。六三之志止處於下，必不從上，故曰「志舍下也」，舍，止也。蓋六三不正之人，故其辭之決如此，若六二則姑言邪正不可兼得而已。蓋資稟中正者，或能自擇所隨，若其資不正，則无望矣。

六三　九四

六三曰：「隨有求得，利居貞」，九四曰：「隨有獲，貞凶」，此皆言三四相隨不得其正也。三之於〔一〕四，

〔一〕於，據宋本、明抄本、清抄本改，他本作「與」。按下文「四之於三」與此相類。

以陰求陽无不得者，但據理言之，有得者不足以爲利，而居正者乃所以爲利也。四之於三，不求而得，可謂有獲矣，然揆之正道則爲有凶也。蓋三與四本非正應，又以六居三，以九居四，皆爲不正，非元亨利貞之義也。三若能居而不求，以固守上六之正應，雖均是陰而合於義，在隨之德乃爲利也。四若爲道而不爲獲，有孚於初九之正應，雖均是陽而明白无邪，在隨之道乃爲有功也。聖人之言功利，一出於正如此，與後之言功利者異矣。陰相隨止於利，陽相隨〔一〕故可以立功。

孚于嘉

五之嘉在二，婚曰嘉禮，亦曰嘉耦，非正應不足以當之，象恐後人誤以九四爲嘉，故釋之曰「位正中也」，其爲九五、六二明矣。今人猶有誤指九四者，以九四爻辭亦有「孚」字，然不知「孚」字可通用，而「正中」二字不可通用也。

上六

隨之極當變爲蠱，上兑變艮，昔說而隨我，今執而止之，故曰：「拘係之，乃從維之」，明人心之變也。兑爲西，艮爲山，震之一陽升於西山之上，故曰：「王用亨於西山」，明己亦自變也。在變卦、伏卦、反對卦，

〔一〕隨，據宋本、明抄本、清抄本改，他本作「應」。按上文言三「固守上六之正應，雖均是陰而合於義」，後文以「陰相隨」稱之，言四「有孚於初九之正應，雖均是陽而明白無邪」，則此亦當以「陽相隨」稱之。

三象皆然，事勢至此，不得不變，故曰：「上窮也」。凡易言窮者，皆謂其當變。然窮而能變，是亦隨時，若與之俱窮，則非善隨者，此隨之義所以大也。方當世變，盡力以求通，吉凶皆未可知，故不言凶。

用亨

大有九三「公用亨於天子」，隨上六「王用亨於西山」，益六二「王用亨於帝」，升六四「王用亨於岐山」，四爻句法皆同。古文「亨」即「享」字，今獨益作「享」，讀者俗師不識古字，獨於「享」帝不敢作「亨」帝也。若天子與山，則或以爲無享理，不知賓禮自有享王，吉禮自有山川之祭也。凡稱享者，正謂其有以通之，雖作「亨」音，亦止言享禮爾。

西山[一]

西山在宗周故國，雍州之西，今隴西西縣諸山，南漢水之所出也。梁州亦有西縣，乃東漢水之所出，在周之南，非西境也。「亨岐山」者，不出國都。「亨[二]西山」則從其方而祀之，亦「乃從維之」之義也。

六爻

二、三、上言「係」者，皆陰爻也，陰之隨人也以係，係者，私情也。四、五言「孚」者，皆陽爻，陽之

[一] 山，據宋本、明抄本、清抄本改，他本作「岐」。按本條中無「西岐」字樣，知宋本是。

[二] 亨，據宋本、明抄本、清抄本、四庫本改，通志堂本、薈要本作「享」。按上文「用亨」條云：「今獨益作『享』」，知此處不當作「亨」。

隨人也以孚，孚者，公道也，此可以見陰陽之情。

䷑ 蠱 巽下艮上

元亨

隨「元亨」，彖謂之「大亨」，蠱「元亨」，彖仍曰「元」者，人情説隨，无所阻礙，事已遂矣，故謂之「大亨」，蠱壞之時，凡事創始，亨自此始，故曰「元亨」。「大亨」者，恐其蕩也，故繼之以「利貞无咎」。「元亨」者，方經營之，既欲其爲之勇，又欲其慮之周，故曰「利涉大川」，又曰「先甲三日，後甲三日」。

蠱甲　巽庚

巽九五之變爲蠱，巽者，事也，事變至蠱則當復始，故於蠱謂之「甲」。甲者，日之首、事之始也。蠱之六五復變爲巽，蠱既始事，巽又申之，事之申重者，非更則續，故於巽謂之「庚」。庚，更也，續也。蠱以全卦言，故於卦辭言「甲」，巽至上卦而後爲重，故於九五言「庚」。甲、庚者，十日十二辰之綱也，戊己分王四時，自甲歷乙丙丁三日而至庚，自庚歷辛壬癸三日而至甲，故取以爲「三日」之象也。

三日

甲、庚之「先」「後」皆稱「三日」，「先」「後」者，上下卦也。「三日」者，三爻也。「先甲三日」，蠱之下三爻，巽以行事也；「後甲三日」，蠱之上三爻，止而不行，又將復蠱也，天道自巽而艮，復自艮而巽，故曰：「終則有始，天行也」，明事未有不蠱，蠱未有不復造者，此以天道言也，故不言吉凶。「先庚三日」，巽之下三爻，行事之初，我與民皆未敢信也。「後庚三日」，巽之上三爻，行而又行，我與民皆信之矣，故曰「後庚三日，吉」，明初猶未吉，至終而後吉，此以人事言也，故以「吉」終之。

大象

「振民」象風在下，「育德」象山在上。山下者，人禽草木之所聚，風於其閒鼓蕩回薄，飛走動植爲之紛然，事莫盛於斯矣。

父母

晁公武氏曰：「蠱非一日之積，必世而後見，故諸爻皆以父母爲言。」

初六

初六陰柔，本非幹蠱之才，然蠱之成卦，乃因坤之上六來爲初六，則初六者成卦之主也，故聖人於此爻詳言治蠱之事，專取卦主爲義，不論其才也。又去柔居剛，亦有志於治蠱者，故象取其意而爻戒其危焉。初六有幹蠱之志，九二有内幹之才，九三有外幹之才，大抵蠱下三爻皆能幹者，以其巽體，主於行事也。

意承考也

「幹父之蠱」，迹若不順，意則承之也。迹隨時而遷，久則有敝，何可承也？孝子之於父，不失其忠愛之意而已。

不可貞

相承謂「幹母」者不可太剛，非也。夫謂之「幹母」，則已明其居柔用柔，止可幹陰事，自无太剛之慮矣。「不可貞」者，言其〔一〕自「幹母」之外，他事不可守此以爲常法也。若幹父事如此，則不勝其任矣。母道失則强，故當以柔濟。父道失則弱，故當以剛舉也。

往見吝　裕蠱

蠱主於作事，故「利涉大川，往有事也」，「往有事」爲利，則「往未得」爲「吝」矣。晁公武氏曰：「裕，益也，秦二世以就始皇之宫室爲孝，衛州吁以脩先君之怨爲孝，皆裕蠱也。」安世按，裕者，長其惡也，若二人則逢其惡，不止於吝而已。

〔一〕其，宋本、明抄本、清抄本無此字，於義稍長。

六五

六五之才，雖不足於幹，然得尊位、行大中，能以令名掩前人之蠱者也，故曰：「幹父用譽，承以德也」，言不以才幹而以德幹也。大抵蠱之上三爻皆非能幹者，以其艮體，主於止也。

上九

居蠱之終則无事之時也，在蠱之外則不當事之人也，然當事者以幹蠱爲事，不當事者以高尚爲事，亦各事其事也，故不曰无事而曰「高尚其事」，事得其宜，非宜幹而不幹者，故曰「志可則也」。六四在事中而不事，則可吝矣。

六爻

蠱六爻皆以剛爲貴，初與五以爻〔一〕位剛，亦得「吉」「譽」。九三剛而不中，在他卦多凶，而於蠱獨「無大咎」。惟六四一爻，位與德俱柔，遂以「見吝」。以此見幹蠱、涉川，非剛不濟也。上九无預於事，亦以剛介爲「高」。

卦爻總義

蠱卦之體，巽伏而不動，外剛而内柔，有致蠱之象，而其諸爻乃有治蠱之才。九二以柔行剛，能「幹母之

〔一〕爻，據宋本、明抄本改，他本作「柔」。按此處只强調初五兩爻「剛」的因素，與「柔」無關。

蠱」者也。九三以剛行剛，能「幹父之蠱」者也。初六、六五皆資柔而志剛，亦有幹蠱之志，初在下而承乾，故爲「意在承考」，臣之事也。五在上得中而應乎乾，故爲德足以承考，君之事也。初當治蠱之始，故爲「厲」。五享治蠱之成，故爲「譽」。方承繼之初，驟有所改，以迹言之，但見其危，安得有譽？惟識者察之，知其意非悖父爾。及事定之後，人被其德，乃始信其爲孝而稱譽之，治蠱之難蓋如此夫！

䷒ 兌下坤上 臨

臨者，大也

易之卦義不專取字訓，但因事立義耳。人之所需者以飲食爲急，故需爲飲食，需不訓食也。人之所行以禮爲重，故履爲禮，履不訓禮也。治蠱者必有事，故曰：「蠱者，事也」，蠱自訓壞，不訓事也。能臨物者必大，故曰：「臨者，大也」，臨自訓涖，不訓大也。

彖

「元亨利貞」，指六陽之卦也。「八月有凶」，指二陰之卦也。二陽方長，雖未成乾，而已有乾之德。亦未至成遯，而已有遯之禍。聖人豈好爲是豫言哉？二陽之長，必至於乾者，天道之當然也。其長如此，其消亦如此者，亦天道之當然也。故曰：「大亨以正，天之道也。八月有凶，消不久也」，皆以天言之。然則撫消息盈虛之運者，其可不勉其所必至而防其所將反[二]哉？雖以天言，而人事之當謹者固在其中矣。

彖象

彖言以剛臨柔，自下而長，以臨上之四陰也。象言以高臨深，自上之坤，以臨下之兑也。彖取物象與爻象不同，皆此類也。

大象

「澤上於地」，人所防之澤，陂堰是也，澤有時而決，其所容亦有限。「地中有澤」，自然之澤，鉅野、洞庭是也，澤無時而窮，其所容亦無限，臨下之道莫善於此矣。以政臨民猶堤中之水，以教臨民猶地中之澤，教民之念既無時而窮，則所容保之民豈復有限哉？放勳曰：「勞之來之，匡之直之，輔之翼之，使自得之，又從而振德之」，禹曰：「戒之用休，董之用威，勸之以九歌，俾勿壞」，所謂「教思無窮」者，此之謂也。以字義言之，「教思无窮」屬兑，「容保民无疆」屬坤。

[二] 反，據宋本、明抄本、清抄本改，他本作「及」。按，「至」与「反」即前文所謂「其長如此，其消亦如此」，如作「及」，則不能體現「消」與「長」之對立關係。

初九　九二

初九、九二皆臨陰者也，以陽臨陰，反在陰下，有「男下女」之象，故皆爲「咸」，夫之臨婦，其道如此。初者臨之始也，以九居初既正，而所感六四又正，固守其正者也，雖其志可尚，然不周於用，吉在自守而已。九二不主於貞而主於中，則善用其臨者也，此以中感，彼以中應，君安之，衆信之，故不獨其身之吉，而行之於世亦「无不利」也。蓋二陽初長，四陰方盛，猶未肯順聽其命，必用中而後爲利。若直行吾志，必不利於行也，故象於初九則曰「志行正也」，於九二則曰「未順命也」，於六五則曰「大君之宜，行中之謂也」。聖人當剛長之時，其爲君子慮可謂深矣！陽進至三爲泰，則外順矣，九二、六五猶以「中行」爲福，而况於未順命之時乎？

九二　六三

九二剛長而得中，故「无不利」；六三陰消而不中，故「无攸利」。二以心感人，三以口説人，此君子小人之所以分也。

六三

六三以甘媚臨而「无攸利」，見君子之難説也。「既憂之，无咎」，又見君子之易事也。其處已也嚴，故不受不正之媚。其與人也寬，故不治既憂之人。爻辭雖爲六三言之，然可以見二陽之用心矣。餘見大壯上六。

六四

六五以應九二而得吉，上六以「志在内」而得吉，六四與初九正應，獨不得吉。五爲大君，四爲大臣，五方用九二以臨衆陰，三、四不中，首當斥去，四得「无咎」，已爲幸矣，此保位之臣，非大臣也，故曰「位當」而已。

六三　六四

三與四皆以陰柔而在高位，三以説媚陽，故雖「咎」而「不長」。四以順應陽，故得「无咎」。其所以勝於三者，三不當位，四當位也。

臨六五　家人上九

臨六五曰：「知臨，大君之宜」，後世必有以苛察爲「知」者矣，故曰：「大君之宜，行中之謂也」，言「知」在知人，使中正之賢得行其道，不在徧知也。家人上九曰：「威如，吉」，後世必有〔二〕以刻下爲「威」者矣，故曰：「威如之吉，反身之謂也」，言「威」在自畏，不在威人也。夫子贊易大抵如此，故謂之贊、謂之翼也。

〔二〕有，宋本、明抄本脱此字。按上文「後世必有以苛察爲『知』者」，文例正與此同。

三四　五上

臨卦陰爻皆以當位爲喜，四當位故「无咎」，上當位亦「无咎」，三不當位故「无攸利」，獨五不當位而反「吉」者，五，君也，二陽之所恃，非二陽之所臨也，陽來臨陰，凡陰類皆當用柔，惟大君爲宜用剛，何則？自下臨上，暗君之所疑也，君剛則與陽相知，不疑其臨己，故曰「知臨」。五能知二則二之中道得行於上，故曰「行中之謂也」。舜之所以爲大知者，以其能用中也，擇乎中庸而不能守則謂之不知，孔子以「行中」解「大君之宜」，而「知」字之義亦因以明矣。

上三爻

臨以下臨上[一]，四最在先，與下卦至相逼，故爲「至臨」。上最在後，與下卦隔四陰，故爲「敦臨」。「敦」者，積厚之名也。五不先不後，獨當其中，與二相知，故爲「知臨」，相知者宜於得「吉」，相逼者僅以位當而得「无咎」。上與二无交，若從當位之例，无咎可也，而又得「吉」，何哉？蓋臨之上、二有相交之理，非他卦比也。臨與頤互相易，頤之上、二相交而成臨，臨之上、二亦相交而成頤，以交二而言，則可以得五之

[一] 以下臨上，據宋本改，明抄本作「以下卦临上」，他本作「以上卦臨下」。按，前文「彖象」條明言以下臨上屬彖之義，以上臨下屬大象之義，此處解爻辭，自當以彖爲主；又，下文言上之「敦」爲「積厚之名」，以下臨上則臨自四始，發展至上正合「積厚」之義，如以上臨下，則「積厚」當于初爻言之。

「吉」，以當位而言，則可以得四之「无咎」，是以爲「吉，无咎」也。雖然，其「无咎」易見，其「吉」難知，故夫子獨解「吉」字曰：「敦臨之吉，志在内也」，「内」即九二，「敦」即頤之上艮也，明與二合志則上化爲艮，遂成「由頤」之主，此其所以兼四五之德而有之也。

觀 坤下巽上

觀字音

「觀」字，卦名并一卦内並是平聲，惟「觀天下」一字是去聲爾。序卦以「可觀」解卦名，雜卦以「或求」解卦義，皆下觀上也。象之「觀天」、象之「觀民」，六爻之所「觀」，无一可作去聲者，頤與觀互相變，故頤之卦辭爻辭皆用「觀」字，然亦止是平聲。

大觀　大壯

觀四陰方盛，以二陽爲大。大壯二陰在上，以四陽爲大。不論其多寡上下，而論其德也。

盥而不薦

古之君子不必親相與言也，以禮樂相示而已，此所謂觀也。然猶假禮樂，未足以言「大觀」也。則「不見而章，不動而變，无爲而成」，「不言而信」，「不怒而威」，「不賞而民勸，不怒而民威於鈇鉞」，「篤恭而天下平」，「无聲无臭」而「萬邦作孚」〔二〕，此所謂「大觀」也，故曰「盥而不薦」。「盥」者，祭之初步，方詣東榮，盥手於洗，凡祭之事，百未爲也。「薦」者，祭禮之最盛，四海九州之美味，四時之和氣，无不陳也，齋明盥潔无所陳布，而「有孚顒若」已不可掩，蓋相觀而化，其神如此，故謂之「神道」也。先儒謂盥則誠意方專，薦則誠意已散，「盥而不薦」謂專而不散，非也。仁人孝子之奉祀也，豈皆至薦則誠散乎？此但以「盥而不薦」象恭己而无爲爾，非重盥而輕薦也，如所謂「不動而變，不言而信」，豈以言動爲不美哉？但不煩言動而已。

神道

「神道」者，形容「觀」字也。凡有言者有事者，皆以迹治，未可以爲神也。觀則不言不動，相觀而自化，此以爲神也。不察者以爲別有神道，是不達觀義也。天不言而四時自不忒，此天之神道也。聖人恭己无爲而天下服其至教，此聖人之神道也。記曰：「天道至教，聖人至德」，味此二言可以知觀道之神矣。

童觀　闚觀

初六爲下民，故曰「童觀」，言其於觀也，如童子之時未有知識也，下民日用而不知則其常也，君子而不著

〔二〕自「不見而章」至「無聲無臭」，惟「不怒而威」一句不見於中庸。而「不言而信，不怒而威」見於荀子儒效，項氏可能因中庸「不言而信」而誤及荀子「不怒而威」。「萬邦作孚」見於詩大雅文王。

不察則可羞矣，故曰：「小人无咎，君子吝」。六二「在中饋」，故曰「闚觀」，言其於觀也，如婦人之目所闚者狹也。婦无公事，所知者蠶織，女无是非，所議者酒食，此在女德不失爲貞，男子而寡見謏聞則可醜矣，故曰：「利女貞，亦可醜也」。二爻皆小人之安於下者也，故獨論其德，以爲非君子之事而已。六三以不正之陰，處下卦將革之時，遂有窺伺君子之意，故方論其情狀也，又在上下之交，故有進退之象。

觀我生　觀其生

五爲一卦之主，以中正觀天下，爲天下之所尊仰，凡言「我」者，皆指五也。觀卦四陰進逼二陽，初稚二貞，未有凌陽之勢。六三不正之小人，在下卦之上，其志剛躁，將進而逼陽，以成四陰之勢者也，時以九五中正，尚未失道，故未敢遽進，方觀九五之所爲以爲進退，故曰：「觀我生進退，未失道也」。爲九五者知其如此則當自觀我之所生，以爲休咎之決，民向之則我爲君子，民背之則我非君子也，故曰：「觀我生，觀民也」，民即在下之衆陰也。上九當剥之時，在卦之外，无民无位，小人之進退，下民之向背，皆不由己，但謹視其身、思自免咎而已，非卦之主，故但稱「其生」，此即剥之君子「觀象」之時也。陰進則滅陽而爲坤，陰不進則陽存而爲「碩果」，道之興廢，皆未可知，故曰：「觀其生，志未平也」。觀本是小人逼君子之卦，但以九五中正在上，群陰仰而視之，故聖人取之以爲小人觀君子之象，象雖如此，勢實漸危，故五、上二爻皆曰「君子无咎」，言君子方危，能如九五之居中履正，能如上九之謹身在外，僅可免咎爾。不然則九五建中正以觀天下，雖元吉大亨可也，豈止无咎而已哉？明二陽向消，故道大而福小也，此即唐武宗之時，内之宦者、外之牛李之徒，皆欲攻李德裕者也，但以武宗剛明在位，故仰視而不敢動，一日事變則萬事去矣。

臨未順命　觀未失道

臨以二陽逼四陰，九二尚用「咸」以臨之而不敢遽進者，以陰方强盛，「未順命也」。觀以四陰逼二陽，六三尚用「觀」以伺之而不敢必進者，以陽方中正，「未失道也」。此兩象辭皆指所敵言之，而諸儒往往求之於本爻，所以未得其説也。兩辭皆稱「未」者，臨終當爲泰，觀終當爲剥，方長之勢決，不但已，特「未」而已，非終於不進也，故曰「未」。

尚賓也

「尚」者，配上之名，「賓」者，對主之稱。「舜尚見帝」，「迭爲賓主」，即其義也。四陰方盛，勢與五敵，所幸九五未失君道，而四又履正，故其來止於尚見而爲賓，使其以不正相遇則爲敵矣，國有光則人賓之无光可觀，則爲敵可知。故當觀之時，聖人懼焉。

風行地上

風行天上，人不見其迹也。風行地上則所加者偃，所觸者動，夫人而見之矣。先王俯就其民而教示之，蓋如此。若象所謂「大觀在上」則自以爻象言之，乃風化之本原，非此之謂也。易之象與大象取義不同，「方」

與「民」屬地，「省」之「觀」之「教」之屬風。

我

凡論全卦之義，皆以主爻爲我。蒙以九二爲主，故彖辭稱「我」者，九二也。小畜以六四爲主，故彖辭稱「我」者，六四也。觀以九五爲主，六三所稱之「我」即九五也。頤以上九爲主，初九所稱之「我」即上九也。小過以六五爲「我」，中孚以六二爲「我」，皆統言一卦之義者也。獨需三、解三、鼎二、旅四，自以本爻之吉凶而稱「我」，非一卦之事也。

變卦主爻例

反對卦皆自消息卦變，一升一降而成卦，以義重者一爻爲主。消息卦皆自乾坤變，一陰一陽者，以初、上爲主，復、夬，乾之初上，姤、剥，坤之初上。二陰二陽、三陰三陽，皆以二、五爲主。不反對八卦皆自坎離變，乾之二五、中孚之三四、大過之初上，皆與離之二五相易而成卦。坤之二五、小過之三四、頤之初上，皆與坎之二五相易而成卦。兩升兩降亦以一爻義重者爲主。大過、頤象一陰一陽之卦，以初、上爲主。坎、離、小過、中孚象二陰二陽之卦，乾、坤象三陰三陽之卦，皆以二五爲主。

周易玩辭卷第五

䷔ 震下離上 噬嗑

彖

「剛柔分」，分者，未合之時，一剛在內，分隔三柔，此其所以當噬也。「動而明」，則二體合矣。「合而章」，則大化亨矣。此三句皆解「噬嗑，亨也」。噬嗑而亨，何事不利？而獨「利用獄」者，六五以柔在上，才不當位，不足以致大利，獨以柔得中，利於用獄而已。聖人不得已而用獄以噬頑民，使合於善，惟柔中者能之，故曰：「柔得中而上行，雖不當位，利用獄也」，此兩句解「利用獄」也。舜之刑曰：「刑期于無刑，民協于中」，皋陶之刑曰「好生之德洽于民心」、曰「制百姓于刑之中」，成王之刑曰「寬而有制，從容以和」、曰「惟厥中」，穆王之刑曰「哀矜折獄，咸庶中正」，皆以柔中爲主也。

利用獄　明罰敕法

「利用獄」，以實治人，所以懲之而使合也。「明罰敕法」，以象示人，所以禁之而使合也。雷電伏則萬物息，雷電合則造化通，故曰「雷電合而章」，此二物之功用也，故用獄者取之。陰陽相噬而有聲則爲雷，有光則爲電，二物因噬而合，故曰「電雷，噬嗑」，此二物之形象也，故立象者取之。

六爻本象

先儒皆以初、上爲受刑之人，二、三、四、五爲用刑之人，析六爻爲兩説，故於所噬之象穿鑿紛紜，終〔二〕不能合。殊不知六爻皆即本爻取象，初九在下，故爲「滅趾」，「趾」即初之本象也。上九在上，故爲「滅耳」，「耳」即上之本象也。豈必二、三、四、五乃指他人之膚肉哉？六二以柔居柔，在六爻之中至柔者也，故爲「膚」，膚之在中者爲鼻。六三以柔居剛，故爲「腊肉」，肉之不中者爲「毒」，此所謂腊毒也。九四以剛居柔，故爲「乾胏」，骨在肉中者爲胏，即剛在柔中也。六五亦以柔居剛，爲「乾肉」而不爲「腊肉」者，三在下而小，小物之乾爲腊也。二、三、四、五言「噬」，初、上言「校」者，爻在頤中則能噬，初、上在其兩端，可以言校而不可以言噬也。校之施於體，亦有噬之象焉。

〔二〕終，宋本、明抄本、清抄本無此字。

初九　六二

噬嗑惟初、二兩爻正，故皆得「无咎」之全。餘四爻皆不正，故有「吝」「艱」「厲」「凶」之疾。

六二　象辭

六二乘剛亦得「无咎」者，他卦以乘剛爲危，噬惡者以乘剛爲利也。二以柔而在卦之中，猶鼻以膚而在面之中也。鼻有膚而无肉，最爲易噬，又乘剛焉，如膚在齒上，故噬之則滅，鼻滅則氣絶而不通矣，非但「滅趾」之比也。初滅之於下，可以禁其足，未可以絶其心也。二滅之於中，則其念絶矣。故止惡者莫速於初，而絶惡者莫要於二，所以二爻皆得全其无咎。自三以上爲力漸難，於是有「吝」，有「艱」「厲」，有「凶」，此自治者所以貴於知務也。

九四　六五

四五兩爻稱「得」「金」，又皆用「貞」者，下卦爲閒尚淺，故用力易，上卦爲閒已大，故用力難，非「貞」不濟也。四得剛直之才，爲「金」爲「矢」，可以去閒矣，然以所居不正，未能充大，故必「艱貞」而後「吉」。先「艱」後「貞」者，明所遇者「艱」，非才之罪，能以「貞」勝，雖「艱」可「吉」也。五得剛中之位，爲「黄」爲「金」，可以去閒矣，然以其才不當位，故必「貞厲」而後「无咎」。先「貞」後「厲」者，明五本非才，雖「貞」猶「厲」，但正得當中，故可免咎而已。象言「不當位」，「當」字去聲，謂非正位也。爻言「得當」，「當」字平聲，謂其當中也。通一卦言之六五最利者，以其爲噬嗑之主，得中而上行，於用獄爲有利也。以各爻言之九四最吉者，以其爲頤中之閒，噬至於此則閒合矣，此其所以吉也。大抵噬嗑諸爻，噬於淺者皆可无咎，噬於深者雖吉亦艱。就其淺者言之，三已稍難，故「遇毒」而有「小吝」[一]。就其深者言之，初則「艱」、中則「厲」、終則「凶」矣，故六爻之中无全利者。蓋除閒之時，但以得亨爲幸，未暇求利也。

噬胏得矢　噬肉得金

九四、六五皆有噬有得者，噬道將終，必盡其慮也。噬者除其惡，得者取其善，聖人之用法非專於除惡也，有惡則去，有善則取，愛而知其惡，憎而知其善，此所謂中也，此所謂「利用獄」也。故於九四則噬其「乾胏」之强而收其「金矢」之用，於六五則噬其「乾肉」之强而收其「黃金」之用。聖人之待强梗，其仁如此。而强梗之於聖人，未必皆退聽也，故又用「艱貞」之力以成其吉，操「貞厲」之心以免其咎。舜、禹之待三苗，周公、成王之待商民，其得此義也。夫人臣當九四之「艱」，故曰：「遺大投艱于朕身」，人主當六五之「厲」，故曰：「邦之安危，惟兹殷士。」

[一] 有小吝，據宋本、明抄本、清抄本改，他本作「小有吝」。按「小吝」乃爻辭。

上三爻

噬嗑上三爻，離卦也，九四離之初，故曰「未光也」，六五離之中，故曰「得當也」，上九離之極，故曰「聰不明也」。離主目，坎主耳，離極則傷坎，火旺則水囚，故耳受其病。

雷電噬嗑

石經作「電雷，噬嗑」，晁公武氏曰：「六十四卦大象无倒置者，當從石經。」

䷕ 離下艮上 賁

賁：亨，小利有攸往

賁之卦辭，微夫子之彖，則後之説者其誰通之？「賁，亨」，謂内卦也。「小利有攸往」，謂外卦也。二剛爲質而以柔文之，則卦之内體固有能亨之道也。及内之一剛分往居外，反使二柔爲質而以剛文之，卦之發用如此，豈堪大事哉？故「小利有攸往」而已。大抵以柔文剛則順，以剛文柔則悖，蓋其質既弱，則文无所施也。凡卦之法，以内卦爲主事，外卦爲發用，故夫子釋之如此。

文明以止，人文也

獨陰不文，獨陽不文，一陰一陽而後成文。故惟賁爲不嫌於異，有文之者，有止之者，而後人文成矣。禮以「節文」二字爲訓，蓋謂是也。賁喜異，噬嗑好同，二卦正相反。

天文　人文

剛往柔來謂之天文，則天文以二爻變卦言也，故曰「以察時變」。「文明以止」謂之人文，則人文以離艮成卦言也，故曰「以化成天下。」

總論卦義

古人之於文，不敢一日離也。古之聖人謂人之情不可以徑行也，使夫人而可以徑行，則將无所不至。是故因其羞惡辭遜之節，而爲之文以飾之，其交也以禮，其合也以義，百拜而飲，三辭而受，六禮而婚，所以飾其情而養其恥也。荀子不知而以爲僞，晏子不知而以爲勞，戰國之君以爲迂闊，西晉之士以爲鄙吝，獨伏羲、文王、周公、孔子以爲此所以奉天命之變、成人倫之化，不可以一日無也，故曰：「觀乎天文，以察時變；觀乎人文，以化成天下。」今觀賁之六爻，无一爻凶咎者，雖疑者亦終於「无尤」，雖「吝」者亦終於「有喜」，聖人之貴文如此，若之何其以庸人之不便，而遂訾經世之大防也哉？

大象

山爲質，火文之，火在山下而不在山上者，文可以表質、不可以滅質也，故賁之用可以「明庶政」而不可以「折獄」。用文以修明庶政，則周之禮樂庶事備也，不亦可乎？用文以折獄，則張湯、杜周賢於皋陶矣，豈所以求民情哉？「明庶政」屬離，「不敢折獄」屬艮。

六二　上九

六二「柔來而文剛」，主内卦之文者也，内卦以文爲文，故曰「賁其須」。須之麗於身最爲虚文也，然陽氣不盛，不足以「賁其須」，則須與陽同其盛也，故曰：「賁其須，與上興也」。二與上交而成卦，二以上爲主，猶須以陽爲主也。聖人言此，所以深明文之與質未嘗相離也，故不言吉凶，明吉凶之繫於質也。上九「分剛上而文柔」，主外卦之文者也。外卦以質爲文，故曰「白賁」，白本非所以爲賁也，然文之初興必自質始，則白固在衆采之先，文之既極必以質終，則白又在衆采之後，是則白者，賁之所成終而所成始也，故曰：「白賁无咎，上得志也」。以艮之白遇賁之飾，本非得志之時，以其在卦之終，主賁之成，是以得遂其篤實之志。聖人言此，所以深明質之與文未嘗相悖也，故言「无咎」，蓋行與時違，疑於有咎也。

九三　六四

九三、六四在兩卦之交，其文皆盛而不相得，三以乾之重剛而處離之上，賁之發揚而明麗者也，其文光澤而可鑑，故曰：「賁如濡如」，詩所謂「六轡如濡」也。四以坤之重柔而處艮之下，賁之陰靜而篤實者也，其文淳白而无華，故曰：「賁如皤如，白馬翰如」，人與馬俱白，言德與位俱靜也。兩爻相近而相反如此，故其情不得不疑，然三有剛正之質，非徒文也，以正守文，孰能傾之？又何慮於四哉？故曰：「永貞之吉，終莫之陵也。」凡卦至四而變，四當爻位之變，與三相反，誠有可疑之迹，然而四亦居正，非相畔之人也。文明之與篤實、純剛之與純柔、「濡如」之與「皤如」，非相爲寇，實相爲婚，剛柔相錯，離艮相交，天下之至文也，而於四何尤焉？故曰：「六四當位，疑也，匪寇婚媾，終无尤也。」在賁之時，以相雜爲文，兩爻體性雖異，終歸於文，故兩象皆以「終」爲言。

賁如皤如　白賁

「賁如皤如」者，其文自白，如白羽之白、白雪之白也。「白賁」者，以白文之，如斲琱爲樸，伏〔二〕貌尚忠也。

翰如

姚小彭氏曰：「商人尚白，戎事乘翰，翰與皤皆白色也。」

〔二〕伏，據宋本、明抄本改，他本訛作「狀」。按「伏貌尚忠」語出韓愈本政：「伏文貌而尚忠質」。

六五

六五，艮中爻也，艮上爻爲山，故中爻爲「丘園」。「丘園」者，束帛之所由出也。「戔戔」者，委積之貌。自賁之時言之，不賁其宫室而用力於丘園之中，植桑柘、積絲帛，可謂「吝」矣。要其終則束帛委積而百禮可行，黼黻文章之用，祭祀、賓客、婚姻之儀，皆由之成，賁孰盛於是？故雖「吝」而「終吉」也。「吝」屬艮，「終吉」屬離，艮與離合，故「有喜」。凡諸卦言有喜、有慶者，皆取陰陽相合之義。

上三爻

賁上三爻皆若與卦相反，故其初皆不爲人所明。四以爲寇致疑，終以「婚媾」而无尤。五以務實見「吝」，終以成功而「有喜」。上以處賁而「白」，若當有咎，終以在卦之終而「得志」。蓋樸素篤厚之人，其初常若悖時而難合，及其久也，察其本心之相成，見其事理之當然，始足以免尤而致喜，蓋必至於終而後得志也。

六爻

初最在下爲「趾」，君子之飾其趾，惟不以不義汙之，則天下之至榮也。初九剛正而在下，故其象如此。二以陰麗陽而成離，蓋附人而得飾者也，故爲「須」，須不能自賁，附頤而得賁，然而無譏焉者。凡物之相麗，自外至者爲邪，由中出者爲正，須由中出者也。六二柔麗乎中正，故其象如此。三居離之極，文盛而溢，故爲「濡如」，暗弱者居之則文獻日亡，國勢日削。九三剛正有餘，但能守文不失，則人莫敢陵，周魯之亡，非文之罪，不能守其文之罪也，故以「永貞」勸之。三當賁道之隆，四當賁道之變，自三以下〔一〕屬離，故下三爻皆以文爲賁，自四以上〔二〕屬艮，艮爲篤實而主白，故上三爻皆以白爲賁。四與三切鄰，三以純陽用文，四以純陰止之，三方「濡如」，四一變而盡白，故有相寇之疑，然賁之時義正欲以異爲文，如異姓相交而爲婚姻，非四之過舉也。五爲柔尊而不主事，有后妃之象焉，用其「賁于丘園」，治束帛以爲文章，此婦人之文也。上爲成賁之主，有能止之勢，又居至極之時，其義當止〔三〕，故用其淳白而「得志」於上，此人君之文也。諸爻皆自賁者也，故以「賁」字冠句首。上九爲賁之主，賁人者也，故「賁」字在下。君以淳白賁外治，后以淳白賁内治，四爲大臣，又以淳白自賁，君臣家國共行篤厚之化，以正〔四〕天下之文，彖所謂「觀乎人文，以化成天下」者，其此之謂乎？

〔一〕下，宋本、清抄本作「上」，明抄本原作「上」，改動作「下」。按賁下卦爲離，則作「下」是。

〔二〕上，據宋本、明抄本、清抄本改，他本皆作「下」。按賁卦上卦爲艮，四作「上」是。

〔三〕止，宋本、明抄本訛作「上」。按「止」賁即不賁，與上文「能止」、下文「淳白」之義合。

〔四〕正，宋本、明抄本、清抄本作「止」。

䷖ 坤下艮上 剥

彖

晁公武氏曰：「『剥，剥也』至『小人長也』，以六爻言致剥之象也。『順而止之』至『天行也』，以二卦言處剥之道也。」

彖象

凡諸彖所言，皆六爻消長之象也。凡大象所言，皆八卦取物之象也。以剥之六爻言之，陰自下而長，以剥乎陽，若更上往則爲小人滅君子之象，故曰：「不利有攸往，小人長也」。以剥之物象言之，山自上而剥，以附乎下，下厚則山愈安，是爲君厚其民之象，故曰：「山附於地，剥，上以厚下安宅。」上削而下廣，山形之所以安也。大抵卦有吉凶善惡，而大象無不善者，蓋天下所有之理，君子皆當象之，遇卦之凶者，既不可象之以爲凶德，則必於凶之中別取其吉以爲象焉，剥與明夷是也。人君无用陰剥陽之理，則當自剥以「厚下」。君子无用闇傷明之事，則當自晦以「莅衆」。凡此皆於凶中取吉也，諸大象之例皆然，故大象與彖无同義者。苟同義焉，則无所復用大象矣。

六爻本象

剥之初六，於時爲姤，剥乾成巽，巽爲木，故有「牀」象。所剥者，下爻也。「足」者，牀之下木，故曰：「剥牀以足」。六二於時爲遯，剥巽成艮，艮爲背，則牀剥而至背矣。「辨」者，牀之上木，故曰：「剥牀以辨」。六三於時爲否，剥艮成坤，背已在地，故不言牀。六四於時爲觀，亦剥乾成巽，巽爲木，復有牀象，然所剥者人也，故曰：「剥牀以膚」。六五剥道成矣，剥巽成艮，剥膚及背，背者，後宫之象，故曰：「貫魚以宫人寵」。上九不剥者也，艮在上爲果爲廬，坤在下爲輿爲民。陽復於下，則爲得輿而載民之象。陰極於上，則爲純坤，果食而廬剥矣。自「膚」而至「宫人」，自「宫人」而至「廬」，剥之序也。

凶　无咎　无不利

剥本不假言凶，初、二言「凶」者，姤、遯之時，初患未深，二德中正而尚可救，正未遽凶也，无能正之者，夫然後凶，故曰「蔑貞凶」，蓋猶有責望之意也。至三爲否，世事已去，上无援，下无救，德位俱无，坐而待剥，自取之也，尚誰咎哉？四復言「凶」者，凶之成也，禍及身矣，初與二之所憂者，此也。臨之象曰：「至于八月有凶」，即此爻也。五，君也，禍已入心，猶爲之謀其利者，天下之亂惟君爲能止之，雖壞可興也，小人之所以爲國家之禍者，以其乘君子之器而已。若使君子自治國事，居公卿之位，小人自以鱗次當[二]官府之役，如男治外事，女治内事，雖王后、三夫人、九嬪、二十七世婦、八十一御妻森然並列，受寵於内，亦於國家何不利之有？「无不利」有二義，此「无不利」猶言无害，非无往不利也。天道豈能无小人？人道豈能无女子？但處置得宜，則自无剥剛之禍矣。然此英主之事，非六五所能爲也，聖人特著此以開後世救剥之路耳。上九當剥之終，巋然獨存，其吉凶皆不可料。天若祐晉，則爲謝安之止桓温，而天下皆得所載。天不祐漢，則爲王允之死於漼、汜，而小人亦相隨而俱亡。斯二者，天也，故此一爻獨无吉凶利否之占，聖人之意深矣。

剥，无咎

臨至於二，乾道已成，故曰「元亨利貞」、曰「至于八月有凶」。剥至於二，剥道已成，故六三曰：「剥，无咎」，事至於成，已不可咎矣。按釋文，爻辭但曰：「剥，无咎」，有「之」字者非，然則有「之」字者，蓋因小象「之」字而誤增爻辭也。小象設問剥之所以无咎，則不得不用「之」字。爻辭本无問荅，何以「之」爲？

以宫人寵

剥之六五，陰爻已入君位，若以宫人言之，則五爲王后，與君同處；四爲夫人，佐后者也。三爲九嬪，以

[二] 當，宋本、明抄本、清抄本作「掌」。

主九御，下卦之長也。二爲世婦，初爲御妻。五者循序而進，以治陰事，以當夜時，猶剥之五陰，但用於午未申酉戌之月，亦在天道未爲不利也。若用於陽月，以侵發生之事，則爲厲氣尔。易道廣大，六四已言君道之災，故此爻别明後宫之義，以見用小人者，但以此寵之則无害也。

小象

剥六爻小象皆以君道言之，蓋君子小人消長之際，乃人君切身之利害也。初爲民位，剥初則无民矣，故曰：「以滅下也。」二爲臣位，剥二則无臣矣，故曰：「未有與也。」三在遯爲「臣妾」之爻，不言「臣妾」者，非成敗之所關，上无臣，下无民也，則其勢足以亡矣，故曰：「剥之无咎，失上下也。」四爲肌膚，剥四則君无身矣，故曰：「切近災也。」是故五不言君，但以「宫人」當之，以明待小人之道。上九在外，爲元氣之未亡者，以明用君子之道。五陰雖盛，若以宫人處之，不與國事，則終无過尤。一陽雖孤，若收而用之，則譬之「得輿」，下民終得「所載」。惟不可以小人雜之，若使小人在上，雖當危極之時，亦必妬賢害國，不亡不止，「終不可用也」。聖人爲人君推明用人之道，至是切矣，故兩爻小象皆以「終」言之，示其决也。

終不可用也

小象皆協韻，獨剥上九以「載」字協「用」字。豐九三以「事」字協「用」字，則古音用字皆通入「志」字韻矣。「以」字訓「用」，意者「用」亦可以作「以」歟？

䷗震下坤上復

卦辭

剛之反也，「動而以順行，是以出入无疾，朋來无咎」，此人事之當然也。「反復其道，七日來復，天行也」，此天理之必然也。在天則有必復之理，在人則顧其所處，如何无必勝之理也？

出入无疾，朋來无咎

君子之復也，必人无疾之者而後可以「朋來」而「无咎」，使在我者行不順而施不恕，則於出入之際既有疾之者矣，雖欲類進，其將能乎？賈彪所謂「相時而動，无累後人」，此之謂也。晁公武氏曰：「自剥至復，入也。自復至夬，出也。臨、泰，復之朋也，爲内卦曰來。」

反復其道，七日來復

「反復」音「覆」，「來復」音「服」。復與剥相反，剥卦覆而成復，故曰「反覆其道」。剥之初升爲上，上降爲初，一與六爻則其數七，故曰「七日來復」。兩句皆以剥言之，不必汎指他卦也。

剥不利有攸往　復利有攸往

剥曰：「不利有攸往，小人長也」，復曰：「利有攸往，剛長也」，易之意凡以爲君子謀也，聖人謂「復其見天地之心」，吾亦以是見聖人之心也。

天行也

剥曰：「君子尚消息盈虚，天行也」，復曰：「反復其道，七日來復，天行也」，道之興廢，皆是天命。

商旅不行，后不省方

「商旅」象坤，坤爲衆也。「后」象震，帝出震也。當是時也，外之行旅之人未可行，内之出震之君未可出，皆象雷之在地也。象取陽之復來，故可以「出入」，可以「朋來」，可以「有攸往」。象取雷之在中，故不可以「行」，不可以出。象與象取義不同，諸家與彖同説則非衆象之例，亦非此象之義也。

无祇悔

「悔」與「復」不同，「復」則改之，不但「悔」也。「祇」能「悔」而不能改，則不足與言「復」矣。坎之「祇既平」，字義同此。

以脩身也

陽之初復，非以勝人，以脩身也，聖人之意深矣，此即「商旅不行，后不省方」之意也。必如此而後可以

「出入无疾，朋來无咎」，「利有攸往」。

休復

「休」者，喜也，見初之能復，喜而慕之，亦與之偕復也。何以知其喜而慕之？曰：六二在群陰之中，獨爲中正之人，與君子同體而中心比之，非喜而何？凡陰皆惡陽來，二獨喜之，此其所以吉也。

頻復

「頻」，蹙也，六三不中不正，不足以語復。然當復之時，初二兩賢同心相好，三與之近，首爲所蹙，其勢既危，不容於不復，然危而能復，亦合於補過之義，故得「无咎」也。六二喜而復者，中正之人也。六三畏而復者，不中不正之人也。三以不正而復猶得「无咎」，四以正而復不言「无咎」者，三在下卦，非用事之人，但在身有過而已，故既復則可以補過也。四在上卦，爲用事大臣，其朋邪剥膚之罪大矣，能復僅足以贖罪，又可言无過乎？

中行獨復

四行於五陰之中，蓋群陰之用事者也，當復之時，獨與來復者應，蓋有變而從道之意，亦足以贖罪矣，不言吉凶，明无吉與凶也。

敦復无悔　以其國君凶

二與初比，四與初應，三與初同體者也，獨五、上二爻與初无交。上窮陰而不反，故「災眚」「凶」「敗」並至而不可解。五雖无交，然能以厚德從容中立自保，非迷闇之人，在復之時亦足以免悔矣。要之陽復非諸陰之利，故三止於「无咎」，五止於「无悔」，惟六二一爻中心相喜，又皆在下，是以「吉」也。復以上六爲君道，故六五不取君義，蓋以胡廣、趙戒之徒厚重而中立，爲一世之望者。當之上六，則中常侍、張讓[一]之徒以漢俱亡者也。陰盛之時，君道常爲小人所以，故曰「以其國君凶」，又曰「反君道也」，事若在君則爲亢陽、不爲窮陰矣。上六居純坤之極，坤爲十，故曰「至于十年不克征」。汎言「災眚」，恐與諸卦同，故別言「行師」用國之禍，以明其凶之大且久也。

敦臨　敦復　敦艮

臨以上六爲「敦臨」，艮以上九爲「敦艮」，皆取積厚之極。復於五即言「敦復」者，復之上爻迷而不復，故復至五而極也。卦中復者五爻，初最在先，故爲「不遠」。五最在後，故爲「敦」。敦雖訓厚，而有重遲之義，復之遲者當有悔，而五「无悔」者，以中自保，故得免悔。玩小象之辭，可見爻辭意在遲緩，故象以

[一] 讓，宋本避英宗父諱作「遜」，他本承而未改。

「中」釋之也。

臨上六　復六五

臨上六之象曰：「敦臨之吉，志在内也」，復六五之象曰：「敦復无悔，中以自考也」，二象皆一問一荅。臨之在後者不應得吉，其「吉」者何？與二交也。復之在後者不應无悔，其「无悔」者何？「中以自考也」，考者，成也，自成而已。象之發明爻辭大率如此。

迷復行師

二最近初，故爲「休復」。上最遠初，故爲「迷復」。喜則相親，迷則相仇，上六即坤之上六「龍戰」之爻，故有「行師」之象，蓋與初戰也。

䷘ 震下乾上 无妄

彖

卦辭曰：「无妄，元亨利貞」，彖曰：「剛自外來而爲主於内，動而健，剛中而應，大亨以正，天之命也」，此即初九之「无妄往吉」，「得志也」，而六二、九五兩爻之得正者從之。卦辭曰：「其匪正有眚，不利有攸往」，象曰：「无妄之往，何之矣？天命不祐，行矣哉」，此即上九之「无妄，行有眚，无攸利」，「窮之災也」，而六三、九四兩爻之不正者從之。

其匪正有眚

鄭剛中氏曰：「陽復妄消之時惟利正者，其匪正者皆不利也，故曰『元亨利貞[一]，其匪正有眚』。」予以鄭說演之，則此象蓋與否相類矣。否之時「匪人」得志則「不利君子貞」，无妄之時「元亨利貞」則「匪正」之人皆「不利有攸往」，蓋此所謂「利貞」即否之「君子貞」也，此所謂「匪正」即否之「匪人」也。又因是推之，「天之命也」亦當與復剥之「天行也」同意。无妄之時，「剛自外來而」得「爲主於内」，動而不屈，中而有應，大道亨通而萬事皆正，天命之也。匪正之人當是時也，往无所之，天不祐之也。道之興廢，物之終始，皆天命也。先王之制，獨能「對時」以育物，不以人汨其天爾，非能有所加損也。

剛自外來而爲主於内

无妄自遯來，下卦本艮，一剛在外，來内爲初，遂爲一卦之主爻也。

對時育物

「時」以象天，「物」以象震。「對時育物」，以天育之也。「物與无妄」者，物之生无不得乎天也。「茂對

[一] 貞，宋本避仁宗諱作「正」。

時」者，君之政无不對乎天也。

六爻

无妄之時以誠滅妄，以陽滅陰，凡陽皆勝，凡陰皆不利。初九「剛自外來」而爲无妄之主，所往皆吉，可見陽之得志矣，故曰：「无妄往吉，得志也。」六二居中守正，異於他陰矣，猶戒曰：「不耕穫，不菑畬〔一〕，則利有攸往」，加一「則」字，蓋疑之也，故曰：「不耕穫，未富也」，陰爲虛，陽爲富，六二以陰居陰，雖在无妄之中，猶未得比於陽，必能盡絶人爲，專用其天，而後可以往配於陽也。六三與九四同不得位、而不得與九四比者，三陰而四陽也。六三陰不得位，所應又窮，災降自天，未如之何矣。「或繫之牛」，不知其誰之物。行人得牛，不知其誰得之。而六三端居其邑，横被其災，此所謂「无妄之災」也。九四陽雖不得位，而其質剛體健，无所係應，固有之德可以自守，不隨位而加損也，故曰：「可貞无咎，固有之也。」九五與初九同爲得位，五又居中，而不得與初九比者，初九无所係應，故所往皆吉，无妄之至也，九五與陰相應，故不免於疾。然二五中正相應，本非妄交，故爲「无妄之疾」，无妄而攻之則爲妄矣，故爻戒以「勿藥」，象戒以「不可試」，皆深戒而嚴止之，示无妄之時不可少妄也。然辭旨憂疑，終非「得志」之爻，亦可見陰之爲累矣。上九所居與九四同，亦可守而不可行，而上九又當時位之窮，愈无可行之理，故曰「窮之災也」，即乾上九「亢龍」之爻

〔一〕畬，宋本、明抄本訛作「蓄」。

辭也。

不耕穫，不菑畬

鄭氏謂：「若作不耕而穫，不菑而畬，是於本文外添兩『而』字也，只是并穫與畬皆不爲爾」，此説爲當。予以田事考之，耕者禾之始，穫者禾之終，菑者地之始，畬者地之終，六二當无妄之時，居中守正，上應純陽，有去妄存誠之志。然必併其始終而盡絶之，无使一毫私欲遺種於其閒，則妄盡而誠存矣。苟有一毫未去，便非純誠，猶未得爲无妄也。

不耕穫則利有攸往　勿藥有喜

二之「利有攸往」，往與五應也。五之「有喜」，喜與二應也。二爻相應，本皆中正无妄，聖人以六二爲純陰，故於二爻皆深戒之。二之「不耕穫，不菑畬」，所以深絶其妄種也。五之「勿藥」「不可試」，所以深保其无妄之真也。五已无妄，懼其失之也，故可以用戒曰「勿」、曰「不可」，皆戒辭也。若二之陰柔，使其有妄則徒戒不足以止之，且息妄之事亦非他人之所能預，必其中心自「不耕穫」、自「不菑畬」，然後爲真爾，故皆曰「不」，以見其自不爲也。若待戒而止，則可以爲難矣，未可以爲无妄也。

未富也

小畜九五「富以其鄰」，泰六四、謙六五「不富以其鄰」，升上六「消不富也」，皆以陽爲富、陰爲不富。

若无妄之六二則進於陽矣，但未純耳，故曰「未富也」。臨之九二以四陰在上爲「未順命」，然陽長陰消終必順矣。觀之六三以九五在上爲「未失道」，然陰長陽消終必失矣。凡稱「未」者，皆謂其未遽然，非謂其終不然也。

无妄之災

新安朱先生曰：「无妄六爻皆无妄也，其所遇之災非人爲也，故六三爲『无妄之災』，上九爲『窮之災』，皆不害其爲无妄也。」

周易玩辭卷第六

䷙乾下艮上 大畜

大畜　小畜

小畜初爻皆不受畜，至終而畜道始成，所以爲小畜也。大畜初爻皆受其畜，至終而畜道反通，所以爲大畜也。

彖

「剛健」，乾也。「篤實」，艮也。「輝光」，艮乾互離也。剛健以主之，篤實以充之，輝光以發之，所畜愈富，其德愈新，此所謂大畜也，此言畜之本體也。九以剛在上，五自下尚之。乾以健在内，艮自上止之。外能尚賢以畜人才，内能止健以畜天德，所畜若此，可謂大正矣，此所謂「利貞」也，此言畜之致用也。畜人畜物皆不爲大，畜財畜兵皆不爲正，畜之大正者，不過畜賢畜德二事而已。能畜人才則不私其禄矣，自三至上爲頤，能養賢以及萬民，故曰：「不家食吉，養賢也」，辭義在於養人，或謂不食於家則反爲受養，非其義〔二〕也。能畜天德則不陷於險矣，六四、六五爲艮之「腓」「趾」，皆與乾應，有涉險之具，故曰：「利涉大川，應乎天也」。尚賢而能養則非以虛文尚之，故賢者可得而畜也。止健而心與之應，則非勉强以止之，故天德可得而畜也。畜有止、聚二義，物止則聚，不止不聚也，故畜兼二義焉。

大象

「前言往行」則聖賢在上，以象艮也。「畜德」則聖賢在下〔三〕，以象乾也。文在外，故爲小畜。識在心，故爲大畜。前言往行如山，皆至善之所止也，識而畜之如天，其所成就豈有窮邪？「識」，漢書作「志」，義同。

六爻

大畜六爻以上下耦觀，初九爲六四所畜者也，初性純剛，故戒之以「有厲」利止，不可「犯災」；四能制之於初，故爲「童牛之牿」。九二爲六五所畜者也，二性剛則得中，故能自脱其輹而无過尤。五據利勢以制之，故爲「豶豕之牙」。「牿」者，闌角之木。「牙」者，繫豕之杙也。九三與上九相合而不相畜者也，九三健極而

〔二〕義，宋本訛作「詞」。按前文「辭義在於養人」，「辭」即彖之「不家食吉，養賢也」，不當有可非之處，可非者在於對其理解，即「義」。

〔三〕下，宋本作「已」，不可解。

進，故爲「良馬逐」，言「逐」者，明下二陽皆隨之也。上九在上而導乾以上行，故爲「天之衢亨」，言「亨」明畜道之變也。九三前有二陰，尚當「艱貞」而防衛。既越二陰而至於上九，則乾道通行，無復疑阻矣。

輿衛

以説卦考之，坤「爲大輿」「爲衆」，則「輿衛」疑若坤象也。而諸卦多於乾言「輿」，小畜之三曰「輿説輹」，大有之二曰「大車以載」，大畜之二曰「輿説輹」、三曰「輿衛」，大壯之四曰「壯于大輿之輹」，凡皆乾爻，何哉？蓋車之全體，惟乾足以當之。輿者，車中之箱，坤止象其箱足以容物而已。故坤爲大與而乾爲大車，大有之九二是也。至於輿傍之輻，其「直指」〔一〕象乾，輿下之輹，其壯亦象乾。輻以利輪之轉，輹以利軸之轉，皆主爲圓，非坤象也。輿之有「衛」，亦不訓「爲衆」。古書之稱「衛」者，皆武衛也。按考工記，周人之輿有六等之備，戈也、人也、殳也、戟也、矛也，并軫爲六。蓋輿衛之强如此，非乾何以當之？此爻「輿衛」蓋總指三陽皆同載而上進者也。然必皆冠以「輿」字者，坤陰爲主故也。小畜、大畜、大壯皆陰在上而畜陽者也，大有「柔得尊位大中」而九二自下應之，故雖專言車，亦有積載之象。

童牛　豶豕　良馬

初九在初，故稱「童牛」，乾之初爻自坤變也。九二以剛居柔无勢，故爲「豶豕」，乾之中爻屬坎，豕也。

〔一〕考工記：「輻也者，以爲直指也。」

九三純乾，故爲「良馬」，馬以健行爲良，九三，健之極也。

告　牙

「告」，説文云：「牛角横木也」，正引易「童牛之告」爲證。「牙」，埤雅云：「以杙繫豕也」，胡翼之易傳正用其説。今按，「告」以制牛，則「牙」以制豕，從可知矣，二説宜用〔二〕。但「告」字從「牛」者别是一字，説文云：「牛馬牢也」，周書「牿牛馬」是也，則此「告」不當從「牛」。

有喜　有慶

喜、慶皆陰陽相得之辭，卦中惟二陰有應，故四爲「有喜」而五爲「有慶」。「喜」者據己言之，「慶」則其喜及人，五居君位，故及人也。若論止物之道，則制之於初乃爲大善，故四爲「元吉」，五獨得「吉」而已。

大畜，時也；无妄，災也

凡陰皆受制於陽，今以乾陽之尊而受畜於四、五之二陰，四爲大臣，五爲人君，故不得不聽其畜也，如大畜者，乃可以言「時」矣。凡人之禍多因自取，无妄之時，无自取之道，如无妄者，乃可以言「災」矣。

〔二〕用，宋本作「同」。按，作「同」，可指「告」與「牙」之功用相同，皆以制畜。作「用」，可指文中所引對此兩字的解釋應當予以採納。未知孰是？

曰字　何字

九三互兑爲口，「曰」者，三語下也。「何」者，三問上也。三方與群陽自相告語，防警輿衛，以虞二陰之見止，忽得上九合志之人，容其上往，故驚喜而問之也。艮在上卦，本爲門闕、爲小徑以止物者，忽爲衢道以通天，陽之上行，何〔一〕其大也！怪其與本質相反，是以「何」之。

䷚震下艮上頤

頤　大過　小過　中孚

上經將終，受以頤、大過。下經將終，受以中孚、小過。四卦皆不反對，所以明雷風山澤之正用也。四卦之象皆肖坎離，蓋雷風山澤之氣出於坎離，而坎離之氣出於乾坤，此兩儀所以生四象、四象所以生八卦也。

頤　小過

頤上止下動，其象爲頤。小過上動下止，其象爲杵臼。惟此二象最爲易曉。

〔一〕何，宋本訛作「可」。

彖

頤之彖曰：「觀頤，自求口實」，若非夫子贊辭明白，則後儒必不分作養人養己兩條也。賁之彖曰：「賁，亨，小利有攸往」，亦因贊辭方知「亨」是下卦，「小利有攸往」是上卦也。後人決不敢如此解之。便如此解，人必不服也。由是推之，今人欲以一説穿一卦者，可不謂率然乎？易之彖自取成卦之主與兩卦之體及中爻爲義，大象自取卦象爲法，爻辭自據逐爻論事，其取義極有相遠處。此章「觀其所養」指上九言之，「觀其自養」指初九言之，初上二陽即上下兩卦之主爻也。

天地養萬物

萬物始乎震，成乎艮，天地養物之功終始於二卦之内，四時八卦之用皆包於頤，故卦氣始於中孚而終於頤，此頤之時所以爲大也。

山下有雷，頤

「雷在地中，復」，静中有動也。「雷出地奮，豫」，動而出乎静也。「天下雷行，物與无妄」，雷之用也。「雷在天上，大壯」，雷之體也。「雷風，恒」，陽上陰下，各居其所也。「風雷，益」，陰上陽下，互致其功也。「雲雷，屯」，水氣方上，將雨之候也。「雷雨作，解」，水氣下矣，既雨之時也。「電雷，噬嗑」，電耀乎外，雷震乎内，將擊之雷也。「雷電皆至，豐」，雷出電外，擊物之雷也。「山下有雷，頤」，聲未出山也。「山上有雷，小過」，聲已出山也。「澤上有雷，歸妹」，陽感陰而出也。「澤中有雷，隨」，陰翕陽而入也。

言語　飲食

「節飲食」象山之止物，「謹言語」象雷之藏聲。

初九

頤以正爲吉，初九得正而凶者，初九爲動之主，動則失正故也。頤卦惟有二陽，上九在上，謂之「由頤」，固爲所養之主。初九在下，亦足爲自養之賢。「靈龜」伏息而在下，初九之象也。「朵頤」在上而下垂，上九之象也。上九爲卦之主，故稱「我」，群陰從我而求養，固其所也。初九本无所求，乃亦仰而觀我，有靈而不自保，有貴而不自珍，宜其「凶」也。初九本靈本貴，聖人以其爲動之主，居養之初，故深戒之以明自養之道，象言「亦不足貴」者，示其本貴也。頤卦肖離，離爲龜，龜，陽物而下伏，故初九一爻得靈龜之本象。上九以主爻稱「我」，說見觀卦。

顛頤　拂經　于丘

六二「顛頤，拂經于丘頤」，說者多不同，當以四五參之。四與二俱「顛頤」，五與二俱「拂經」，其說不容有異也。頤之義以養正爲吉，二四皆正，有可養之道，反陰虛而无實，不能以自養，如人有食而自傾之，故皆爲「顛頤」。大過本末皆柔而顛其室，鼎初以柔而〔一〕顛其趾，則「顛」爲傾覆之義明矣。然顛去己惡而受上之陽，亦有致吉之理，如鼎之「顛趾」是也，故在六四一爻不害其爲吉也。居尊位大中而養天下，人道之常經也，二五得位得中，有可養之勢而不能自養，反由養於不中无位之爻，與常經相悖，故皆爲「拂經」。六三小象以「悖道」解「拂」，「拂」之訓「悖」〔二〕明矣。然「拂經」而合於道，亦君子之時中，如豫之由於九四是也，故在六五一爻不害其爲吉也。二四俱「顛」，獨四得吉者，四去上近，二去上遠，故不受其施也。二五俱「拂」，五獨得吉者，五性好止，二性好動，不能貞於從上也。雖與四陰聚而就養，或捨其類動而去之，則有拂貞之凶矣，故曰「六二征凶，行失類也」。「經」者常法，猶可拂也；「貞」者正道，不可拂也。易中「丘」皆爲聚，渙以二〔三〕陰相聚爲「有丘」，頤四陰皆聚於上，上又艮體，故爲「于丘」。二動則成咸「腓」，故爲「征凶」。

〔一〕而，據宋本補。按，例之以上句「本末皆柔而顛其室」，則以有「而」字爲佳。

〔二〕宋本作「以悖道解拂之訓悖」，脱一「拂」字。

〔三〕二，底本、宋本作「三」，四庫本、薈要本作「二」，據改。此句意謂渙卦三四兩爻皆陰，所以六四爻辭作「渙有丘」，如作「三」，則指初三四而言，但初與三四之間隔九二陽爻，不得謂「相聚」。

六三

「拂頤貞」三字當連讀，頤之卦辭曰：「頤，貞吉」，三之爻辭曰：「拂頤貞，凶」，卦中惟此一爻與卦義相反，故曰「道大悖也」。三與上隔純坤，坤爲十，故曰：「十年勿用」。頤之六爻皆由上而養者也，四五徒以與上同體猶能致吉，三爲正應而反凶者，不正而好動也。五亦不正，然性好止，故能「居貞」而「吉」，頤之不可不貞如此。

六四

六四既「吉」矣，又言「无咎」者，以所養言之，上來養己，其施光大，故爲「吉」。以自養言之，性静而專，意念深遠，故爲「无咎」。二四皆受上之施者也，二動而征，故「凶」。四止而不動，故「无咎」，明自養之不可不謹也。

逐逐

「其欲逐逐」，説文作「𢓜𢓜，式六反，遠也」。詳「眈眈」之義，則「𢓜」爲宜。「眈眈」，深也。「𢓜𢓜」，遠也。皆有沈厚專壹之義。艮寅爲虎，四静而正，故其象如此。

六五　上九

六五、上九二爻，皆當以小象解之。六五之「居貞」，非自守也，貞於從上也，故曰：「居貞之吉，順以從上也」。成王不疑周公，孝昭委任霍光，頤六五之「貞」也。六五違上而自守，則不能以養物矣。上九之「厲吉」，非能自吉也，得六五之委任而吉也，故曰：「由頤厲吉，大有慶也」。陰陽相得爲慶，上九苟不得君而自用，則「厲」且凶矣。易中柔爻之「貞」皆訓從，恒六五之「貞」，婦用之爲「從一」，夫用之爲「從婦」，直以「從」爲訓也。

六爻

鄭剛中氏曰：「頤卦上三爻皆吉，喜其止也。下三爻皆凶，惡其動也。」

涉大川

六五柔弱，待人而養，非濟難[一]之才。上九剛而[二]養人，故能濟大難。成王、昭帝非濟難之君，能濟難者，周公、霍光也。頤肖離而反坎，故上九利於涉川。大過肖坎，故上六「過涉」而「凶」也。卦氣過蹇則爲頤，亦有「涉川」之象。

[一] 難，宋本無此字。

[二] 剛而，據宋本補。按，此句上九與上句六五對比而言，「養人」對比「待人而養」，「剛」對比「柔弱」，如無「剛而」則此對比之義不彰。

☱☴ 巽下兑上 大過

過字

「過」者，越而過之，所謂「過猶不及」者是也，故王弼訓爲「相過」，王肅音爲「戈」，蓋古義如此。若訓爲「過誤」之「過」，則失其讀矣。觀小過爻辭，「弗過」「過祖」，皆是相過越之意，雖「過乎哀」「過乎恭」「過乎儉」，亦是越而過之，非過誤也。

彖

凡卦之彖辭，兼備衆義，不必穿爲一説也。如「大過」二字，自是泛言萬事大者過也，凡大者皆是，非一端也。「棟橈」二字則以六爻之象言之，中四爻强，初上二爻皆弱，有棟橈之象，此則禍變之大者也。「利有攸往，亨」五字則以六爻之才言之，中四爻剛，雖大過而得時措之中，初上二爻又能巽而説，不失人心，故利於有行，雖遇大變而可以亨，此則才略之大者也。「巽而説」之下加「行」字者，就大過言之也，過字在序卦訓爲「動」爲行，能以巽説而行於大難之中，是以「利有攸往」也。

利有攸往乃亨

先言「亨」後言「利有攸往」者，亨自亨，利自利也。今先言「利有攸往」後言「亨」者，明亨因於往也，故彖曰「利有攸往乃亨」，言往乃亨，不往則不亨也。棟既橈矣，不往則壓焉，何亨之有？

澤滅木，大過

兑上巽下固爲「澤滅木」之正象，然以六爻言之，四陽在二陰之中，亦有「澤滅木」之象焉，故九二九五皆爲「枯楊」，九三九四皆爲「棟」，初六爲「藉」於地而上六爲「滅其頂」，其象明矣。二五皆濱於澤，故稱「楊」焉。楊，澤木也，當大過之時，故稱「枯」焉，過則木枯也。二亦濱於澤者，卦象兩兑反對也。凡不反對之卦八，皆就卦内自相反對，乾、坤、坎、離、頤、大過、中孚、小過是也。

衍象

大過自大壯變而成卦，大壯爲「上棟下宇」，故其變爲「棟橈」，繫辭又以大過爲「棺椁」，生則棟宇，死則棺椁，亦相變爲義也。人藏於棺椁，棺椁藏於土，亦有「澤滅木」之象焉。

獨立不懼，遯世无悶

「獨立不懼」，木之植也。「遯世无悶」，澤之説也。江東鄭夬曰：「獨立不懼，居大位、任大事者也。遯世无悶，有大德、无大位者也。」

白茅

初六一爻則彖所謂本弱者也，當「滅木」之時，畏禍而過於謹者也，本弱象「茅」，巽象「白」，巽在地爻象「藉」，凡祀神之物皆以白茅藉之於地，故取義焉。

九二　九三

全卦有「棟橈」之象而九三乃獨有之，全卦有利往之象而九二乃獨有之，何哉？蓋九二當剛過之時，獨能居柔而用中，又與柔比，在六爻之中獨此一爻，不爲過甚之事，故「无不利」也。卦體本以中太强而本末弱，是以爲「橈」，九三以剛居剛，又處巽之極爲躁，在六爻之中獨此一爻，爲過於强，故棟愈橈而不可輔也。

九二　九五

二五皆无正應而過以與陰者也，二所與者初，初，本也，故爲「稊」。稊者，木根新生之茅也。初又巽之主爻，「爲木」「爲長」「爲高」，木已過而復芽，又長且高，故有往亨之理。五所與者上，上，末也，故爲「華」。上又兑之主爻，「爲剛鹵」「爲毁折」「爲附决」，皆非木之所宜，木已過而生華，又毁且決，故无久生之理也。

九三　九四

九三有應在上而象以爲无輔，九四有應在下而象以爲「不橈乎下」，何哉？凡卦皆上下相應，惟大過之時不用常理，獨以所比爲親。初與二比而爲老夫女妻，五與上比而爲老婦士夫，皆「過以相與」，則三與四亦當相與乃合大過之義。今二爻皆剛，无相與之情，故三謂之无輔，「輔」以比〔一〕言，則指四明矣，四謂之「不橈乎下」，橈者三也，則指三明矣。

棟橈　棟隆

大過四陽，二在下爲根，五在上爲枝，三四兩爻在木〔二〕身爲棟。就兩棟言之，三過於强故「橈」，四不過故「隆」，四若從三則與之俱橈，故三爲不可輔，而四以「有它」爲「吝」，言不可從三也。九三，庾亮之急也；九四，王導之寬也。

无咎无譽

大過九五與坤六四同占者，其操術同也。坤六四之至謹，大過九五之中立，在己皆可无咎，然「括囊」无

〔一〕比，宋本訛作「此」。按，「以比言」即上文「以所比爲親」之義，指基於相比之關係來解釋爻辭。
〔二〕木，據宋本、明抄本改，他本作「本」。按「根」「枝」「棟」皆就樹木而言，可知作「木」是。

補於當世，「老婦」不能以生育，安足譽乎？象言「可醜」，正解「无譽」二字，明居上位而中立者，不可自以无咎爲能也，以此坊民，猶有以「長樂老」自譽者。

過涉滅頂，凶，无咎

上六一爻則象所謂「末弱」者也，力不足以濟難而志存大義，故過於勇，如陳蕃、李膺之事，此亦大過人之行，雖至於「滅頂」而不可咎也。

老夫士夫

二高於初，故二爲老而初爲女；上高於五，故上爲老而五爲士。各就所比之爻自爲老少，凡大過之取象皆然。

䷜ 坎下坎上 習坎

習字

重卦之序，坎在六子之先，故於坎卦加「習」字以起後例，示離、震、艮、兑、巽皆當以重習起義，不與初經三畫之卦同義也，故離爲「繼明」，震爲「洊」恐，艮爲各不相與，巽爲「申命」，兑爲相習，義皆與初卦不同。乾最爲首，不於乾加「習」字，乾坤六畫只是一爻，自二以上便皆爲「習」，習義在爻，不在重卦。至六子而後重與單異，故孔子於乾坤，但以「天行」「地勢」爲言，而於六子始有「洊」「兩」「兼」「麗」「隨」

「習」之文也。

坎字

坎象自爲兩節，其象爲水之多，其義爲險之重。自「水流而不盈」至「往有功」，以水言也。自「天險不可升」至「大矣哉」，以險言也。卦辭專取水爲義，爻辭皆以險爲義。

不盈

「水流而不盈」，謂不止也。「坎不盈」，謂不滿也。不止故「有孚」，不滿故「中未大」，因其辭而釋之，義自辨也。凡物盈則止，水盈則愈行，故坎有時而盈，水无時而盈也。

往有功也

姚小彭氏曰：「坎，勞卦也，凡坎用事則曰『往有功』，需、蹇、解、漸皆是。」安世按，漸雖无坎，而二三四有坎，進者，自初至五，歷坎而後得位，故曰：「進得位，往有功也」，天下之事孰不以勞而成，以逸而敗哉？

常德行，習教事

「德行」常修，則邪念不能入其中。「教事」洊習，則衰俗不能亂其守。此君子設險以治身也。「教事」謂禮樂詩書之教。

初　二　五

初六「習坎」入坎者，已在重坎之下而又加以不正，更入于「窞」，故曰「失道凶也」。九二之「坎有險」，即初六之「習坎」，言坎之上又有坎也。二者剛中之才，雖賢於初六，能不入坎，然无應於上，不能自拔，猶在坎中，故曰「未出中也」。九五已登上坎，无重坎矣，然水必盈坎而後可出，九五獨處陰中而无應於下，如水之力適與坎平，較之九二稍能自見而已，然未能流而出坎，故曰「中未大也」。大抵出險之道以有應爲功，使九二上有六五之應，則可以「承天寵」而「懷萬邦」矣，使九五下有六二之應，則可以「建萬國」而「親諸侯」矣，又何險之足患哉？

初六　上六

初、六兩爻凶同而情異，初六在重坎之下，陷于險者也，其失道也，昏愚之所致也。上六居重坎之上，爲險者也，其失道也，故爲之也。當險之初，則陷于險者受其凶；及險之極，則爲險者凶必及之矣。既「係用徽纆」，又「寘於叢棘」，亦重險之義也。他爻之險皆遇險而陷于其中，上六之重險則人設之以治罪人者，故曰「係」、曰「寘」，皆執治之辭也。

二　五

九二九五在全卦之中，爲「有孚」、爲「心亨」、爲「行有尚」者，兩剛相繼，出於險中，不可得而掩遏，有不失其信而志於必亨之義，以此而往，宜其有功也。若在各爻言之，止爲各能自守，不陷於坎中而已，皆无出險之功，故二爲「求小得」，五爲「祇既平」而已。五居大位，故以「未大」譏之，其實二爻皆未能出中者也。二以柔自居，五安其位，雖有剛中之才，皆无出險之志，獨六三不安其位，有志於尚往而才不足以立功，此坎之六爻所以皆不能盡成卦之義也。

六三

坎卦尚往，利剛而不利柔，剛能往、柔不能往也。獨六四一爻進而承剛，得免於咎。初六、上六皆以失道致凶，六三亦陰柔之人，止言「勿用」、止言「无功」而不言「失道凶」者，初六入險最深，上六處險之極，皆无出險之道，坐受其凶者也。六三志剛而不安於位，「來之坎坎」，甚矣其有志於出險也，惜其天質陰柔，不足以往，故戒之以「勿用」，諭之以「无功」，示與「往有功」者異爾。若論其志，正坎道之所尚也，其何失之有？

來之坎坎

「之」者，往也。「坎坎」者，勞貌也，詩之「坎坎伐檀」是也。先儒以其有兩「坎」字，便稱來往皆險，非也，此止言上下往來之勞，下文始言險之多爾。欲進而上則險而「不可升」，欲居其位則枕而不能安，欲退而下則又入於坎中之窞，才不剛，位不正，時不利，皆无所施，此所以戒之以「勿用」也。象曰「終无功」者，言雖勞其心力，多方圖之，終无出險之效也，味「終」字可見「坎坎」之爲勞矣。

六四爻句

新安朱先生曰：「晁説之氏言古讀作『樽酒簋』一句，『貳用缶』一句，古文小象亦無『貳』字。」安世按，「簋」「缶」「牖」「咎」，於古韻爲協，且陸德明釋文及李鼎祚所集先儒解，皆與此合，則晁説尤信。

樽酒　用缶　自牖

姚小彭氏曰：「冠之醴子與問名之醴賓、舅姑之醴婦，三者皆用特尊甒，而醴〔二〕子與賓皆不在牖，醴婦與教成之祭皆席于牖間，而教成之祭復不用尊與甒，是故用尊甒而在牖者，惟醴婦爲然，此所以象剛柔之際也。」酒止於特尊，故稱「樽」，酒醴以瓦甒盛之，故稱「用缶」。於象坎爲酒、爲缶，諸卦有坎者，皆爲酒。爾雅「小罍謂之坎」，罍即缶也。

剛柔際也

解之初六與九四相交，則各當其位，故曰「剛柔之際，義无咎也」。坎之六四與九五相交則成解之九四，故亦曰「剛柔際也」。

〔二〕而醴，宋本、明抄本、清抄本作「醴而」，蓋以「醴」屬上句讀。按下句言「醴婦」，則通志堂本是。

六四　上六

六四以禮爲險，上六以刑爲險，六四順道而承剛者也，故以禮爲險，以防其苟合，「尊」以盛酒，「簋」以盛食，「缶」以盛醴，席於户牖之閒，以納其結約之好，昔之聖人所以制爲醴婦之儀。若是其艱阻者，所以重剛柔之交而慮夫婦之終也。易而合者，終必有敝，不如是不足以永終而无咎也。上六失道而乘剛者也，故以刑爲險，以防其犯上，「係以徽纆」，使不得動，「寘之叢棘」，使不得安，下罪者一年而舍，中罪二年而舍，上罪三年而舍，昔之聖人所以制爲圜土之法，若是其峻極者，所以困犯上之人而使之知君長之可畏也。「三歲」者，上三爻之終也，起居動作皆不自得，至於三歲之久，其凶如此，誰敢復犯乎？九五爲君，當以道爲險者也，惜其道不大，故无可言者。

六爻

下卦在下而受險者，故下三爻言出險之道。上卦在上而治險者，故上三爻言設險之道。猶恨二五皆陷於陰〔一〕中，故二不能盡出險之功，五不能盡設險之道。文王當如燬之時，身不上〔二〕而民不瘁，可謂能盡出險

〔一〕陰，據宋本、明抄本、清抄本改，他本作「險」。

〔二〕上，宋本作「手」，他本作「上」，薈要本此卷末附注云：「『身不上而民不瘁』，『上』字疑訛。」按作「手」作「上」，義皆難通，疑當作「止」。

之功矣；周公制禮樂、立政刑，以起八百年之業，无敢侮之者，可謂能盡設險之道矣，故曰：「險之時用大矣哉！」

䷝ 離下離上 離

畜牝牛吉

牝柔而牛順，皆坤象也。坤之二五來麗於「見龍」「飛龍」之位，「麗乎中正」也。所惡於柔順者，爲其麗於邪也，如柔順若離之二五，則无惡於柔順矣，故曰：「畜牝牛吉」。坤以全體配乾而行，故爲「牝馬」、爲「行地」。離以二五附乾而居，故爲「牝牛」爲「畜」養。

麗天　麗土

「日月麗乎天」而成明，「百穀草木麗乎土」而成文，故離爲文，又爲明。

重明以麗乎正　柔麗乎中正

「重明以麗乎正」，此統論一卦之義以釋卦名也。上卦爲重明，下卦三爻皆麗乎正，故曰「重明以麗乎正」，句中加「以」字，如同人之「文明以健」，賁之「文明以止」，皆論上下兩卦之體也。「柔麗乎中正」，此以二五成卦之爻釋卦辭也。坤之二柔來麗乎乾之中，五麗乎中，二麗乎正中，如人能附順乎大中至正之道，則其行无所不通，故曰「柔麗乎中正故亨，是以畜牝牛吉也」，加「是以」二字，明柔附本非令德，以能附麗乎中正，是以吉也。苟附麗乎邪，則爲匪人矣，安所得吉哉？

乃化成天下

上卦爲重明之君，下三爻皆麗乎正之人，此爲明君能化成天下之象明矣。

明兩作

日，君象也，不容有兩，故明之「兩作」者，則爲大人「繼明」之象。繼有前後之義，非並作也。日繼日猶君繼君，有天子諸侯嗣位之象焉，故曰：「六五之吉，離王公也。」

重明　繼明

「繼明」與「重明」不同，「重明」猶「重巽」也，明之又明，猶新之又新也。「重明」如言聖益聖，「繼明」如言聖繼聖也。

初九

初九麗之初也，相麗之初不可不謹，邪正錯然並陳於前，一舉足履之便有得失榮辱之機，所以欲其「敬」者，未論求福，且欲避咎也。

六二

坤之六五「黄裳元吉」，及索而成離，乃以六二爲「黄離元吉」者，自坤言之，六五，坤道之最盛者也，處盛而用柔中，故爲「元吉」。若離則乾之本體而坤來文之，其義以明爲主，乾之九二本自文明，而坤之六二又以地道之光來居其位，光明如此而以柔順中正將之，故曰：「黄離元吉，得中道也」。六五又加「重明」焉，居剛在上而明熾於外，此固知道者之所憂也，安得爲元吉乎？

九三

「不鼓缶而歌，則大耋之嗟，凶」，句法與「不節若，則嗟若」同。日既昃矣，不動而求樂，則坐而待憂也。九三動爲震，震爲鼓、爲聲，互坎爲缶，又爲擊缶之聲，鼓缶而歌，古樂也，詩陳風用之。古文「嗟」下无「凶」字。

九四　六五

六五之「出涕」「戚嗟」，説者皆以爲九四所迫，非也。九四「突如其來」，豈爲六五哉？爲九三既老，前明將盡，急於求繼爾。九四逆子也，突然而來迫，天地之所不容也，故曰：「焚如死如棄如」，「无所容也」。六五順子也，以繼父爲悲，以承業爲憂，不以得位爲樂，凡天子諸侯之初嗣位皆當如此，故曰：「六五之吉，離王公也。」丕初受漢禪，抱辛毗頸曰「君知我喜否」，識者有以知魏祚之不昌，則四五之吉凶可知矣。

上九

六五，舜初繼堯，讓德不嗣，禹初繼舜，稽首固辭之時也。上九，誅四凶征有苗之時也。嗣位之主，固當以憂畏爲先，然亦不可以不振也。有上窮而不服者，則動而用其明，去其首惡，安其黨與，則有正威定國之譽〔二〕，而无反側不安之咎矣。嗣位之初，不得已而用明於外，「張皇六師，无壞我高祖寡命」而已。若察見其黨，則人皆不安，咎孰大焉？「出征」言王不言公者，公初嗣位，无得征伐之理，征伐者，王者之事也。

折首

「首」者，上窮之象，離折其首則變而爲豐，宜照天下，所以爲「有嘉」也。豐亦有「折獄致刑」之象。

醜

「醜」有二義：「老婦士夫，亦可醜也」，「負且乘，亦可醜也」，二「醜」爲羞辱。離之「獲匪其醜」，漸之「離群醜也」，二「醜」爲朋類。

〔二〕譽，宋本、明抄本作「美」，清抄本作「舉」。

周易玩辭卷第七

䷞ 艮下兌上 咸

腜字

查許國氏學於陸佃，謂「腜在口下心上，即喉中之梅核，今謂之三思臺者是也。」安世按，喉中之核亦不能自思，則亦與脊肉同爲无思爾。

上下經

上經首乾坤、終坎離。乾坤者，男女之正體。坎離者，男女之正用也。下經首咸恒、終既濟未濟。咸恒者，體之合也。既濟未濟者，用之交也。故上經爲男女，下經爲夫婦。

咸　恒

咸曰「觀其所感，而天地萬物之情可見矣」，恒曰「觀具所恒，而天地萬物之情可見矣」，陰陽之情，惟感與常而已。往來无窮者，感也。相續不已者，常也。

止而說

動而相說則有相隨之義，止而相說則有相感之義，男有室，女有家，止於禮而相說，所以爲夫婦也。若動而相說，則踰牆鑽穴，豈夫婦之道哉？此咸之所以爲「取女吉」也。

彖

「柔上而剛下，二氣感應以相與」，「亨」也。「止而說」，「利貞」也。「男下女」，示「取女」之「吉」也。九三、上六二爻〔一〕，艮兑二卦，皆柔上剛下之象。山澤相感，六爻相應，皆二氣感應之象。恒卦亦「雷風相與」「剛柔皆應」，而不爲感者，雷風以聲與氣相輔而行，非若山澤專以氣相感也。

以虛受人

人知山之實而不知山之虛，澤氣上升而山受之，此〔二〕其所謂「虛」也。惟聖人知之，故以虛受而法其象。艮象下虛，兑象上達。

〔一〕宋本脱「上六」二字，明抄本脱「上六二」三字。
〔二〕此，宋本作「比」。

初六　上六

初上皆不言凶、悔、吝者，當感之時，柔在内者必應於外，柔在外者必説於内，皆其常理。又所應皆正，非妄感也，故无凶、悔。諸儒謂「滕口説」爲鄙之，非也。若鄙之則爲吝矣，事自有當用口説之時，凡訓誥誓命皆口説也。「滕」字，虞翻本作「騰」，蓋傳布之義，書所謂「播告之脩」也，專恃口説亦不爲美，故不得言吉。

輔，頰舌

咸上、艮五，皆以「輔」爲象，聖人懼其无别也，咸曰「頰舌」見其動也，艮曰「言有序」見其静也。

「頰舌」二字當自爲句。

六二　九三

九三「随人」爲「吝」，六二随人，雖「凶」而「吉」者，三剛，故「吝」而不改，二順，故改而不害也。三與上相感者也，上性説，三性執，彼以口説我，我執而随之，遂往而不可回，故謂之「吝」。二與五相感者也，五爲脊肉，於人无感，而二以腓肉自動而求之，失中喪正而无得於外，安得不凶？然二性本順，非固執之人。若還居其位，中正復全，則雖「凶」而可「吉」也。三上自否變而成咸，若往随上，則復爲否，所以「吝」也。二動則成大過。不動則復爲咸，所以雖「凶」而「吉」也。

九四

感，在心者也，「拇」「腓」「股」皆非所當感，「脢」「輔」「頰舌」皆不足以感，故特加「咸」字以明之。九四，咸之所也，故不假言「咸」而言咸之道。貞一而无悔者，未感之初也。「憧憧往來」，各以其類而從其思者，既感之後也。未感之初，未有利害，既感之後，能如其初之貞於至一而无欲以撓之，則明通公溥，萬物化生而天下和平矣。如其未也，雖三剛三柔上下往來，皆以正應相從，感則感矣，終未得爲「光大」也。

九四　九五

四與五皆在上體，其尊相近，故分主心、脊之事。五官之治皆主於心，以九四當之。五藏之絡皆係於背，以九五當之。四居上下之交，有往來之象，故爲「思」而在心。五以剛居四之外，故爲「脢」而在背。心有思則有得失，故必「貞」而後「悔亡」。脢无所思，故「无悔」。「志末」者，「末」即无也，言无所志，非淺末之末也。

六爻

初以柔在下體之始，故爲「拇」。不爲「趾」者，趾剛〔二〕而止，不受感也。二以柔在下體之中，故爲

〔二〕剛，宋本無此字，「趾」與「而」之間空一字。明抄本、清抄本作「動」。明抄本「動」前脱「者趾」二字。

「腓」，不爲「脛」者，脛亦剛也。三以剛在下體之上，故爲「股」，柔在下而從應，固其所也，柔在中則可以上下，故有凶有吉。剛在上而亦不能處，則其志卑下无可言矣。四在三陽之中爲「心」，上在兑之上爲口，五在心之上與口之下，上不爲言，下不爲思〔一〕，故静而爲「脢」。四在内而柔爲「心」，五〔二〕在外而剛爲「脢」，脢即膂也。下三爻皆感於人，上三爻皆感人者也。

亦不處也

九三小象「亦不處也」，「亦」字亦上文也。古者六爻小象自爲一篇，故接六二之小象而「亦」之，言腓之柔固不能自處，而股之剛亦復如之，則爲可吝也。

䷟ 巽下震上 恒

彖

「剛上柔下」，其分正也。「雷風相與」，其情通也。「巽而動，剛柔皆應」，循理而行，内外應之，其事順

〔一〕上不爲言，下不爲思，宋本、明抄本作「上不爲思」。
〔二〕五，據宋本改，他本作「三」。

也。有是三者足以久矣，此卦之所以爲恒也。「亨」者以此而亨，「无咎」者以此而无咎，「利貞」者，利固守此也，故曰：「恒，亨，无咎，利貞，久於其道也」，「其道」即上三者可久之道也。久非其道則有咎矣，行何由而亨、守何由而利哉？守常者多不通、多失之過、多不利於行，故此彖歷言之，猶損之「无咎，可貞，利有攸往」也。

利貞

恒之彖以「貞」爲「利」，而爻辭皆不利於「貞」者，彖論卦德，爻各言其位也。卦得其道，故當以「貞」守之；爻多不正，正者又不得中，皆失其道，不可「貞」也。

利有攸往

聖人懼愎者之以執爲久也，故曰：「恒，亨，无咎，利貞，久於其道也」，明所久在道，非妄執也。又懼暗者不知道之所在也，故曰：「天地之道，恒久而不已也，利有攸往，終則有始也」，明道在不已，所以能久也。已者，止也，止則廢，廢則不久矣。書曰：「終始惟一，時乃日新」，惟日新不已，然後能終始惟一也。「日月得天而能久照」，天即道也。「四時變化而能久成」，變化即不已也。日月得天以一日言，四時變化以一歲言。天形一日一周而日月因之以迭照，故曰「得天」。天氣一歲四變而四時因之以成歲，故曰「變化」。

久於其道　立不易方

「久於其道」，道之所在則久焉，非執一也。「立不易方」，方之所在則立焉，非一方也。「道」者，理之會通也。「方」者，義之所在也。非其道也，非其義也，頃刻不可居也，奈何久立而不易乎？股能立，足能移，今足反在上，股反在下，故爲立而不爲移。

浚恒貞凶

初六既「恒」矣，而曰「貞」，何哉？恒但爲長久之義而已，貞則有心於固執者也，久於其道，固執可也，久非其道，其可執乎？初六陰柔不正，以「浚」爲恒，固已近禍，又加執焉，「凶」之道也，其何利之有？六五居中在上，以柔爲貞，猶有吉凶之辨，「婦人」執之則爲「吉」，「夫子」執之則爲「凶」，聖人之言恒，其貴於合道如此。

初六　上六

初六居巽之下，以深入爲恒也。上六居震之極，以震動爲恒也。在始而「求深」，在上而好動，皆凶之道也。象辭加「始」字「上」字，其義明矣。在始求深，如未信而諫、未信而勞其民之類是也。在上好動，如秦皇、漢武之類是也。

九二　六五

九二以剛中爲常，故「悔亡」。六五以柔中爲恒，在二可也，在五則夫也、父也、君也，而可乎？婦人從夫則吉，夫子從婦則凶矣。二居婦位而剛，疑若有悔，以「能久中」，故其悔可亡。

無所容也

「无所容」者，謂動與静皆不可也。九三剛極而躁，居上下之交，非能常者也。以妄而動，必有羞辱承之，「或承之」句法與「或擊之」同。九三動則坎自外來矣，「承之」猶應之也，就使固守不動，位亦不中，常於不中，亦爲可吝。蓋无往而非招羞之道，故曰「无所容也」。

九三　九四

九三剛躁而不常，九四以不中不正爲恒，不常者固无所容，常而非其道者，亦无所獲，故曰：「恒，亨，无咎，利貞者，久於其道也。」

六五

六五象辭蓋互文以協韻也。若順言之，則婦人從一而終，故以柔貞爲吉，夫子制命爲義，故以從婦爲凶也。

大无功也

師六三、恒上六，皆以「大无功」解「凶」字，言敗績也。

雷風相與　雷風恒

「雷風相與」者，其情也。雷主聲，風主氣，聲之與氣相從而不厭者也。「雷風，恒」者，其方也。聲常在外，氣常在内，二物者，天下之至動者也，而其不易如此，而况於所當立者，其可易乎？是以君子象之。

雷風恒　風雷益

恒[一]者不易，益[二]者易地而相資者也。巽，入也，而在内。震，出也，而在外。二物各居其位，故謂之恒。雷入而從風，風出而從雷，二物易位而相從，故謂之益。象於恒言「立不易方」，於益言「則遷」「則改」，其義明矣。

艮下乾上　遯

剛當位而應

「剛當位而應，與時行也」，此解「遯而亨」也。遯本无亨之理，故加「而」字。若曰既遯矣，而又能亨者，剛雖當位而能應柔，隨時用權，不與爲敵，故有可亨之理也。「當位」非謂居尊位也，凡爻得正爲當位，言以正自居，而以權應柔，得遂遯之義。如陳仲弓不忤中人，故能脱潁[三]川於黨禍，此所謂「遯而亨也」。

[一] 此段正文中三處「恒」字，諸本皆作「常」。又此段標題之「恒」字，宋本缺末筆，清抄本從之。避真宗諱。

[二] 此處「益」字及下文「謂之益」之「益」字，宋本皆作「增」，清抄本從之，明抄本僅前一「益」字作「增」，避太宗諱。

[三] 潁，宋本、明抄本、清抄本訛作「穎」。按「潁川」指東漢李膺，潁川是其籍。

小利貞

「小」者，「元」字之反對也。元爲大，故此爲小。「小」字自爲一德，卦義以「亨」爲主，故移在「亨」字之下。「遯而亨」者，聖賢隨時之本義也；「小利貞」者，聖賢救世之微機也。陰方浸長，世道未至盡亡，尚有可小小扶持之處。天若未喪，亦有興利反正之理，此郭林宗周旋郡國、誘掖人才之意也。孔子之答陽貨，即「遯而亨也」，仕於季氏，即「小利貞」也，故曰：「遯之時義大矣哉！」自遯而上更進一陰，則「不利君子貞」，无復「小利貞」之望矣，此徐孺子所謂「非一木所枝」之時也。

天下有山

山爲高矣，而天形自遠，終不可得而親，天非有心於遠之也，故曰：「君子之遠小人，不惡而嚴」。乾爲君父，故「嚴」。艮爲少男，故「小」。

初六　六二

以全卦言之，六二爲浸長之陰、逼陽者也。以爻位言之，以六居二，柔順中正，止於其位，蓋君子之固志於下、確然而不拔者也。猶初六亦是初長之陰，在爻位乃爲「遯尾」之君子也。六爻惟二不言「遯」者，初二皆在下之君子，以初之危猶不必往，二亦何以他遯爲哉？固守中德而不可解，即其遯矣。二爲黄，六爲牛，艮止爲執，革者，固執之物也，其取象如此。以義言之，當遯而執，亦有改革之義。

六二　九五

六二之象曰：「固志也」，九五之象曰：「以正志也」，二爻皆在卦之中，故皆爲心志之象。

九三

九三牽係而不能速遯，以「有疾」則「厲」，以「畜臣妾」則「吉」，蓋疾以纏緜爲困，臣妾以係戀爲恩也。疾且不可，況可大事乎？象曰：「係遯之厲，有疾憊也」，恐讀者以「係遯」爲有疾，故移「厲」字於上而釋之曰「有疾憊」，若此則憊而難瘳也。

九三　上九

九三最近於陰，又當位而止，故爲「係遯，有疾憊〔二〕」。上九最遠於陰，又不當位而健，故爲「肥遯」。有所「係」則「疾」，「无所疑」則「肥」，上與三正相反也。

好遯　嘉遯

「好遯」「嘉遯」只是一意，四之與初，猶五之與二也。四〔三〕與初皆不得其正，故其相應也謂

〔二〕憊，諸本皆同，疑當作「厲」。

〔三〕四，宋本脱此字。

之「好」，言以情合也。五與二皆中而正，故其相應也謂之「嘉」，言以禮合也。然當遯之時，「好」與「嘉」皆不當顧，惟當遯去也。四爲不正，未必能遯，故有「君子」「小人」之戒。五能正者也，故又以「貞吉」勉之，象曰「以正志也」，言當以貞固而正其志，不可以嘉耦而係其志也。

小人否

「否」如字，言小人則不然也。讀爲否泰之否者非。若以小象當與上下文協韻，則可否之否，古音自協「匪」字也。

无所疑也

坤六二「无不利」，文言曰：「則不疑其所行也」。遯上九「无不利」，象曰：「无所疑也」。小畜上九「君子征凶」，象曰：「有所疑也」。疑則凶於行，不疑則利於行，然則疑者，行之禍也，是以君子超然，不以其身處於嫌疑之地，故无入而不自得焉。遠小人者，最慮其疑，上九本不與之相應，又非當位之人，所以遠之而无所疑也。

六爻

遯下三爻，艮也，艮主於止，故爲「不往」、爲「固志」、爲「係遯」。上三爻，乾也，乾主於行，故爲「好遯」、爲「嘉遯」、爲「肥遯」。在下位而不往者，柳下惠也。在内而能固其志者，季札[一]、子臧也。當遯而猶係者，大夫種也。乘相好之時而遯者，范蠡也。已爲嘉耦而猶遯者，子房也。在事物之外、肥而無憂者，四皓、兩生也。

䷡ 乾下震上 大壯

大者壯也[二]

壯有小大二義，「撫劍疾視曰『彼[三]惡敢當我哉』」，此小者之壯也。「居天下之廣居，立天下之正位，行天下之大道」，此大者之壯也。聖人懼人之以很爲壯也，故釋之曰：「大者壯也」，明所壯在大不在小也。猶懼其未明也，於其釋「利貞」也，又申之曰：「大者正也」，明大壯即是大正，故下文但言「正大而天地之情可見」，不言「觀其所壯」也。子犯言「直爲壯」，孟子言「大勇」「小勇」，其説皆出於此。

[一] 札，宋本、明抄本、清抄本訛作「扎」。

[二] 也，宋本、明抄本訛作「者」。按此乃引彖傳之文。

[三] 彼，宋本訛作「被」。按此乃引孟子之文。

利貞

壯有大小二義，以正者爲大，而「正」字亦有大小二義，有以事理得中爲正者，有以陰陽當位爲正者。剛以柔濟之，柔以剛濟之，使不失其正，此事理之正也。以剛處剛，以柔處柔，各當其位，此爻位之正也。大壯之時，義以事理爲大，其所謂「利貞」者，利守事理之正，故曰「大者正也」，明不以爻位言也，是故九二、九四、六五三爻不當位而皆利，初九、九三、上六三爻當位而皆不利。又於九二、九四爻辭明言「貞吉」，於初九、九三爻辭明言「征凶」「貞厲」，蓋二四於事理爲正，故其正也利，初與三以爻位爲正，故其正也不利。由此觀之，則卦辭所利之「貞」在大而不在小明矣。聖人猶恐其未明也，又以小象釋之，於九二之「吉」則曰：「九二貞吉，以中也」，明正吉以中而不以位也。於六五之「无悔」則曰：「位不當也」，亦明「无悔」在中不在位也。初九以剛居剛，其仗正力行爲可孚矣，而象則曰「其孚窮也」，言在他卦以孚爲美，當大壯之時則以孚爲凶，故孚至大壯而窮矣。易之時義屢遷如此。

剛以動故壯

剛則不爲物欲所撓，故其動也壯，使以血氣而動，安得壯？

消長

凡消長〔一〕卦，復、姤、臨、遯、泰、否、夬、剥，彖辭皆言消長之事，獨觀與大壯不言消長者，已過泰否則消長定矣，其〔二〕事以夬剥爲終，不係於觀與大壯也。大壯，正卯之月，四陽在下，主宣〔三〕萬物之華。觀，正酉之月，二陽在上，主堅萬物之實。所繫者大，故彖辭專言「大觀」「大壯」之理，以明陽德无往不大，不以消長爲限也。

大象

雷在天上，行於天而不行於人，動於剛健而不動於柔邪，此其所以爲天下之至壯也。君子所以養其剛大者，亦曰「非禮勿履」而已，内知「非禮」屬乾，外能「勿履」屬震，知行如此，非至壯者其孰能之？

九三

既曰「小人用壯」，又曰「君子用罔」，勸戒備矣。又曰「貞厲，羝羊觸藩，羸其角」者，恐人以用剛居剛爲得正也。大壯之時，方以過剛爲戒，位愈正則愈危矣，剛而又剛，其剛不能自制，必至於「觸藩」而羸角，

〔一〕長，宋本作「息」。

〔二〕其，宋本衍一「其」字，作「其其」。

〔三〕宣，宋本、明抄本、清抄本作「堅」，蓋涉下句而訛。按「宣萬物之華」與「堅萬物之實」正相對，「華」不可言「堅」。

此其所以危也，故必如九二、九四之以剛居柔，而後義正而事吉也。

羊

新安朱先生曰：「此卦體似兑，故稱羊焉。」蓋以六爻合而爲三，則是兑卦也。

羝羊觸藩

九三、上六皆在本卦之上，三爲健之窮，上爲動之窮，故皆有「觸藩」、羸角之象，然三能「用罔」以化其健而爲坤，上能用「艱」以止其動而爲艮，則皆可免於「羸」，蓋窮有變理也。

君子罔也

「君子用罔」，説者不同，然觀爻辭之例，如「小人吉，大人否，亨」「君子吉，小人否」「婦人吉，夫子凶」，皆是相反之辭，似難與小人同貶也。又象辭曰：「小人用壯，君子罔也」，全與「君子好遯，小人否也」句法相類，詩書中「罔」字與「弗」字、「勿」字、「毋」字通用，皆禁止之義也。

九四

九四以剛居柔，有能正之吉，无過剛之悔，「貞吉悔亡」四字既盡之矣，又曰「藩决不羸，壯于大輿之輹」者，恐人以居柔爲不進也。進陽以去陰，豈有可倦之理，故象以「尚往」明之。自四以往爲夬，故爲「藩决不羸」。四本坤之下爻，動而成壯，故爲「壯于大輿之輹」，輹在輿下者也，四爲成卦之爻，故稱壯稱大。

尚往

大壯至四，猶曰「尚往」。夬已至五，猶曰「利有攸往」。蓋剛不盡長，柔不盡消，則其事不竟，故曰「剛長乃終」，此除惡務本之法，自治與治國皆當如此，不可以小惡爲无傷而弗去也。

喪羊于易

晁說之氏曰：「易，古文疆場字也。」今按，場在兩界之閒，常有喪失牛羊之事，故聖人取之以爲兩爻相易之象。大壯之時，其性太很，故六爻皆惡當位而喜易位。九三止於純剛，故粗很「用壯」而「羸其角」。上六止於純陰，故愚很「不詳」而「羸其角」。惟九四、六五易位而處，四以剛居柔，故「藩決」而「悔亡」。五以柔居剛，故羊喪而「无悔」。四性剛，未必能安於易位，故先「貞」而後「吉」，先「悔」而後「亡」。五性柔，能安於易位，故爲「喪」、爲「易」、爲「不當位」，而居然「无悔」也。四之所「決」即九三所「觸」之「藩」，五之所「喪」即上六不「退」之「羊」。三以剛居剛，故「貞」則有「厲」，四以剛居柔，故「貞」則有「吉」，此又「貞厲」「貞吉」之辨也。大壯四五易位而喪其很，故「无悔」。旅五上易位而喪其順，故「凶」。此又牛與羊之辨也。

上六

上六居動之極，質本陰暗而又好動，不能詳審者也，是以進退失據。凡人處事以爲易則不詳，以爲難則詳矣。上六既以「不詳」而致咎，則當務詳以免於咎，故曰「艱則吉，咎不長也」，此雖教戒之辭，然上六亦自備此二義。居動之極，故有「不詳」之象。動極則止，故又有克艱之象。聖人亦因其才之所可至而教之爾。

咎不長也

臨之六三「无攸利」，象曰：「既憂之，咎不長也」。大壯之上六亦「无攸利」，象曰：「艱則吉，咎不長也」。二爻皆居卦之窮，可以變通，臨六三變則爲泰，大壯上六變則爲大有，故皆曰「咎不長也」。

䷢ 坤下離上 晉

彖

「晉」，躋也，古文「晉」作「齊」，子西反。「康侯」猶禮言「寧侯」也。姚小彭氏曰：「『康侯用錫馬蕃庶』，侯亨王之禮也，『錫』猶『納錫』『錫貢』之『錫』。亨禮『匹馬卓立[一]，九馬隨之』，故曰『蕃庶』也。『晝日三接』，王接侯之禮也。覲禮延『升』，一也；覲畢致亨，『升致命』，二也；亨畢『王勞之』，『升成

[一] 匹，據宋本、明抄本改，他本作「四」。按儀禮覲禮：「匹馬卓上，九馬隨之」，據此，則作「匹」是。又，句中「立」字疑當據儀禮而作「上」。

拜』，三也。」「明出地上，順而麗乎大明」，此釋「康侯用錫馬蕃庶」也，「柔進而上行，得中而應乎剛」，此釋「晝日三接」也。

馬　日

行地莫如馬，馬象下卦坤也。晝者，大明之時，「晝日」象上卦離也。臣以馬錫貢於上，順之至也。上以晝日接下，明之至也。爲下不順則不能進，下順而上不明則不可進，下順上明，斯其所以晉也歟？

柔進而上行

易象辭言「柔上行」者，皆謂六五，噬嗑、晉、睽、鼎是也。今按，噬嗑自否初進五，晉自觀四進五，鼎自遯二進五，皆爲上行。獨睽卦以大壯三上相易，五未嘗動，則於例不通。虞翻以爲无妄之二進爲睽五，亦未爲允。然則當是離卦在上即謂之「柔進而上行」爾，蓋三女之卦，獨離柔在上爲「得尊位大中」而行之，故謂之「上行」。巽在六四，例謂之「上合」「上同」，兑在上六，例謂之「上窮」，皆不得爲「上行」也。

大象

大壯之象曰「君子以非禮勿〔一〕履」，晉之象曰「君子以自昭明德」，聖人之言壯言明大率如此，世人以敢凌

〔一〕勿，大象作「弗」。

人爲壯，以能察物爲明，豈不遠哉？明之出乎地，非人進之，自進而已。明德之發乎身，非人昭之，自昭而已。「明德」以象「日」，「自昭」以象「出地」。

下三爻

進也者，君子之所難也。初未爲衆所允，則不可以急於進也，有「晉」之者，有「摧」之者，吾一以正處之而无所遷就，則常「吉」矣。吾獨行正，人未受命，吾以「裕」待之而无所怨尤，則「无咎」矣。此君子將進之道也。二既進而當位，則憂患之原方起於此，但常固守中正，不改其度，則致「吉」之本也。至誠上通，君必福之，不可他求左道以幸容悅，此君子既進之道也。至於三則已晉而在上，晉道已成，衆志皆信，則異於「罔孚」矣，凡「悔」盡「亡」，則異於「摧如愁如」矣。當是之時，進而上行，麗乎大明，復何疑哉？故曰：「衆允之志，上行也。」然必至於三而後「衆允」，則君子之進，豈可以易言哉？

王母

六五以柔居尊位，故六二以「王母」稱之，明事陰柔之君，其初不得不愁，必固守中正以感通之，則君雖陰柔必福之矣。周公之於成王，用此爻也。「介」者，自守之象，「介」即「貞」也，「福」即「吉」也，與詩之「介爾景福」不同，故曰「受兹介福」，明福自此生也。

鼫鼠

紹熙癸丑，余在館閣，樓尚書鑰爲余言晉卦：「釋文云『鼫鼠，螻蛄也』〔一〕，今俗稱土狗者是，先儒多以毛氏詩『碩鼠』爲説，誤矣。」余以許氏説文攷之，信然。且云：「五技鼠也，能飛不能逾屋，能緣不能升木，能浮不能渡谷，能穴不能掩身，能走不能先人」〔二〕，今土狗之技盡與此合。又按，王弼注晉卦謂「鼫鼠」爲「无所守」，則亦以五技目之也，但不知何代何人誤改。荀子勸學篇「鼫」字作「鼯」，故後之學者遂不知有「鼫鼠」之名。然余按蔡邕勸學篇亦云「鼫鼠五能不成一技」，則荀子書在漢時固未作「鼯」字也。古易「鼫」字有一本作「碩」，彼自以碩鼠解之可也，若用彼説而解此字，則爲不識字訓，不可行矣。

九四

晉之道以「順而麗乎大明」、以「柔進而上行」，皆主乎順者也。三雖不正，以其能順，故得信其志而「上行」。四雖已進乎上，以其失柔順之道，故如鼫鼠之窮而不得遂，若固執而不悛，危必至矣。故三五皆不當位，而獨於九四言之也。

〔一〕釋文卷二「鼫」字條注云：「本草『螻蛄一名鼫鼠』。」

〔二〕説文解字解「鼫」云：「五技鼠也，能飛不能過屋，能緣不能窮木，能游不能渡谷，能穴不能掩身，能走不能先人。」

六三　六五

六三、六五位皆不正，本皆有悔者也。三順而五明，得君臣之道，故皆「悔亡」。五雖君位，然以六居之，在卦義爲「柔進而上行」，有人臣進而遇君之象，自「失得勿恤」以下皆爲進者言之也。君子之進，得遇大明之君，則不當復以失得爲憂，但往而事之，自然「吉无不利」，象辭又曰「往有慶也」，皆勉之以仕。蓋明主可爲忠言，不當復爲身計也，此又因君之明而極言仕進之義。三與五爻辭皆不稱「晉」，然三之「上行」、五之「往吉」，非進而何？

上九

晉好柔而惡剛，故九四、上九皆以「厲」言之。四進而非其道，故爲技窮之鼠。上已窮而猶進，故爲「晉其角」，角亦窮地也，是道也皆不可以施於人，維用以自攻其私，使常惕厲而不安，則可以致吉而免咎。然亦終非可久之道，久則可吝矣。此猶「家人嗃嗃，悔厲吉」，亦非治家之常道也。

爻象分合例

臨之初曰：「志行正也」。二曰「未順命也」，而晉之初爻合而用之。乾之初曰「下也」，二曰「時舍也」，而井之初爻合而用之。履之三曰：「眇能視，跛能履」，而歸妹之二三分而用之。既濟之初曰「曳其輪，濡其尾」，而未濟之初二亦分而用之。凡此皆當參攷其義，以知分合之由。

䷣ 離下坤上 明夷

彖

晉之彖皆无元、亨、利、貞等字，句法全類爻辭。明夷之彖以卦名與卦辭各當一事。此皆新例也，與諸卦彖辭不同。

文王 箕子

文王之難在外，故曰「蒙大難」。箕子之難在家國〔二〕，故曰「内難」。文王以全卦言，箕子以六五一爻言也。蒙難者，有濟世之功；内難者，止於正志而已。

艱貞

「内難」，艱也，「正其志」，貞也，故曰「利艱貞」。

〔二〕 家國，據宋本、明抄本、清抄本改，他本皆作「國家」。按「家國」有家與國兩重意義，合於「内難」之文。

大象

明而見傷，本非善事，然天地之間既有此象，君子觀之皆爲有用。是道也，用之以居人上，聰明睿智，守之以愚，使小人有所容而君子得以自盡，豈非君人之善道哉？故曰「風霆流行，庶物露生，无非教也。」〔一〕嗚呼！大象之辭，非聖人其孰能脩之？「莅衆」，坤也。「用晦而明」，以坤養離也。

晉、明夷大象

「明出地上」，君子以之自治。「明入地中」，君子以之治人。旨哉斯言，非聖人其孰能脩之？

下三爻

下三爻屬離，皆明者也。不在其位則去之，在其位則救之，終不可救則「狩」之，故初九者，海濱之二老也，六二者，伊尹、祖伊之事也，九三者，湯與武王之事也。六二守其常，九三遇其變也。

上三爻

上三爻屬坤，皆闇者也。六四闇而不中，入逢其闇，出行其權者也，崇侯虎以之。「左」者，自卑以迎其君也，坤爲腹，「左」者，坤之下爻也。六五在闇而中晦於「大難」，迹闇而心明者也，「箕子以之」。上六闇極不

〔一〕引文見禮記孔子閒居，「行」作「形」。

反，禍及其身者也，桀紂以之。六五君位而主箕子者，此卦主爲有明而見夷者設也，紂不明之人，故以上六當之。言「晦」不言「夷」，已則自晦，非湯武夷之也。

初九　六二

「垂其翼」，不言「夷」，未傷也。「夷于左股」，加一「夷」字，言已傷也。説者以「垂其翼」爲傷翼，非也。斂翼而下飛者，避禍之象也。

用拯馬壯〔二〕，吉

左爲小，右爲大，股〔三〕在下，肱在上。豐「折右肱」，故「不可大用」，有臣而无君也。明之始夷也，臣雖受傷，未忍忘君，思用救馬，盡力而出之，當戡黎、征葛之時，夏商之王苟能用伊尹、祖伊之言，幡然而改，遵道而行，則「其興也勃焉」，何患其不吉哉？明夷二動則爲泰，何吉如之？然而此非上六之所能也，但爲六二者臣子之法當如是爾，故曰：「六二之吉，順以則也。」釋文「拯」字作「承」，古文作「抍」，亦音「承」，其訓曰「上舉」，蓋拯而出之也，而後人遂以「拯」代之，義雖是而字則非矣。

〔二〕宋本、明抄本無「馬」字，標題「用拯」與「壯吉」間空一字。

〔三〕股，宋本訛作「肱」。

明夷　涣

明夷六二「用拯馬壯吉」，象曰：「六二之吉，順以則也」。涣初六「用拯馬壯吉」，象曰：「初六之吉，順也」。安世按，二爻雖柔，皆自有坎馬，正合「順」字，諸家必欲外取剛爻，謂六二以九三爲馬，初六以九二爲馬，豈未攷小象故歟？涣之初六，坎初爻也。明夷自二至四爲坎，六二亦初爻也。坎爲「亟心」之馬，故壯，馬壯則能力行矣，然必於柔爻言之者，貴其順也。當險難之時力行順事，則可以反凶爲吉。若力行剛克，則愈凶矣。爻辭意在「用」字，象辭意在「順」字，明以六用壯，可以得吉。紂率其旅若林，則以九用壯，无得吉之理也。明夷六二當位之臣，忍傷以救國事，合於爲臣之則，故曰「順以則也」。涣之初六在下无位，避難而自救，故止曰「順也」。申豐盡室而行，蘧伯玉從近關出，皆以順用壯而自救其身也。救禍者莫若壯，用壯者莫若順〔二〕，達而能順，可以救世窮，而能順可以救身。

順以則也

「則」者，道之常也，言以六居二，得正得中，明於臣子之常道也。明夷之下三爻惟六二有救之之誠，上三爻惟六五无去之之心，皆中順之臣也。上六「失則」者，亦謂其失人君之常道也。

〔二〕此兩句宋本、明抄本、清抄本作「救禍者莫若順」。

南狩

離明坤暗，九三自離狩坤，乃爲自夷，狩南者，未狩則爲明夷，狩則爲「南」矣。離既升坤，則離在坤上，非「南」而何？詩曰：「肆伐大商，會朝清明」，「南狩」之謂也。

不可疾，貞

「貞」字自爲句，爲明夷而「南狩」，不得已而爲之，「匪棘其欲」也，有棘其欲之心則是富天下也，故曰「不可疾」。然而人之常情，不急則懈，故又以「貞」勉之，「今朕必往」「致天之罰」，「貞」也。

周易玩辭卷第八

䷤ 離下巽上 家人

利女貞

女貞者，治家之本也，女不正則家道亂矣，故彖辭惟「利女貞」三字。

嚴君

「家人有嚴君焉」，即男女之正位乎内外者也，二人者正則莫不正矣。

大象

五行之氣熱極爲風，人心之動化爲風，心之狂疾亦謂之風，凡風皆自火出者也，故風〔一〕火爲家人之象，蓋

〔一〕風，宋本脱此字。

萬物以火爲内，天下以家爲内，人之言行以心爲内。「言」「行」，風也。「有物」「有恒」，心主之也。人禽草木皆火氣在内則生，火氣在外則死，故火至木上，則「君子」「凝命」焉。

六爻

初九，始有家也。六二，婦也。九三，夫也。一家之制備於下卦[一]矣。上卦則推而廣之，六四，卿大夫之家也。九五，天子之家也。上九，家道之終也。

六二

六二既曰「无攸遂」矣，又曰「貞吉」，象恐後人誤以「貞」爲剛嚴，故釋之曰：「六二之吉，順以巽也」，明婦人之貞，貞於順巽而已，即上文「无攸遂，在中饋」是也。婦能守此而不變，則爲家之吉矣。

嗃嗃　嘻嘻

「嗃嗃」「嘻嘻」只是一意，非相反之辭也。稱「家人」者，一卦之主治家者也，「婦子」，爲其所治者也。治家者過於嚴烈，雖暴而多悔，危而難安，然於家道未有所失，則不害其爲治也，故「吉」。若治家失道而强威嚴行之，如谷風之「有洸有潰」、小弁之「維其忍之」，使爲婦爲子者嘻歎怨毒，則終不可行，故「吝」，「身

[一] 卦，據宋本、明抄本、清抄本改，他本作「爻」。

不行道，不行於妻子」，謂此類也。「嘻嘻」二字，在詩之「噫嘻」，禮之「嘻其甚矣」，左氏傳之「譆譆出出」、陽虎從者曰「嘻」，皆爲歎懼之辭，未有訓爲笑樂者也。九三重剛尚察而不得其中，故其象如此。若從或說，以爲笑樂失節，則其終不止於「吝」矣，乃終亂之道也。

六四

四在高位則既「富」矣，若以驕亢處之，則凶之道也，故六四以「順在位」，則能保其富而「吉」莫加焉。體柔而居巽之下，順之至也，衛公子荆之居室，其知此者乎？

九五

「王假有家」「王假有廟」，猶言王至於家、王至於廟也，古鼎彝之文，皆以君在廟爲「假于廟」，舜「格于藝祖」是也。王在廟則尚敬，故詩曰「肅肅在廟」。王在家則尚和，故曰「雝雝在宫」。家人之九五，王之在家者也。王者，天下之至尊。家者，天下之至親。以至尊而行至親之道，能使君民相愛如家人，則何憂之有？故曰：「勿恤吉」。然而象辭以「嚴」「正」爲言，九五乃以「相愛」爲義，象以家人爲主，言父母之治家人如治天下，故其義主於嚴，九五以君位爲主，言人君之視天下如視家人，故其義主於愛。又二五正應，二以順而從乎五，五以巽而交乎二，此正王與家人相荅之象也。若治家之法，則始於初九之「閑」，終於上九之「威」，言之備矣，何必於二五言之？

上九

「有孚」，信之也。「威如」，畏之也。内外信畏而无違言，此治家長久之道，故於卦之終言之。然欲人之畏者，必以孚爲本，故象有「反身」之戒。

上下二卦

家人上下二卦當對講，初九剛而正，故以禮法防其家。六四柔而正，故以柔順保其家。初九與四相對也。六二在内而順乎五，九五在外而愛乎二，此二與五相對也。九三以暴行法而人怨嗟，上九以身立法而人敬信，此三與上相對也。大抵下卦皆主於剛明，雖六二之「順以巽」，亦能貞於其事也。上卦皆主於柔巽，雖上九之「威如」，亦知自反也。

小象

家人六爻皆當據小象爲證，其曰「志未變」，則可見「閑」字之義主於初〔二〕。其曰「順以巽」，則可見「貞」字之義主於順。始「未失」而終「失」，則可見「嗃嗃」「嘻嘻」之爲一事。以「順在位」爲言，可見「富家」之義不主於財利。以「交相愛」爲言，可見「王假之」義不主於尊嚴。以「反身」爲言，可見「威

〔二〕於初，據宋本改，他本此二字之間皆空一字。

如」之義不主於徒法。此數者若无象辭，則解者必皆失其本義矣。

兌下離上 睽

二女同居

火澤合而成卦，不得謂之不同。火上澤下，不得謂之不異。故象曰「同而異」，彖曰「同居而不同行」。

柔進而上行，得中而應乎剛

睽與鼎皆「柔進而上行，得中而應乎剛」，然在睽則爲小吉，在鼎則爲「元亨」者，爻位同而時事異也。

時用

「睽之時用」所以爲「大」者，以其效言之也。百官分職而治之，則凡職皆治，是謂大治。萬國分土而平之，則凡土皆平，是謂大平。若混而无分，衆而无責，則皆不治矣。睽之有時而可用者，謂此類也。

大象

睽非善事也，然有當睽者，「同而異」是也。「二女同居」，所謂同也。「其志不同行」，所謂異也。此亦人道之當然，初不爲過。其在君子，則周而不比、和而不同、群而不黨，皆「同而異」也，君子之睽如此，豈不善哉？同人於異之中而見其同，睽於同之中而得其異，同以接物，異以保己，惟君子全之。「同」象兑之説，「異」象離之明。

初悔亡　五悔亡

初以在下不與世事而「悔亡」，五以「柔進而上行，得中而應乎剛」，是以「悔亡」，辭雖同而義則異。

初无咎　二无咎

初之「无咎」，「以避咎」也，免於「惡人」之見咎也；二之「无咎」，「未失道也」，於君子之道无可咎也。亦是辭同而義異。

喪馬

馬者，人所乘以出行也，初无應於外而不得上行，故爲「喪馬」。

喪馬勿逐自復，見惡人无咎

「喪馬勿逐自復」，往者不追也。「見惡人无咎」，來者不拒也。此君子在下无應之時，處睽之道也。見與「追斯可見」之「見」同，非往見之「見」也。若往見，則違「勿逐」之戒矣。若二五正應乃可往見，在初九則不可也。四爲坎馬而孤，有「喪馬」之象。險而不正，有「惡人」之象。

初 二 三

初以正人无位而在下，本自與人无應，故雖在睽之時而不涉于悔。二居中而有應，但時方睽乖，尚須委曲，未可直前爾。三有應而不正不中，故相睽最甚，以居睽之極，故有復合之理也。

初 四

初以四爲「惡人」，其見之也，以辟其爲咎爾，非望其有所行也。四以初爲善士，與之相遇，誠交而氣合，則化孤而同、化厲而安，己不作咎，則人得上行矣，故曰：「交孚无咎，志行也。」四近君而初在下，四不正而初正，故其辭如此。

二 五

二以五爲主而委曲以入之，巷雖曲而通諸道，「遇主于巷」，將以行道，非爲邪也。五以二爲「宗」而親之，二五以中道相應，當睽之時，其閒也微，而易合如膚之柔，噬之則入矣。二方委曲以求入，五能往而應之，則君臣交通，豈獨「无咎」，又將「有慶」矣。二五陰陽正應，故其辭如此。

三 上

三、上爻辭最爲險怪，蓋彼此皆不正，相疑之深者也。三爲上所疑者也，故自見其「輿」之「曳」「其牛」之「掣」「其人」之「天且劓」。上疑三者也，故「見」其爲「豕負塗」、爲「鬼一車」。然而二爻本是正應，睽極則當合，疑甚則當解，故三則曰：「无初有終，遇剛也」，謂遇上九在卦終也。上則曰：「先張之弧，後說之弧，匪寇婚媾，往遇雨則吉」，謂遇六三陰陽和也。此曰「輿」、曰「牛」、曰「人」，彼曰「豕」、曰「塗」、曰「鬼」、曰「車」，皆謂六三也。見牽輿之牛而以爲負塗之豕，見載人之輿而以爲載鬼之車，變輿言車，明以陰爲陽，言疑之甚，其錯亂至於如此也。上離體也，三互離也，故皆以「見」字爲言。

位不當也

「輿」與「牛」，載人者也，故以位言之，此指三也。「天且劓」，乘車之人也，此指六也，故以人言之。以六乘三，故曰「位不當也」。天，去髮之刑。劓，去鼻之刑。髮屬心血，主火，鼻屬肺氣，主金，三〔一〕以兑金值離火，金火相克，故髮鼻受刑也。掣、曳者，陷於坎而不能進。天、劓者，挫於離而不得進也。「天」字或作「而」，謂去鬚髮，皆在首之刑，義不相遠也。

噬膚

睽五言「噬」者，自二至上有噬嗑之象也。

豕　鬼　塗　弧

兑之六三，自視則陰爻也，故稱「輿」、稱「牛」。自上視之則五至三爲坎，故稱「豕」、稱「塗」、稱

〔一〕三，據宋本、明抄本、清抄本改，他本作「二」。按本條論說六三之義，與九二無涉。

「鬼」、稱「車」、稱「寇」。坎爲弓矢，「先張之弧」，疑其坎也。兑爲附决，「後脱之弧」，説其兑也。

艮下坎上 蹇

卦辭

「西南」，坤也。「東北」，艮也。蹇之六二上往而得五，則坎變爲坤，而蹇平矣，故曰「蹇，利西南，往得中也」。若終止於艮而不上往，則永无出蹇之期，故曰「不利東北，其道窮也」。二往見九五之大人，則有平難之功，故曰「利見大人，往有功也」。二三四五上諸爻皆當位，則有粹然皆正之象，故曰「當位貞吉，以正邦也」。以蹇之時而有得中之道，有平難之功，有正邦之化，故曰「蹇之時用大矣哉」！

見險而能止

「險而止」爲蒙，止於外也。「見險而能止」爲智，止於内也。止於外者，阻而不得進也。止於内者，有所見而不妄進也。此蒙與蹇之所以分也。屯與蹇皆訓難，屯者，「動乎險中」，經綸以濟難者也。蹇者，止乎險中，崎嶇以涉難者也。此屯與蹇之所以分也。

利見大人

濟難者「利建侯」，屯之初九，自貴者也。處難而求濟者「利見大人」，蹇之上六，從貴者也。象之「利見大人」謂六二也，自二之五，故爲「往有功」。上六之「利見大人」，則自爲本爻言之，自上之五，故爲「來碩」。

知矣哉

「能止」者，謂其識時之變而不妄進，非止而不進也，是以謂之「智」。若遂止於險而不求出，則是无能无知之人爾，故象既以止爲「智」，又以艮爲「窮」，蓋懼其昏然而終止也。三至五爲離，從離向坎，故有見險之象。

蹇之用

凡行之跛躄而不進者曰蹇，言之吃訥而不利者曰蹇。由是推之，蹇非不言不行也，言之艱、行之艱爾。若不言不行，則人不見其爲蹇矣，蹇之所以稱「用」者如此。

反身脩德

「反身」象艮之背，「脩德」象坎之勞。山上有湫，止而不流，水之蹇也。行有不得，反而自脩，君子之蹇也。

往蹇來譽

初六遠於險而先來〔一〕，有知幾之神，合於彖辭之所謂「智」，是以有譽「宜待」也。鄭康成作「宜待時」也。

六二　九五

初三四上皆有「往」有「來」，故辭皆一「蹇」而止。二守中節，專往向君而不回也，故爲「蹇蹇」。「蹇蹇」者，不已之貌，雖吃而猶言，雖跛而猶行也。五，蹇之君也，君陷於險，故爲「大蹇」。大蹇之時，非六二之所能濟，而在中相應，其節當然，有不容已者，故曰「終无尤也」，又曰「以中節也」。

九三　上六

九三，艮之主爻、二陰之所依也，其曰「來反，内喜之也」，猶言「季子來歸，喜之也」〔二〕，九三爲内所依，故曰「内喜之也」。上六依内以濟，故曰「志在内也」。

〔一〕來，宋本、明抄本、清抄本作「止」，他本作「來」。按，二字義通，下文「往來」條云：「初六本無所來，特以不往爲來爾」，知初六之「來」即不往而止於本位。

〔二〕按春秋经閔公元年：「季子來歸」，左傳：「季子來歸，嘉之也」，穀梁傳：「其曰季子，貴之也。其曰來歸，喜之也。」疑項氏所引誤淆二傳之文。

六四　上六

六四「當位實也」，上六「以從貴也」，「實」與「貴」皆指陽言之。六四以九三爲「實」，以九居三，非「當位實」乎？六四則「連」之而已。上九以九五爲「貴」，以九居五，非貴乎？上九則「從」之而已。若但言「當位」，則六四亦當位也，故加「實」字以明之。

朋來

自二之五爲「往」，故曰「往得中也」，又曰「往有功也」，自五觀二爲「來」，故曰「大蹇朋來」。彖指所往之處曰「往得中也」，則爲往五明矣。五指方來之朋曰「以中節也」，則「來」者爲二明矣。

上六

蹇之五爻皆善而未有得吉者，在蹇中也。上六獨「吉」者，蹇之極也。蹇六爻皆不喜往，往則入蹇也。彖獨喜「往」者，總一卦言之，往有出之象。上六將出而亦不喜「往」者，坎在外也，外則向坎，故曰「往蹇」，內則向艮，與三相應，故曰「來碩」，艮之上爻爲碩，剥之「碩果」是也。

吉　利

上六以「來碩」爲「吉」，以「見大人」爲「利」。「碩」指九三，九三內卦之上爻，故曰「志在內也」。「大人」指九五，九五，六爻之最貴，故曰「以從貴也」。象恐學者以「碩」「大」爲一，故分而釋之也。「碩」

與「大」皆陽德，但「碩」則有厚實之象，故以屬艮。「大人」則有尊貴之象，故以屬五。當蹇之終，違險而從艮，則致吉之道也，上與五相易亦爲艮，故亦有利焉。

往來

上六之「往」，猶初六之「來」也。上六本无所往，特以不來爲往爾。初六本无所來，特以不往爲來爾。凡往皆坎，凡來皆艮也。蹇之六爻皆以來艮爲喜，獨六二致其臣節，雖坎无尤也。

䷧ 坎下震上 解

解利西南

蹇二往五爲坤之中爻，故曰「蹇，利西南，往得中也」。解初往四爲坤之初爻，坤爲衆，故曰「解，利西南，往得衆也」。是故蹇五稱「朋來」，解四稱「朋至」，蓋取諸此。蜀人杜煓曰：「解不言『不利東北』者，解以東震北坎成卦，非不利也。」

无所往　有攸往

「往」謂往外卦也，「來」謂來内卦也，當解之時，不正者无所可往，勢必來復於下，六五退而居二，乃

「得黃矢」，故曰：「其來復吉，乃得中也」。正者若有所往，事必夙成，上六「動而不括」，「出而有獲」，故曰：「有攸往夙吉，往有功也」。是故「解，利西南」，以初與四言之也。「无所往，其來復吉」，以二與五言之也。「有攸往，夙吉」，以三與上言之也。

天地解　雷雨作解

天地閉則成冬，天地解則成春，雲雷結則成屯，雷雨散則成解，甲拆[一]赦宥，有開散之象，故解之六爻皆以開散而相易爲象，過則釋之，罪不可釋則寬之。「過」與「罪」屬坎，坎爲法律，爲徽纆；「赦」與「宥」屬震，震爲動出，爲反生。

初　四

四居震足之下，故爲「拇」。「而」者，汝也。九之居四，未當其位，解汝之居而下居於初，則當位矣。四解則初至，初六至四亦有當位之喜，故曰：「解而拇，朋至斯孚。」初六陰柔不正，本當有咎，以與九四相交得正而後无咎，故曰「剛柔之際，義无咎也」。

二　五

九二去而居五，則「君子有解，吉」也。六五來而居二，則小人有孚而退也。天方厭亂，世難將解，故小

[一] 拆，諸本皆同。按，象傳言「甲拆」，疑作「拆」爲訛。

人皆以反正爲喜，心與君子相孚，不煩攻擊，此所以爲解之時歟？

三　上

解之下五爻，皆不正而求解者也，其有應者，則皆同心相解而各得其正，故其志无不孚者，初四、二五是也。其无應者，滯於不正而不能解，故爲「吝」爲「悖」，則六三是也。然六三雖无應，而適值上爻之正，與之相敵，以正治不正，射而去之而悖者亦解矣。解之諸爻惟六三之辭最醜，以其獨无解也。惟上六之辭最美，以其獨正也。

九二貞吉　六三貞吝

解自三至五爲坎，坎爲狐，九二歷三爻而獲五，故爲「田獲三狐」，二出而獲五，五退而就二，皆中且正，「得黄矢」矣。因解而得黄矢，既得之後不可復解，却以貞守爲吉，故曰：「九二貞吉，得中道也」。六三未得中正而无應可解，當解而反貞者也，故曰：「貞吝」。然「貞吝」者猶愈於凶，言「貞」則「吝」，不貞則不吝，其過猶在可解之域，故曰：「自我致戎，又誰咎也」，言當自勉從上以解咎也。從上則爲君子，故可解。執下則爲小人，故「可醜」。

九四斯孚　六五有孚

九四解其位與初六相易，而初六欣然而從之，故曰：「解而拇，朋至斯孚。」九二解其位與六五相易，而六五亦欣然而從之，故曰：「君子維有解，吉，有孚于小人。」解之諸爻，凡陽爻皆稱「解」，凡陰爻皆稱「孚」，蓋非君子不足以解難，而小人苟不心服，亦未足以言解，明其責皆在君子也。上六陰爻亦稱「解」者，諸爻皆不正，惟上六獨正，正人而在高位，非君子而何？

䷨ 兌下艮上 損

彖

損者，人情之所不樂，非事理之常也，損之而人情皆孚、事理「元吉」，則得損之宜者，必如是而後爲「无咎」，居則可以貞守，動則「利有攸往」，此上九所謂「大得志也」。

曷之用

當損之時，何必多用，雖「二簋」之微，亦可用於大享之禮也。夫禮莫重於大享，物莫〔一〕微於「二簋」，損至於大享而用「二簋」，其損極矣，此而可用，孰不可者？然而其所以可則有時矣，故曰：「二簋應有時，

〔一〕莫，宋本、清抄本脱此字。

損剛益柔有時，損益盈虛，與時偕行」，一章之中凡三言「時」字，明必有是時而後可以行是事，故行之而「有孚，元吉，无咎，可貞，利有攸往」也。苟非其時，雖一物不可闕也，況可用「二簋」乎？簋之象外圓内方，損自泰變，乾三爲圓於外，坤上爲方於内，以此兩爻成卦，故有用「二簋」之象。

懲忿窒慾

人之所當損者惟忿與慾，「九思」之終曰「忿思難，見得思義」是也。少男多忿，少女多慾，「懲」者遏而絶之，如澤之絶山。「窒」者塞而不流，如山之塞澤也。

損下益上　損剛益柔

下不可損也，取其道以補於上則可，故曰：「損下益上，其道上行」，明非取其財力。剛不可損也，減其太過以歸於中則可，故曰：「損剛益柔有時」，明非樂於損剛也。損自泰變，損九三以補上六，九三者，極盛過中之陽，割之以補上六乃得其中，此正可損之時也。

初九　六四

古語止疾曰「已」，故有名「病已」者。六四有過柔之疾，初九損剛以益之，任已疾之事者也。已疾者以速往爲善，故曰「已事遄往，无咎」。然又當斟酌，勿使過損，蓋爲人太急，亦有失已之咎，故曰「酌損之」。此爻當損下之初，故慮之如此。六四當受益之地而稱「損」者，損己之疾，所以受人之益也。四能損柔受剛，使得速施其益，則「有喜」而「无咎」矣，故曰：「損其疾，使遄有喜，无咎。」初之「遄往」，志在於四，故曰：「上[一]合志也」。四能不吝其疾，自損以受之，使合志之臣得效其忠，豈非可喜之事哉？故曰：「亦可喜也」，「亦」字「亦」初九也。

九二　六五

損以有過與不及，故損一益一以求中也。若九二、六五則既中矣，二非有餘，五非不足，一有增損則反失其中矣。二當此時守中則利，上往則凶，故爻曰：「利貞，征凶，弗損益之」，象曰：「中以爲志也。」六五本无待於補，九二亦不補之，而九三之陽忽補其上，補自上來者，神天之降祐，龜筮之弗違，蓋福禄之補，非損下補上之補也，故曰：「或益之」，又曰：「自上祐也」。

六三　上九

六三、上九，成卦之爻也。六三損剛以補上，是泰之三[二]陽損其一也，故曰：「三人行則損一人」。上九因六三之行而「得其友」，既已得友則不可復損矣，故曰：「弗損益之」。損因六三之損而得名，故爻辭極論損

〔一〕上，小象作「尚」。

〔二〕三，底本作「二」，四庫本、薈要本、明抄本、清抄本皆作「三」，據改。此句意謂損由泰來，泰之九三升上，上六降三，既成損卦。對泰卦而言，是下卦三陽損其一。故知作「三」爲是。

之精義。上九受損之補者也，故爻辭極論損之成效。六三不可以不損，六三一損而初二、四五、三上皆得成耦，六三不損則三陰三陽皆成參雜，極天地男女之義亦不過如此，此損之「有孚」而大善者也。上九不待於復損而固已「无咎，可貞，利有攸往」矣，其所以能然者，以得六三之臣損其家而來補於國，此上之所以安坐而「大得志」也。三以得上爲「友」，上以得三爲「臣」，三在下故爲「臣」，在内故爲「家」。

䷩ 震下巽上 益

大象

以卦德言之，「見善則遷」，巽之「隨」也，「有過則改」，震之「懼」也。以卦位言之，震出者而在内，巽入者而在外，位之遷改也。以卦象言之，震足下動，巽股隨之，與恒[一]之「立不易方」相反，此又象之遷改也。

損　益

凡物以下爲本，故損下則謂之損，益下則謂之益，而上之損益皆不與焉。草木之根，牆屋之基，人之氣血

[一] 恒，宋本避真宗諱作「常」，清抄本缺末笔。

皆然，凡稱損、益、盈、虛者，皆以下言也。「山下有澤，損」，山非不實也，上實而下虛，故其卦爲損。「風雷，益」，風非不散也，外散而內盈，故其卦爲益。皆主下卦言之也。山吸澤之氣，亦損下也。風助雷之威，亦益下也。

彖

以利言之，「損上益下」則民情悦。以道言之，「自上下下」則君道光。以六爻言之，上下以中正相合，故「利有攸往」。以二卦言之，震巽皆木也，自震向巽，東流入海，故「利涉大川」。以卦德言之，動而能巽，則其「進无疆」。以卦變言之，天施陽於地，則「其益无方」〔一〕。益自否變，損天之九四以益地之初六也，凡益之道，與時偕行，明非揠苗以助長也。天地之裕萬物，日進時行，巽而不迫，而其進自莫能禦也，曷嘗干時而强進哉？繫辭曰「益長裕而不設」，即此義也。

初九　六二

初九爲成益之主，即損之上九也，二卦因二爻而成，故損之上九爲「大得志」，而益之初九爲「用大作」，特初九在下，難於厚事，不若損上九之易爾。六二爲受益之主，即損之六五也，六五因上九而受益，故爲「自

〔一〕益，據彖傳及明抄本改。按此條從首句至此乃分釋彖傳之辭，彖傳正作「其益無方」。

上祐」，六二因九四爲初九而受益，故云「自外來」，特六二在下，宜於求福，非若六五之安受其福也。

初　二　三　四

初九動於卦下而爲益之主，故爲在下而作大事，起田漁而揖遜，七十里而征伐，非盡善盡美不可當也。六二以中正而受衆益，故可「用享帝」，「享帝」者，吉禮之最盛，此鳧鷖既醉之事也。六三居危疑之地，而當受益之時，故於「凶事」爲宜，此伊、周、桓、文之事也，必「有孚」而後可以事君，曹操處此則不可復入朝矣。六四自損以益下，與初互遷而成益，故「利用爲依遷國」，此公劉、古公之事也。迹若損民而志在益下，觀盤庚三篇可見損益之實矣。六二有外來之益，故曰「或益之」，六三守「固有」之「益」，故曰「益之」。

永貞吉　元吉

損之六五曰「元吉」，以其履剛而在上也。益之六二曰「永貞吉」，以其履柔而在下也。初九在下而曰「元吉」，亦以剛居剛，爲成卦之主也；九五本自元吉，故曰「勿問元吉」。初九待元吉而後无咎，故曰「元吉无咎」，猶損之彖辭也。

中行告公

二之「弗違」，三、四之「告」，五之「問」，皆主卜筮言之。凡卜筮而得辭曰「告」，如「初筮告」是也。筮「遷國」，「告公」曰「從」，許其遷也，即「龜從筮從」也。筮「凶事」，告公曰「用圭」，許其事君也。公之朝王，用圭以爲信，古之封國者必錫以圭，至其入覲則執而來，以合於王之冒〔一〕圭，所謂「輯瑞」也。「凶事」若伊、周、桓、文之事，非有誠心以事君者，神其許之乎？故「有孚中行」而後告之公者，命筮之主人也。三與四皆公位，故稱「公」。「享帝」者，天子之事也，故稱「王」。二非王也，故用兩「吉」字，在二爲「永貞吉」，在王則「享帝吉」也。易不可以占險，「凶事」「遷國」皆非常事，三四皆不得中，故必「中行」而後告之。中行者，向五而行，泰九二爻辭可見。凡稱中行者，皆指五也。三事尤大，故於「无咎」之下别言「有孚中行」，欲其誠心以向於中行也。苟爲不然，將不得事君矣，其戒之之嚴如此。

凶事

六三、上九兩爻不正，皆當有凶，三在下當益，故爲「用凶事」以益君，上在上當損，故爲自凶而「莫益」也。

爲依

姚小彭氏曰：「凡遷國必有依也，周之遷也依晉、鄭，邢、衛之遷也依齊，得其所依也。許之遷也依楚，蔡之遷也依吴，失其所依也。」

〔一〕冒，宋本訛作「昌」。按周禮考工記：「天子執冒四寸」。

有孚

九五與二皆以中正相應，故五以「有孚惠心」，而二亦以「有孚惠我德」，「孚」皆其所自有，非勉之之辭，此堯舜遇民信之事也。六三之「有孚中行」則勉之者也，上亦可以孚五而不勉之者，上巽極性〔一〕躁，非能下者也，三動而進，故可勉也。

上九

益之下三爻皆受益者也，上三爻皆自損以益人者也，益人者人亦益之。六四遷於初而初亦遷以依之，九五孚於二而二亦孚以順之，故諸爻无无益者，獨上九一爻无益之者，故曰：「偏辭也」，言在益之時獨不受益也。「或擊之」，小象恐人以爲六三，故以「自外來」釋之，言上動則坎來也。「莫益之」一句乃指六三，初與四、二與五皆以正相交，故能爲益。三與上以不正相交，故不能爲益，故繫辭謂上九爲「无交」，而六三〔二〕之「益」稱「固有之」，明上亦不能益三也。

〔一〕性，宋本作「爲」。

〔二〕三，宋本無此字。

周易玩辭卷第九

䷪ 乾下兌上 夬

象

凡卦五陽而一陰，則一陰爲之主，夬自乾上爻變，故卦辭專主上爻，諸家皆與孔氏不合，今直以孔象釋之。孔子曰：「揚于王庭，柔乘五剛也」，言上六揚于九五之側以臨衆陽，此君側之惡人也。曰：「孚號有厲，其危乃光也」，言上恃五之孚叫號於上，終必自危，惡人之危乃君道之光也。曰：「告自邑，不利即戎，所尚乃窮也」，言上若保其私邑以與陽戰，則其勢愈危，其所尚者乃所以自窮也。曰：「利有攸往，剛長乃終也」，言上若去其私邑，往而從剛，使昔之五剛長而爲六，則陽純陰絶，其事乃終也。凡上爻皆稱「邑」，以其无民也，升之「虚邑」，泰之「自邑」，晉之「伐邑」，謙之「征邑」，皆是物也，非上爻則皆稱「邑人」，訟、比、无妄是也。

孚號　惕號　无號

姚小彭氏：「三號皆指上六」，今從之。上六恃與五孚而以其兑口叫號於上，此挾君以令下者也。二與五正對，聞其號而惕，故曰「惕號」。上雖號而三〔一〕不應，故曰「无號」。方其「孚號」之時，爲二者安得不惕？其危乃可以致光，遇惕固宜於「勿恤」，則在我初无損也，及其終也，必勢窮力盡无所號之，彼亦安能長久而不凶乎？

光　終　長

「其危乃光」與「中未光」相應，人君與小人比，故爲「未光」，小人危則君德明，是以「乃光」。光者，陽德也。「剛長乃終」與「終有凶」相應，剛長未終，陰猶在上，剛長既終，則陰有凶矣；終者，上爻也。陽長爲復，故曰：「利有攸往，剛長也」；陽長至終爲夬，故曰「利有攸往，剛長乃終也」。此又與復之「剛長」相應也。

戎

「不利即戎」與「暮夜有戎」相應，二與五同德相輔，五方蔽於上而與之孚，上六乘其「未光」，欲興戎以

〔一〕而三，宋本、明抄本作「三而」。

驚二，故爲「暮夜有戎」。二但守中「勿恤」，五必自光，上必自窮，其勢不能爲患也。凡軍中夜驚，法當以「勿恤」處之，此亦善於决事者也。

大象

禄惡積而喜决，决則及下。德惡决而喜[一]積，决則放逸而不爲我居矣。是「施禄」者以决爲美，而「居德」者以决爲忌。「居」訓爲積，「居德」猶積德也[二]。「施禄」象兑之缺，「居德」象乾之純。

初　二　三　四

夬初至四皆大壯也，加九五一爻而成夬，故下四爻皆與大壯相似，初之「壯趾」，二之「以中」，三之「用壯」，四之「悔亡」，是也。初位卑而勢遠，遽前其趾，欲除君側之惡，在壯之時，五方柔暗，故行必「凶」，此則劉蕡、孟昭圖之事也。在夬之時，雖不至於凶，亦可爲「咎」也。二與初正相反，在壯則能「貞」，在夬則能懼，其處健也可謂得中矣。三有不中之失，又有得正之美，故在二卦皆兼君子小人言之。今觀「壯于頄，有凶」之下加「君子」以别之，則上言小人、下言君子明矣。九三與上六正[三]應，若聞其號呼，不决於心，遽

[一] 喜，宋本、明抄本訛作「善」。按「惡」「喜」相對而言，與上句文例正同。
[二] 此兩句宋本、明抄本作「居訓爲積德也」，有脱誤。
[三] 正，宋本、明抄本無此字。

然發於面，勃然應之，則「有凶」之理，安知不如張奐之助王甫以誅陳蕃哉？此即大壯之「小人用壯也」。君子則不然，其中「夬夬」，剖決甚明，雖在衆陽之中，獨行遇應，外若相濡，中實有慍，則於君子之道終无所失，如陳寔聽侯覽而弔張讓，何咎之有？此即大壯之「君子用罔」也。九四一爻却與大壯不同，大壯之四震體尚進，進則成夬，故曰：「藩決不羸」。夬之四兑體，悦陰而迫於二陽，不能自決進退之間，故曰：「臀无膚，其行次且」。若聽二陽之牽而同其「夬夬」，亦可合於大壯之「悔亡」，故曰：「牽羊悔亡」。然羊非可牽之物也，强很〔一〕之人方以不正爲悦，誰能語之？故曰：「聞言不信，聰不明也」。夬以九五之正以〔二〕與上比，猶爲未光〔三〕，況九四之不正，其能明乎？四動成坎耳，故有「聰」之理。五與上易則成離，故有「光」之理。四必不能，故曰「不」，五將能之，故曰「未」也。

莧〔四〕陸

「莧」音丸，山羊也。「陸」，其所行之路也，猶「鴻漸于陸」之「陸」。兑爲羊而在上卦，有山羊之象。

〔一〕很，據宋本、清抄本改，他本作「狠」。按大壯卦注云：「聖人懼人之以很爲壯」「大壯之時，其性太很」，此處言夬「下四爻皆與大壯相似」，則以作「很」爲是。且說文：「很，不聽從也」，與下文「聞言不信」正合。

〔二〕以，宋本、明抄本、清抄本訛作「一」。

〔三〕爲未光，據宋本、明抄本、清抄本改，他本皆作「未爲光」。按九五小象：「中未光也」，則「未光」不宜拆開。

〔四〕此處及本條正文中之兩「莧」字，通志堂本作「莞」，他本作「莧」，據改。

羊之行路喜登高緣險，而山羊爲尤甚。九四其險者，上六其高者也，五在三羊之中獨能自決而行於中路，比之四上可以无咎，然猶未離兑類，故爲「未光」。若往而成乾，則爲在天之龍，不爲在陸之羊，其道光矣。「飛龍在天」，乾之大有，故曰「光」也。

夬夬

「夬夬」者，重夬也，以九居三，以九居五，皆爲重夬之象。當夬者，上六也，三應之，五比之，嫌其不能夬也，故皆以「夬夬」明之。三謂之「遇雨」，五謂之「莧陸」，皆與陰俱行者也。君比於陰而能自決以保其中，僅可免咎而已，未可以爲光大也。九三健極有凶之理，故以「无咎」爲幸，五居尊位大中而止於「无咎」，爲可惜耳。

䷫ 巽下乾上 姤

女壯

姤之一陰方長，已言「女壯」，聖人之意深矣！猶坤之初六即言「堅冰」也，其勢方興，不至於盡滅諸陽不止也，是以「取女」者忌之。

勿用取女　天地相遇

既曰：「勿用取女，不可與長」，又曰：「天地相遇，品物咸章」，何也？曰：勿取以戒四，相遇以美五也。小人方壯，若引以爲配，必至於滅剛，「匹嫡、並后、耦國、貳政，亂之本也」〔二〕，故四雖正應，不可以取初。然與之同宇，則相遇之道不可絶矣。天高地下，其分嚴矣，而未嘗不相遇也。君子之遠小人至矣，而未嘗不相遇也。故五居尊位而可以遇初，遇與娶不同，遇則接之，如君之遇民，臣之遇主，其分未嘗廢也。娶則齊之，一與之齊，不可復制矣，故姤之六爻喜遇而不喜應，遇則无咎，應則有凶也。

剛遇中正

「剛遇中正，天下大行也」，此接上文言之也。天地相遇于午，則萬物相見，故曰「品物咸章」。君子遇中正之位，則其道可行，故曰「天下大行」。以卦氣言之，乾直四月，遇午爲中正。以爻位言之，以九遇五爲中爲正，遇中正之位即所謂「有隕自天」也，行中正之道即所謂「包瓜含章」也。陰雖有惡，包之而不治。陽雖有美，含之而不發。在遇之時所行如此，可謂中正之道矣。

大象

「四方」，「天下」也。「施命」以「誥」之，「有風」也。謂之「有風」則非必常有也，四方之風不可預

〔二〕左傳桓公十八年：「並后、匹嫡、兩政、耦國，亂之本也。」

料，與之相遇而〔一〕後知其爲某〔二〕方之風也。誥命之行亦然，有誥某國者，有誥某人者，詳略誅賞不可以一槩論也，是故謂之姤〔三〕。

六爻

初與二遇，故「繫於金柅」，爲二所牽也。三不與初遇，故「其行次且」，未得牽也。二以近而遇初，故「包有魚」。四以〔四〕遠而不遇，故「包无魚」。賓自外來而不相及，指四言之也。民在下而遠，指初言之也。九五遇天之命，非我求之，志之所存本不在此，故曰：「有隕自天，志不舍命也」，「舍」字去聲，義與隨之「志舍下也」同。鄭風「舍命不渝」，毛氏曰：「舍，處也」。上九遇時之窮，非我之咎，故爲「姤其角，吝，无咎」。凡稱「遇」者，皆非我取之，故諸爻皆得无咎，獨初與四負其正應，必遂其孚而不安於所遇，四欲「起」而求初，初欲「往」而從四，所以「凶」也。四「起」則失位，故爲「起凶」。初「往」則四「見凶」，故爲「有攸往，見凶」。當陰長之時，陽受其禍，故二「凶」字皆主四言之。

〔一〕而，宋本作「相」，明抄本、清抄本作「然」。

〔二〕某，據宋本改，他本作「四」。按據下句之義，作「某」是。

〔三〕姤，明抄本作「道」，他本作「遇」。按此條旨在疏解大象所釋此卦得名之據，因此當書卦名。作「遇」乃承宋本避高宗諱，作「道」当属讹字。又，卦内他處「遇」字，乃以「遇」釋「姤」，非避諱。

〔四〕以，宋本重。

金柅

柅者，絡絲之跗[一]也，絡絲之柱以木石爲跗，令其不動，今以金爲之，愈堅重矣。絲爲柔道，金柅所以牽之，故曰：「柔道牽也」。

羸豕

「羸豕」之「羸」，猶「羸角」之「羸」也。羸即牽繫之義，形雖牽繫，志則「蹢躅」，此所謂「女壯」也。易中「羸」字皆與「罹」通用，「羸其瓶」亦然，故鄭康成作「虆」，宋衷作「縲」，陸績作「累」[二]，然「羸」義自明，不煩改字也。

包

姤之三爻皆稱「包」。凡稱「包」者，皆以陽包陰也。蒙之「包蒙」，泰之「包荒」，否之「包承」「包羞」「包桑」，義亦同此。包，古苞苴字，後人加草以別之，故子夏傳與虞翻本皆作「苞」字。

不利賓

初六方壯，宜速止之，不可使之「及賓」，使及九四，非陽道之利也，此即「有攸往，見凶」之意。

[一] 跗，通志堂本作「附」，他本作「跗」，據改。

[二] 釋文卷二「羸豕」條注云：「劣隨反，王肅同，鄭力追反，陸讀爲累。」據此則陸績只是音讀爲累，非字作累。

臀无膚，其行次且

益之六二即損之六五，故皆曰：「或益之十朋之龜，弗克違」。姤之九三即夬之九四，故皆曰：「臀无膚，其行次且」。夬之九四志欲上同，而後迫於三，前阻於五。姤之九三志欲下行，而後迫於四，前阻於二。雖前後不同，若以反對觀之，其實一也。其「厲」如此而「无大咎」者，三與初非比非應，本不相及也。

九五

杞高而直，乾之象也。瓜在下而柔蔓，巽之象也。九五爲乾之主而包巽在内，此「以杞包瓜」也。以位言之，則爲以上包下。以德言之，則爲以君子而包小人。夫能包其下而遇人以寬，能含〔一〕其剛而遇己以中，无心於得尊位而遇天命之自降，此所以爲姤〔二〕之九五也。故嘗〔三〕謂九五之「有隕自天」，舜禹之所遇也。上九之「姤其角」，孔孟之所遇也。初六，秦民之遇沛公也，其繫之堅矣。九二，沛公之得秦民也，民已主漢，義不及楚矣。九三，項羽之爭秦也，无以繫民而强爭之，其能有遇乎？九四，子嬰之无民也，无民而欲起，則足以速亡而已。

〔一〕含，據宋本、清抄本改，他本作「舍」。按「含其剛」即九五爻辭「含章」之義，上文「剛遇中正」條：「以九遇五爲中爲正……行中正之道即所謂『包瓜含章』也」，亦可爲證。

〔二〕姤，諸宋本避高宗諱作「遇」，他本承之。

〔三〕嘗，據宋本、明抄本、清抄本改，他本作「常」。

䷬ 坤下兑上 萃

萃亨

按釋文，馬、鄭、陸、虞本並无「亨」字，獨王肅本有之，王弼遂用其説，而孔子彖辭初不及此字也。

王假有廟

王至于廟中，則諸侯百官之衆、九州之物、人心之精神无不萃者，此萃之最盛者也。

用大牲吉

在損之時則曰：「曷之用，二簋可用享，二簋應有時」。在萃之時則曰：「用大牲吉，利有攸往，順天命也」。易之隨時如此。

致孝享也

古語謂享之豐者爲「致孝」，詩曰「苾芬孝祀」〔一〕，論語以「致孝」對「菲飲食」〔二〕，蓋以厚對薄也，此以

〔一〕詩經小雅楚茨。
〔二〕論語泰伯：「菲飲食而致孝乎鬼神」。

萃享親，故曰「致孝享也」。

彖

「王假有廟」，九五也，五爲王，上爲宗廟。「利見大人」「利貞」，六二也，二五皆正，二見五爲大人。「用大牲吉」，九四也，故九四爲「大吉」。「利有攸往」，初六、六三也，故二爻皆往「无咎」。

天地萬物之情　天地之心　天地之情

天地萬物之所以感、所以久、所以聚，必有情焉。萬變相生，感也。萬古若一，久也。會萬歸一，聚也。知斯三者，而天地萬物之理畢矣。天地之心主於生物而聚〔二〕之以正，大人能以天地之心爲心，則无往而不爲仁，以天地之情爲情，則无往而不爲義矣，是以聖人表之以示萬世焉。

地上有水　澤上於地

水與澤相近而不同，水火以氣言，氣者，造化之本也，故坎離主之。山澤以形言，形者，造化之末也，故艮兑主之。水之氣可以在地上，水之形不可以在地上，必置防以聚之，以待不時之用，乃有聚於地上之理，故爲除器、防戎之象。兑金在上爲治「戎器」，以兑金臨坤衆爲「戒不虞」。坤中有虞則爲坎，坤无虞也。坎爲

〔二〕聚，宋本、明抄本作「發」。

心，坤爲腹，憂在心不在腹也。

澤上於地　澤上於天

「澤上於天」爲夬，天非貯澤之所也，則決而已矣。「澤上於地」爲萃，地則可聚矣。「除戎器」則衆工萃焉，「戒不虞」則衆民萃焉，聚之衆者，莫若戎器與戎事也。

初六　九四

九四自觀之上而下比於坤，獨當三陰之萃，遂爲成卦之主，无尊位而得衆心，故必「大吉」而後可以「无咎」，如益之初九在下而任厚事，亦必「元吉」而後可以「无咎」也。然自初六言之則異於是，其不專於初，可謂「有孚不終」，其泛納三陰，可謂「乃亂乃萃」，爲初六[一]者法當怨慕。我若號咷而悲，彼雖相聚而笑，皆不當恤，但往從之，正應相求，不爲過也。當萃之時，以能萃爲美，上六无應而「齎咨」，猶且无咎，初六有應而「號咷」，又何咎哉？大抵萃聚之道，陽以溥爲貴，陰以專爲美，四之「志亂」乃得「元吉」，五中不變反爲「未光」，皆貴其溥也。初六求四，雖「號」「无咎」，六二從五，以「引」爲「吉」，皆美其專也。

六二　九五

六二與九五正應，下爲上所「引」，故「吉」。以中相引，故「无咎」。然而萃聚之時，爲禮當厚，必如二

[一] 六，諸本皆作「九」。按萃卦當言初六。

五之交，信在其中而後外可略也，故「孚乃利用禴」。凡此皆爲臣道言之也，乃若君道則異於是。九五居至尊之位，爲萃之主，固當立賢無方，而其所萃乃有定位，雖曰正應相從，守中不變，未爲有咎，然此豈光大之道哉？必能不係其孚而用「元永貞」之德，以「顯比」於天下，乃可以亡私狭〔一〕之悔矣。六二之「孚」與九五之「孚」，二字相應，古語謂所親信爲孚，春秋傳曰「夷伯者何？季氏之孚也。」〔二〕

六三　上六

六三之「嗟如」，與上六之「齎咨涕洟」相應，六三志欲求萃，而方值上六之咨嗟，兩俱无應，无所利也。不若往比於四，與之相萃，雖非正應，不免「小吝」，然三本无應，非捨應而妄從，又四爲卦主，衆所當萃，以三附四可成互〔三〕巽，上巽下順，何咎之有？「齎咨」，兑口之嘆也。「涕洟」，兑澤之流也。上六以无應之故，至於「齎咨涕洟」，若可羞矣，而聖人不以爲咎者，蓋以當萃之時，孤特无與，雖在上位，豈得自安？故萃之六爻皆不嫌於求萃。然則爲上計奈何？曰：不安於上而萃於五，五上交〔四〕爲晉，則五光而上安矣，故五曰「未光」，上曰「未安」，皆非决辭，明有可變之理也。

〔一〕狭，據宋本改，清抄本作「探」，他本作「挾」。按「私狭」與上句「顯比」正相反對。
〔二〕春秋公羊傳僖公十五年：「夷伯者曷爲者也？季氏之孚也。」
〔三〕互，宋本訛作「玄」，明抄本訛作「上」。
〔四〕交，宋本訛作「爻」。上交，明抄本、清抄本作「易上」。

九四　上六[二]

九四位不當而受三陰之萃，上六當位而无所萃，此所謂「順天命」也，非人之所能爲也。然四必「大吉」而後「无咎」，上雖「未安」而固「无咎」也，此則聖人之深意也歟？

中未變也

萃自觀來，四上相變成萃，五在其中獨未嘗變，是以六二不失其應，故曰「中未變也」。

䷭ 巽下坤上 升

萃　升

升自臨變，六三降而爲初九[三]，升者皆自初始，初六爲成卦之爻，故曰：「允升大吉」。萃自觀變，上九降而爲四，凡萃者皆自四始，九四爲成卦之爻，故曰：「大吉无咎」。萃與升皆「剛中而應」，萃剛中在上，其

[二] 六，宋本、明抄本訛作「九」。
[三] 九，宋本、清抄本作「凡」，讀屬下句。

衆必聚，升剛中在下，其勢必升，故萃以五爲「大人」，升以二爲「大人」。聚者下之所樂，故「利見大人」。升者上之所忌，故勸以「用見大人，勿恤」，言上三陰勿以陽升爲憂，陽來朋陰，乃陰類之慶也。「用見大人，勿恤」，戒陰也。「南征，吉」，勉陽也。

大亨

初六以柔升而遇三陰在上之時，下卦以巽入而值上三爻之順，九二剛中而得六五之應，升之卦德有此三者，所以「大亨」而无阻也。

南征　禴亨

「南征」者，言二之升五也。坤之中爻爲離，南方之卦也，明夷之九三以坤在上爲「南狩」，春秋傳晉與楚戰，筮之遇復，亦以坤在上爲南征〔一〕。「禴」，夏祭也，即「南征」之義。萃之六二，坤之中爻也。既濟之六二，離之中爻也，故皆稱「禴」，既濟九五爻辭，正指六二言之。

志行也

下之升於上者，其志在於出暗而求明也，升則明，不升則暗矣。「征」者，升也。「南」者，明也。故曰：

〔一〕左傳成公十六年：「公筮之，史曰：吉，其卦遇復，曰『南國蹙，射其元王，中厥目』。國蹙王傷，不敗何待？公從之。」

「南征吉，志行也」，言九二之志在於上行也。九二升至六五乃得離明之位，故六五曰：「大得志也」，正與此「志」字相應。「志」者，九二之志，非六五之志也。

大象

「順德」，坤也。「積小以高大」，巽也。坤爲順，巽爲高，物之高必以積，其所積必以順，非順不可積，非積不能高也。木之始生，伏於地中，積而不已，其高干雲，其大蔽日，未有見其忤者，順而至之也。

下三爻

下三爻皆方升之人，上三爻皆受其升者，凡陽之升皆非陰之所樂，惟九二與六五以中相孚，乃能不以外物相責望，「乃」者，難辭也，以九二之「孚」而僅得「无咎」，其難可知矣。九三雖與上六正應，然亦乘其空虛消盡之時而入之，始无所疑，使當其富實之時，能无疑乎？惟初六一爻與六四合志而相允，且不獨四也，凡上三陰皆與之合，故其升也上皆允之，所以在六爻之中獨爲「大吉」也。觀此可見升道之難，太玄以干、上準之，知此義矣。

上三爻

隨上六兑爲西，故曰「西山」，在周之西境也。升六四坤爲國，周國於岐，故曰「岐山」，指國内之地言之也。「亨」，古文「享」字，說具隨卦。由初視四，其勢遠絶，故如升山。自下干上，疑若不順，然致其誠意以感通之，乃順以事上，非干上也，故有福而无咎，此舜尚見帝之時也。既已至四，其勢平矣，故二之升五正如「升階」，二五相交而正，故曰「貞吉」，此堯讓舜之時也。既已至五，无所復升，惟有默升此道而已，故曰「冥升」。九三自巳向申，盈變爲虚，上六從申入亥，虚變爲冥，此乾居西北之時也，故曰「貞」。自物言之，消而不息謂之不富，自道言之，貞復爲元，坤之上六，乾實居之，何不利之有？故曰：「利不息之貞。」

晉衆允悔亡　升允升大吉

晉至於六三然後「衆允」而「悔亡」，升之初六即「允升」而「大吉」者，升坤在上，下升而上允之，則其升也可以「大吉」而无疑。晉坤在下爲衆，已進而衆允之，則其進也免於媢嫉之悔而已。

孚乃利用禴

萃與升相反，而「孚乃利用禴」皆在下卦之中爻，何哉？蓋「禴」所以亨上也，六二求萃于上，九二亦求升于上，故其義皆同。然有小異者，萃之六二自下萃上，上喜而「引」之，固已「吉」而「无咎」矣，而又於其時義當「用大牲」，惟二之事五可以不用，故於「无咎」之下别明此義也。升之九二自下升上，非上之所樂，必如二五之孚，有喜而无忌，乃可用情於五而无咎也。苟上下之閒未能以情相與而强干之，豈所謂巽而順乎？故此句在「无咎」之上，爲本爻之主義也。「孚」者，五用情於二。「禴」者，二用情於五也。

王用亨於岐山

此象須詳玩乃明，初六卦主爲王，巽爲潔齋，六四地在上爲山，王潔齋以升山，故曰「亨于岐山」。王指初，山指四也。

䷮ 坎下兑上 困

彖

困自否變，上九降二而爲二陰所揜，所以成困，故曰：「困，剛揜也」，以成卦言也。雖當坎險，不失兑説，故曰「亨」，以重卦言也。「貞大人吉，无咎」，方[一]在困之時，以剛得中，能以貞勝，以九二言也。否之六二[二]升上成兑，兑口在上而居窮地，「尚口乃窮」，以上六言也。

不失其所亨

當困之時，君子則「不失其所亨」，大人則能致吉而无咎。君子之「亨」，顔子、曾子之困也。大人之「吉无咎」，舜、文王、周公、孔子之困也。惟大人爲能因[三]汙隆而起變化，故否之時，君子避難而大人不害其爲

[一] 方，宋本作「無」。
[二] 二，據宋本、明抄本改，他本作「三」。按上文言否「上九降二」，則升上者必爲二。
[三] 因，通志堂本、明抄本、清抄本作「困」，宋本、四庫本、薈要本作「因」，據改。

「亨」與「吉」也。

貞大人，吉无咎

師「貞丈人，吉无咎」，謂九二也。困「貞大人，吉无咎」，亦謂九二也。聖人恐人謂困之大人不指九二，故不言剛中正，但言「剛中」，明非九五也。卦辭特寘「貞」字於「大人」之上，明能堅固元剛以勝天下之變，如師之御衆克敵，是以謂之「貞」，非以居位得正爲貞也，此即大傳所謂「貞夫一者也」。師貞於法律，故稱丈人。困則貞於道，故稱大人。

致命遂志

「澤无水」則悴，君子无時則躓，時命在天者也，委而致之，非我所能與也，志於仁、志於道，在我者也，雖困而必遂焉，非命所能制也。「致命」象險，「遂志」象說。

下三爻

初六在坎之下，故爲「入于幽谷」，即坎之初爻「入于坎窞」也。九二在坎之中，故爲「困於酒食」，即需之九五「需于酒食」也。六三在坎之上，進則困於九四之石，退則據于九二之蒺藜，動而入巽則爲大過之棺椁，不復與上六相見，三者无一可居，此即坎六三「來之坎坎，險且枕」也。

臀困于株木

此卦爻辭以「困」爲首字者，謂本爻也。「困」上加別字者，皆指應爻言之。初六加「臀」，謂九四也。凡兑之初爻皆稱「臀」，夬之九四、姤之九三，皆兑之正反也。初六與九四爲正應，欲藉以拯困，而九四巽木方顛，爲兑金所毁折，故爲「臀困于株木」之象。初六柔暗，深入坎下而不得陽明之助，是以「不覿」「不明」，必待其終也，初六之「三歲」即九四之「有終」也。凡卦以三爻爲終，三爻既終即與四遇，故雖「不覿」而不言凶。

九二

九二在下未得行道，而酒食以自娱，此所謂「困」也。「朱紱方來」，君道將應，此所謂「亨」也。「利用亨祀」，誠以感神，中以達上，此所謂「貞大人吉」也。循此而行，萬一不利，雖凶亦无可咎，此所謂「无咎」也。九二成卦之主，故爻辭與卦辭相通，凶如孔子之畏、文王之囚，縱使不免，亦何咎之有？

不見其妻，凶

按繫辭謂六三將死，故不得見其妻，非謂妻死而不見也，小象所以謂之「不祥」。諸儒以崔杼一時之占，遂誤其説，特未攷繫辭爾。六三坎體爲夫，上九兑體爲妻，坎爲宫，謂宅兆也。

九四

「困」上加「來徐徐」一句，小象解之曰「志在下」，明此句指初六也，下兩句小象不解。安世按，「困于金車」者，四兑爲金，人所乘爲車，以九乘四，不得其正，不可以有行也，故爲「困于金車，吝」，象所謂「雖不當位」即解此句也。「有終」者，終與初遇，象所謂「有與也」即解此句也。三與四皆不當位，三「凶」而四「有終」者，三乘剛而在險之極，故凶。四居柔而主説，故始雖「徐徐」，終則「有與」，但以不當位爲「吝」而已。

九五

「困」上加「劓刖」二字，指九二也。二方見〔一〕揜於二陰之中，上爲三所劓，下爲初所刖，故曰「劓刖」。五有賢臣而未得其用，故曰「困于赤紱」，言臣道未應也。「乃徐有説」猶九四之「徐徐」而「有終」也。初在卦之始，以得上卦爲「有終」。二在坎之中，以得兑爲「有説」。二稱「亨祀」，亨主天，祀主人，下自中而達上也。五稱「祭祀」，祭地而祀天，言上下皆受其福也。二五本非正應，特以中相得，故二之象曰「中有慶也」，五之象曰「以中直也」。

〔一〕見，宋本、明抄本、清抄本無此字。

紱

程子易傳曰：「以紱言者，義主於行也。」蓋困塞不行，以得行爲亨，故六爻多以行取義，初言「臀」，二五言「蔽膝」，四言「車」，皆行具也。色之赤黄者爲朱，朱，君紱也，赤，臣紱也。二五无應而以中相應，故以君臣言之。至三上无應[一]則直謂之「不見其妻」云。

志在下也　志未得也

志皆謂所[二]應，四志在初而未得，故「來徐徐」。五志在二而未得，故「乃徐有説」。

上六

六三非所當牽而牽之，故爲「困于葛藟」。九五非所當乘而乘之，故爲「困于臲卼」。此小象所謂「未當也」。所處如此，徒用兑口禦人，以動而生悔爲辭，不肯决然捨去，則又可悔之甚也，「有」，讀當作「又」，説在豫六三，此象所謂「尚口乃窮也」。若能斷葛藟而不牽，辭臲卼而不居，行而去之，吉孰加焉？上六徒動而不去則成訟，故自謂「動悔」。若去而之初，則爲漸之「吉」，「吉」[三]在於必行而不

[一] 「故以君臣言之，至三上无應」，宋本此句重復。

[二] 謂所，據宋本、明抄本、清抄本改，他本作「所謂」。

[三] 吉，宋本、明抄本脱此字。

在於徒動，故曰「吉行也。」

䷯ 巽下坎上 井

象

「改邑不改井」，言其體也，九五之剛中似之。「无喪无得，往來井井」，言其用也，水木之上下不窮似之。「汔至亦未繘井」，言下入之時也，九三之「不食」似之。「羸其瓶」，言上出之時也，九二之「甕敝漏」似之。上二句屬井，下二句屬汲者，故凡井之得失備於此矣。或曰象文當云「巽乎木而上水，井。改邑不改井，乃以剛中也。无喪无得，往來井井，井〔二〕養而不窮也。」今按〔三〕，「巽乎水」作「巽乎木」，范諤昌言說也。

无喪无得，往來井井

往者自往，井未嘗喪。來者自來，井未嘗得。人有往來，井一而已。

〔二〕井，宋本、明抄本、清抄本脱此字。
〔三〕按，宋本訛作「接」。

未有功也　是以凶也

幾至而未至者，特未而已，猶可勉而至也。一羸其瓶，綆斷瓶碎，无可爲矣。

木上有水

説者謂運以轆轤，舉以桔槔，爲木上有水。或以木爲井幹。此皆汲者之事，非井之本象也。凡大象皆據自然，无用人爲者，草木之液自下而升，上出其杪，往來而不息者，自然之井也。「勞民勸相」，下養其上，上助其下，相養而不窮者，人事之井也。

勞民勸相

「勞民」者，坎也，「勸相」者，巽也。「千畝其耘，徂隰徂畛，侯主侯伯，侯亞侯旅，侯彊侯以」，勞之也。「曾孫來止，以其婦子，饁彼南畝，田畯至喜」，勸相之也。皆養而不窮之象。晁公武氏曰：「勸之以言，相之以力。」

初　二

初與二爻辭皆具兩象。初在最下而上无應，既如井中之泥水而人不食，然泥猶有禽也，又如舊井之无水而禽不居，則并禽无之矣，故象曰「下」、曰「時舍」。二亦在下之中而上无應，既如井旁泉穴，止能下射泥中之鮒，又如敝漏之甕，不能載水以上出，故象以「无與」解之，明二爻皆无應，但初无水，二有水爲異爾。水屬陽，故卦内陽爻皆爲水，陰爻皆不爲水。谷者，井中之泉穴，已離於「泥」而未至於「渫」者也，「渫」且不食，而況於「谷」乎？況於「井泥」乎？三爻皆在下故也，謂之「時舍」，明非初之罪，時止在此爾。至三而「渫」，至四而「甃」，即此井也，井未嘗變，變者時也。

三　四　五　上

三四在井之中而皆得其正，陽爲渫泉，陰爲甃土，皆井之事也。五與上在井之上而皆得其正，陽爲寒洌而見食，陰爲井口而「勿幕」，皆井之功也。三在下，故「不食」。五在上，故「食」。「甃」與「收」皆陰也，四未及物，故自脩。上已及物，故「勿幕」。

九三　上九

九三陽而能正，故爲「井渫」。未得中位，故爲「不食」。上與之有應，故爲之「心惻」。上比於五，其力可以汲三，故「可用汲」。五在坎中，自三至五爲離，願其爲離，不願其爲坎也，故爲「求王明」。求王明者，非爲私也，將以兼善天下也，故爲「並受其福」。上九在上，當井口之成，「勿幕」足矣，又曰「有孚元吉」者，推賢揚善，出於惻怛之誠心，則井渫見汲而天下並受其福矣，在上者必如是而後爲大成，故曰「元吉在上，大成也」。「收」者，井口之名也，今俗閒謂之收口。

无禽

初之「禽」即二之「鮒」也，常處泥中，得水則活，故舊井无之。沙隨程迥曰：「字書『鮒』作『蚹』，蝸牛也，汙渠中多有之。」今按，巽爲蟲，則蝸牛近是。

九三小象

上六之「心惻」非爲私應也，行者皆惻，吾安得不惻？此以明好賢之公心也。九三之「求王明」非爲富貴也，將使上下皆受其福，此以明慕君之本心也。象之發明爻意大率如此。

行惻　有孚

上六之「有孚」，即九三之「心惻」也。人之相與，苟非中心惻怛，何以見其「有孚」？外雖相與而中无惻怛之念者多矣，第五倫所謂「一夜十起，退而安寢」〔一〕者是也。九三爻言「心惻」，象言「行惻」者，奇寶橫道而不收，則行路之人皆嘆息之矣，况在上而爲之應者，能不動心乎？故象以「行」言之，所以深明其當然也。

泥　甃

「泥」與「甃」皆陰也，初六不正而在下，故不能自脩而爲「泥」。六四正而在上，故能自脩而爲「甃」。「甃」所以禦「泥」而護泉者也，有閑邪存誠之功，故爲「脩井」之象。

〔一〕後漢書卷五十一：「一夜十往，退而安寢。」

中正也

井卦三陰皆爲土，初之「井泥」、四之「井甃」、上之「井收」是也。三陽皆爲水，二之「射漏」、三之「井渫」、五之「寒洌」是也。二中而不正，其水旁射而入於「泥」。三正而不中，故其水雖清而「不食」。五既正又中，是以清且「食」也。

周易玩辭卷第十

䷰ 離下兑上 革

彖

革自大壯變，六五降而爲二，九二升而爲五，二五相變故謂之革，此其所以爲湯武之事也。二五既革皆得其正，然後天下信之，故爲「巳日乃孚」，爲「大亨以正」，爲「革而當，其悔乃亡」也。事理明白於下，人心説從於上，我无掩蔽，彼无疑阻，革必如是而後爲當。

巳日乃孚

其未革也，「巳日乃革之」。其既革也，「巳日乃孚」。在初九則「不可以有爲」，在九三則「革言三就」而後「有孚」。革之難如此，可不謹歟？

水火相息

此以水火明澤火之異，非以水解澤也。舊以「息」與「革」合説，誤矣。水男火女，故可以「相息」。水以木生火，火以金生水，有生息之道焉。至澤與火則不然，澤，女也，火亦女也，二女同居，无生息之理。離火至秋爲澤所變，故謂之革。凡男女相遇皆有相濟之義，故交則爲既濟，分則爲未濟，皆相得之象也。二女相值皆无相得之情，相畜則爲革，相違則爲睽，皆不相得之象也。

澤中有火

水在澤下謂之无水，言當有而伏。與无同也。火在澤下謂之有火，言非其地，不當有也。火旺於離，遇兑而伏；澤已在上，火已在下，寒當革暑，陰當革陽，无可疑者。然而方伏之時，火氣猶盛，人見爲有不知其將革也，革之所從來久矣，故曰「巳日乃孚」，又曰「巳日乃革之」，天之道也。

治歷明時

「澤中有火」，天之革也。「治歷明時」，人之革也。凡改世者必治歷，改歲者亦必治歷，治一世之歷者，可以明三正五運之相革，治一歲之歷者，可以明十二歲六十甲子之相革。兑爲巫史，「治歷」之象也。離爲日中，「明時」之象也。鄭夬曰：「澤中有火，爐故根也，治歷明時，變前正也。」此説甚美，然焚萊之事終是人爲，六十四卦无人爲之象也。

六爻次序

革之六爻自初至終，其時序皆可推攷。初九在事之初，居卦之下，才雖可爲而時與位皆未可革，故曰：「鞏用黄牛，不可以有爲也」，此伊尹耕莘、二老居海濱之爻也。六二已過初而得中，有中正之君與之相應，可以有爲矣，故曰：「巳日乃革之，行有嘉也」，此伊尹就湯、二老歸周之爻也。九三居下卦之終，世道將革而强很自用，罔有悛心，若是者動凶静危，无一利者，將爲人所革者也；衆言三就以爲當革，則其勢必革，斷可信矣，尚何所逃哉？故曰：「革言三就，又何之矣」，此桀紂之爻也。至九四則時已革而成悦矣，夫革之而民悦，則革之湯武是也，故曰：「改命之吉，信志也」，此南巢、牧野之事也。九五以天下文明之德，來居萬物咸覩之位，「其文炳」然，革不足以言之，「未占有孚」，孚不足以言之，此湯之「有事於四方，若卜筮罔不是孚」，武王之「垂拱而天下治」也。至於上六則革之終、説之極也，夫革之效至於使君子蔚然而成章、小人回心而向道，則王道成矣。當是時也，爲武帝之紛更諸事則凶，爲成康之持盈守成則吉，故曰：「征凶，居吉」，此則周成康、漢文景之爻也。

六爻變義〔一〕

革自大壯來，初九不變，在大壯爲「壯于趾」，爲「征凶」，故其在革亦「不可以有爲」。六二本九二所變，

〔一〕義，宋本訛作「儀」。

在大壯則爲「九二貞吉」，以不變言也，在革則爲「征吉」，爲「行有嘉」，以變言也。九三不變，在大壯爲「貞厲」，爲「觸藩」羸角，故其在革亦爲「貞厲」，爲「征凶」。九四不變，在大壯爲「悔亡」，爲「尚往」，故其在革亦爲「悔亡」，爲「改命吉」。九五本六五所變，在大壯爲「喪羊」，至革則爲「虎變」。上六爻雖不變而其體變矣，在大壯爲「羝羊」，至革則爲「豹變」，明二爻皆自羊變而成也。自大壯之革，上卦復兑象，當爲羊，而反變爲虎豹者，革之九五自大壯九二乾爻來也，乾兑屬金，皆有虎象，而兑爲陰金，乾爲陽金，故專兑則爲羊，兑雜乾則爲虎。就虎類言之，陽者爲虎，陰者爲豹，虎大而豹小也。故九五爲虎，上六爲豹，觀朱子發尾火虎、箕水豹〔一〕之説，可見其辨矣。上六本不變，因五之變而成革，故曰「小人革面，順以從君也。」

鞏用黄牛之革

「黄」，中也，「牛」，順也，中順者，六二之德也，其言於初九何也？初九用六二之德也，故〔二〕曰「鞏」。「鞏」者，外束内也。方事之初，未可革也，而初九以剛居之，故爲之設戒，但當束以六二之德而不可以自用也。六二自大壯六五來，大壯六五即遯六二之反對，其辭故曰：「執之用黄牛之革」也，以自守則曰「執」，以制他人則曰「鞏」，明以遯二制革初也。革主變更，此皮革也亦得借用者，居初而用二，亦革己從人之義也。

〔一〕漢上易傳卷五：「考之天文，尾爲虎，火也。箕爲豹，水也。」

〔二〕故，宋本、明抄本作「固」。

有孚

「巳日乃孚」，革之常數也。「未占有孚」，大人之盛德不可以常數言也。「革言三就，有孚」，因三就而知其有孚也。「有孚改命，吉」，因有孚而知其可革也。

革面

「小人革面」，非謂面革而心不革也。若其心不革，何以謂之「有孚」？面者，向也，古語「面」皆謂「向」，如牆面、王面、南面皆是。當是時也，小人易向而遵王之道矣，故曰：「小人革面，順以從君也」。君子本與君同向，因是而追琢成章爾。小人本不同向，故以「革面」言之。

大人　君子

九五革之主，故曰「大人」，以君德言之也。上六革之效，故曰「君子」「小人」，以臣民言之也。

☲☴ 巽下離上 鼎

元亨

屯、隨、臨、无妄、升、革之「元亨」皆爲「大亨」，獨大有、蠱、鼎爲「元亨」者，應大中之運，建萬事之統，受惟新之命，皆有大始正本之義也，「大」從「亨」言之，皆事之成效，「元」主事本言之，不以「元」附「亨」也。卦辭有「吉」字者，誤也。

鼎，象也

「鼎，象」者，不必取卦畫以象形，蓋言以鼎名卦，非實鼎也，特取之以爲象耳。凡卦名之用物者皆然，特於鼎發之者，其爲天下國家之重器，恐學者止以此器論之，則其義局矣。然止就其器推之，「亨以亨上帝，大亨以養聖賢」，亦國家之重禮、聖人之盛德也，況以其象推之，其庸有既乎？以二卦言之，巽入乎下，則鼎之足、腹也。聰明於上，則鼎之耳、鉉也。此可以象其形矣。以二五言之，「柔進而上行」即水氣之上蒸也，「柔得中而應乎剛」即火氣[一]之下得也，此可以象其用矣。鼎能如此則足以成烹飪之功，爲祭祀之首，君能如此則足以調一天下，爲萬國之首，皆「元亨」也，故曰「鼎，象也」，其此之謂歟？凡祭祀之禮，以羹定爲行事之始。

以木巽火　木上有火

以木入火則象鼎之烹飪也，「木上有火」自取其氣之上蒸。先儒於「木上有火」亦以烹飪釋之，非也。凡象與大象无同用者。

[一] 氣，宋本訛作「齊」。按上句言「水氣」，則此處亦當作「氣」。

大烹

「大烹」非尊大之也，「大」猶廣也、多也，天下之聖賢非一人也，不廣且多，不足以養之，猶後之詩人思得廣廈以大庇天下之士〔二〕也。

木上有火〔三〕

鼎之「木上有火」，猶井之木上有水，非井、鼎之本形也，特象之耳。草木皆具水火之氣，其生也水氣升於上，水至木杪則爲滋液，象井泉之上出也。其成也火氣見於上，火至木杪則爲華實，象鼎氣之上蒸也。君子觀井之象則當務民於下以豐其液，觀鼎之象則當恭己於上以凝其氣。存神以息氣，人所以凝壽命也，中心无爲以守至正，君所以凝天命也。火之光雖在木上，而其命必藏於木，木盡則火亡矣。「正位」以象離，離爲聽政之位。「凝命」以象巽，巽爲命。

初六　九四

初與四皆在本卦之下，故初爲「趾」、四爲「足」，兩爻皆不正，故初爲「顛趾」，四爲「折足」。然初「未有實」，則「顛趾」有時而爲「利」，爲其可以「出否」也，如人未有子，則賤妾有時而可親，爲其子之貴

〔二〕士，據宋本、明抄本、清抄本改，他本作「志」。

〔三〕宋本、明抄本、清抄本此後多一「鼎」字。

也，故「无咎」。四已「有實」而折其足，則餗翻而形汙矣，欲不凶，得乎？夫居公位而載鼎實，大事也，不正之人誠何足以當之？故曰：「信如何也」。此兩爻明人有小累，有時而可用，而國之大任不可以妄居也。

九二

九二以剛居中，「鼎有實」矣。未實之初，鼎尚可顛，既實之後，當謹其所之，不可妄動。初雖與我比而成偶，然其人有「顛趾」之疾，不可近也。二能守其實以從「黃耳」之正應，使「顛趾」之人不得相近，則可免於覆實之尤矣。

鼎耳革　鼎黃耳

三四皆在中爻而取象不同，四居上卦之下，故爲「足」，三居下卦之上，故爲「耳」。六五中虛，得爲耳之道者也，故能受九二之「金鉉」以爲實。九三以剛自塞，則耳道「革」矣，故雖有上九之「玉鉉」而行不得通，雖有「雉膏」之[一]美而人不得以爲食也。「雉膏」指上卦，離爲雉，肉之甘美者爲膏。六五疑於柔，懼其變也，故「利貞」。九三過於剛，欲其變也，故以「方雨」爲吉。九三動成坎雨，則與上相應，雖有自虧之悔，終有得應之吉。鼎六爻獨九三、上九不相應，與諸爻相反，故謂之「革」。革者，鼎之反也，此兩爻明中虛則

〔一〕宋本「之」字重復。

能用賢，不虚則雖有聖賢不能用也。

中以爲實

「中」者，五之「黄耳」。「實」者，二之「金鉉」。其言「中以爲實」者，明五本无實，特用其中以爲受實之地，此即象之「得中而應乎剛也」。九二自稱之「實」，指鼎中之「餗」也，此稱二爲「實」，復指爲「鉉」者，在腹言之爲「實」，在耳言之爲「鉉」，皆以剛居中之象也。

金鉉　玉鉉

「金鉉」，實用之物也。「玉鉉」，爲文而已。二五君臣相交以治鼎事，故以實言之。上九鼎實已成无所復治，故曰「玉鉉在上」，明設而不用也，飾以寶玉陳之廟庭而已。上九居離之極，當文盛之時，如功成治定，无所復爲，但當制禮樂以文太平，此所以「大吉无不利」也。井之六五，寒泉已食，井事已成，上六居井口亦无所爲，故曰：「元吉在上，大成也」。鼎之烹物，以剛柔得節爲成，故不言「成」而言「節」，加「剛柔」二字，又見二五之功至此而就也。井鼎之實皆利於上行，故上爻之「吉」皆同，井陰在上，故猶戒其「幕」，鼎剛在上，其德如玉，无可戒也。

剛柔節也

凡烹飪之事，以剛柔得節爲功，文王世子曰：「食上，必在，視寒煖之節」，寒煖即剛柔也。「食醫」曰：

「凡食齊視春時，羹齊視夏時，醬齊視秋時，飲齊視冬時」。「烹人」曰：「掌共鼎鑊，以給水火之齊」，齊即節也。水火冬夏皆剛柔之號也。凡易中「節」字皆謂數度之宜，非若俗閒以裁減爲節也。

䷲ 震下震上 震

卦辭

震有二義，有自畏而震者，有震而使人畏者，二者皆足以致亨也。「震亨」二字蓋總言之，此下却分出二義。「震來虩虩，笑言啞啞」，此以自震而致亨者也。「震驚百里，不喪匕鬯」，此以能震人而致亨者也。彖中雖脱「不喪匕鬯」一句，只如此讀，義亦无欠也。

驚懼

驚者未必懼也，故爲遠者言之。懼則既驚而又懼焉，故爲邇者言之。國君立子以嫡，无嫡以長，无長以賢，皆取其威重而民震之也。晉之公子雍、楚之王子比，皆以德位素輕，民无震焉，故不足以爲祭主也。古國不過百里，「震驚百里」猶威震其國也，宗廟社稷皆沿「百里」言之。

出可以守宗廟社稷

出即「帝出乎震」之「出」，先儒謂君出而太子守者，非也。

大象

「恐懼脩省」，所謂「洊」也。人能恐懼，則既震矣，又脩省焉，「洊」在其中矣。

震兑

君子之所震，「恐懼脩省」而已，非皇遽失守也。君子之所説，「朋友講習」而已，非佞媚苟親也。或震或説，无非切身爲己之學。

六爻總義

震以一陽爲主，下卦之震者，初九也，上卦之震者，九四也。初九之震在己爲恐懼，二乘之爲「厲」，三稍遠，則其聲「蘇蘇」而漸緩矣。九四之震陷於坎中，雖在己爲「未光」，五乘之亦爲「厲」，上稍遠，遂「索索」而无聲矣。

初九　九四

初九爲下震之主，當「震來虩虩，笑言啞啞」之象。九四爲上震之主，當「震驚百里，不喪匕鬯」之象。初九因二來而成震，自震者也，故曰「震來」。九四，我往而成震，出而震人者也，故不言「來」。然而初九以一陽動乎二陰之下，得震之本象，故其福與卦辭合。九四以一陽動乎四陰之中，則震變成坎，震而遂陷于泥，无驚遠懼邇之威，故不能如卦辭之光大也。

後有則也

「則」者，其常度也。初因二四之變其則，所以震懼，震復爲臨，二四各還其則，則初得其正應矣，「笑言〔二〕啞啞」者，始相失而後相遇，歡欲之極，聲氣之和也。卦辭統論一卦，始終皆在其中矣；爻辭自初爻言之，故加「後吉」二字，明「吉」在成震之後也。

初　上

震之六爻，初最先震，上最遠於震，初之「震來虩虩」，其恐甚矣，故其「笑言啞啞」，樂亦稱之。上則不然，其於震也，「索索」然若有而若无，未嘗如初之恐。故其於中也，「矍矍」然若有求而未得，亦不如初之樂也。「笑言」者，心之聲也。視聽者，心之則也。不得於中而求於外則凶，故爲「征凶」。若能因此自震，不以其躬之遠於震者爲安，而以其鄰之迫於震者爲法，能畏懼驚〔三〕戒以從事於中，則雖「凶」而「无咎」矣。人必恐懼而後有得，上惟不震，是以「中未得也」。五惟震厲，是以不喪其中。故聖人欲上六之法之也，上動而征則與三爲婚，不征則與三无應，故「有言」。「有言」，小故也，而免於「征凶」，所補大矣，故「无咎」。

〔二〕言，宋本、明抄本、清抄本作「曰」。

〔三〕驚，宋本訛作「警」。按卦辭言「震驚百里」，項氏又專立「驚懼」一條，則作「驚」是。

六二　六五

重震自臨變，九二往四而成上卦，六四來二而成下卦，二居下震之上，故稱「來」，五居重震之上，故稱「往來」。二之所謂「來」者，自取之也，故二之自省在其所懷之資爲有所喪。昔之九二，今爲六二矣，故曰「喪貝」，言喪其資也。「躋于九陵」，升于四也。五之所謂「往來」者，二往而四來，五无與焉，〔一〕故五之自省在其身爲无所喪。二雖喪資，仍得中位，故戒以「勿逐」，逐之則資與位俱喪矣。五雖「无喪」不當，但已必有事焉，所以示脩省之義也。「勿逐」者，守其中也。「有事」者，行其中也。六二爲正中，六五爲大中，故曰：「其事在中，大无喪也。」

九陵　七日

易之數九者變，七者不變，二躋于四則臨變成震，故曰「九」。自二至四互〔二〕艮，故曰「陵」。二「勿逐」則不變，故曰「七」。動則二歷三、四爲九，不動則二與五對爲七。

億

「億」，度也，二五之「厲」即震之「恐懼」也，二五之「億」即震之「脩省」也，兩爻皆在中主心，故

〔一〕自「五之所謂」至「无與焉」，宋本、明抄本、清抄本作「五之所謂往來，四五无與焉」，四庫本脱「二」字。

〔二〕互，宋本訛作「玄」。

具「恐懼脩省」之義。

乘剛也

屯「六二之難，乘剛也」，豫「六五貞疾，乘剛也」，噬嗑六二「噬膚滅鼻，乘剛也」，困六三「據于蒺藜，乘剛也」，震六二「震來厲，乘剛也」，小象稱「乘剛」者五[一]卦，除困六三一爻乘坎，其餘四[二]卦皆震之第二爻也。蓋初爻以陽動於下爲成震之主，如雷之作，威怒方興，凡乘之者皆不得其安也。歸妹卦辭言「柔乘剛」，亦六五乘震九四言之。

危行也

「安行」者，安分而行，不可危也。「危行」者，危懼而行，不得安也。六二遇初震猶危，況五之重震乎？五雖失正難安而以中爲大，當危懼之時，欲其皆不失正，難矣！惟安從[三]事於中，勿喪其大者而已，故曰：「其事在中，大无喪也。」

六三　上六

六三之「蘇蘇」，上六之「索索」，皆震遠而聲小，不足於恐懼者也。三則曰：「位不當也」，明三之當行

[一] 五，宋本、明抄本訛作「六」。
[二] 四，宋本、明抄本、清抄本訛作「五」。
[三] 安從，通志堂本二字中间空一字，但非缺字，而是底版涂抹改字之迹。宋本此二字作「當」。

也。上則曰：「中未得也」，明上之當反而不當行也。六三去下震遠，而居位不正，行則入於上震，可以知懼，而又以六居四，可以得正，妄行則有眚，如六三之行爲不妄矣，故曰：「震行无眚」。上六居位本正，但未得中爾，反而從五，則可以得中，又近震可以知懼，行而出外則去中愈遠愈无所震，又與其正而并失之，故曰：「征凶」。

䷳ 艮下艮上 艮

艮其止

卦辭爲「艮其背」，彖爲「艮其止」，晁説之氏曰：「彖亦當爲『艮其背』，自王弼以前，无『艮其止』之説。」今按，古文「背」字爲「北」，有訛爲「止」字之理。

上下敵應，不相與也

上下敵應，八純卦皆然，而獨於艮用爲卦義者，他卦象雖相敵，情自相與，惟艮則上下二卦陰陽各正，其性而无外求之情，故有不相與之義。陽上而陰下，一陽而統二陰，皆天下之定理，不可復加損也。

時止則止，時行則行

新安朱先生曰：「『艮其背，不獲其身』，止於止也。『行其庭，不見其人』，止於行也。」安世按，彖辭揭「艮其背」於上，而總結之曰「是以不獲其身，行其庭，不見其人」，則此三句皆自背言之也。夫背者，自視則不獲其身，行於人之庭則不見其人，蓋或止或行，皆无所覩也。

不獲其身　不見其人

姚小彭氏曰：「言『輔』不言『口』，言『身』不言『面』，言『夤』不言『心』，言『限』不言『腹』，言『腓』不言『股』，言『趾』不言『足』，皆『不獲其身』也。『敵應』而『不相與』，『不見其人』也。『夤』字從肉不從夕，字書作『脢』。」

大象

兩雷兩風兩水兩火兩澤，皆有相往來之理，獨兩山並立，各止其所，不相往來。人之一身至易止者背，至難止者心，能使心之所思各止其位，不貳不雜，則可以言止矣。「位」字又見艮上艮下之象。

六爻

艮之六爻當以彖解之，彖曰：「時止則止，時行則行，動静不失其時〔二〕，其道光明」，言艮非冥然而止也，

〔二〕　其時，宋本脱此二字，明抄本、清抄本脱「其」字。

隨時制行，各止其所，其義至明而不可亂也。初六當可止之所，止之斯止矣，然其德疑於不正，故曰「利永貞」，又曰「未失正也」。六二居「腓」，非可止之所，乃不肯退聽而强止之，終不可得而止也，故曰「其心不快」。九三居上下之交，亦非可止之所，乃肆其剛而强止焉，「限」分而爲上下，「夤」裂而爲左右，心居其閒无所依託，此分崩離析之時，禍將及君之象，故曰「危薰心也」。腰膂皆有力之處，故以純剛者象之。六四在輔之下，腰膂之上，正當「艮其背」之地，在諸爻之中獨得其所止，故合於卦辭之「无咎」，象恐人誤以身爲正面，故以「躬」解之。傴背爲躬，躬者見背而不見面也。六五與二皆制於上爻者也，然二在下體爲「腓」，腓之行止一聽於股，故无自止之理。五在上體爲「輔」，輔之開闔得自專之，非上咢之所能制，故亦爲可止之地。自背視之，得〔一〕見其兩「輔」之不動，則知其「言」之必「有序」矣，故二「不快」而五「悔亡」。五與二相類，五不正而二正，疑其有悔也，五能以中補正，故曰「悔亡」。上九與三相類，皆一卦之主也，然九三當上下之交，時不可止而止，故危。上九當全卦之極，時可止而止，故「吉」。聖人於三謂之「限」，於上謂之「終」，「終」則時之所當止，「限」則人之所强止。故吾謂六爻當以象辭解之者，此之謂也。

其心不快

初雖不正而可止，故聖人以「未失正」許之。二雖正矣而不可止，故聖人閔其心之不快，止非其所，其害

〔一〕得，宋本作「但」。

如此，此淵明之所以恥於心之爲形役也。「不拯其隨」，是不能令也，「其心不快」，是又不受命也，故象以「未退聽」釋之。

六四　上九

象曰：「艮其背，不獲其身，行其庭，不見其人，无咎」，惟六四一爻足以當之。象曰：「兼山，艮，君子以思不出其位」，惟上九一爻足以當之。

以中正也

姚小彭氏云：「凡六居五，當作『以正中也』，亦於韻爲叶。」

敦艮

上九於六爻當爲首，不言首而言「敦」者，爻義在重艮不在首也。姚氏曰：「爾雅謂『丘再成爲敦』〔一〕，所以明『兼山』之象也。」審如是，則象莫明於敦矣，又何首之云乎？

咸　艮

咸艮二卦取象相類，咸主心，故言「拇」、言「股」、言「心」、言「頰舌」，皆在前者也。艮主背，故言

〔一〕爾雅釋丘：「丘一成爲敦丘，再成爲陶丘」。

「趾」、言「限」、言「躬」、言「輔」，皆在後者也。惟咸之二、五獨取艮之「腓」「脢」者，兩爻皆安居其位，有艮之象焉。二，艮之中爻；五，伏艮之中爻也。艮四爲背，故五爲「輔」。咸四爲心，故五爲背肉，上爲「輔」，又上〔二〕兑爲口，則「輔」宜在上也。

漸（艮下巽上）

彖

彖本用解卦辭，而説者多訛其義，今辨之。「漸之進也，女歸吉也，進得位，往有功也，進以正，可以正邦也」，此六句解「漸，女歸吉」四字。「其位剛得中也，止而巽，動不窮也」，此四句解「利貞」二字。上段言「漸之進也」，以位言之，則有「得位」之功。以德言之，則有「正邦」之效。有是二者，所以爲「漸，女歸吉也」。下段因上段之文而推衍之，所謂「進得位」者，九五是也。以剛居中，得天下之正位，君子之所守如此，所謂「貞」也。所謂「進以正」者，兩卦之德是也。艮止於内則不妄進，巽以行之則不驟進，自然所向皆利而

〔二〕上，宋本重。

不至於窮，君子之所行如此，所謂「利」也。先釋「貞」字，後釋「利」字者，明「利」之主於「貞」也。正則「質直而好義」也，巽則「察言而觀色、慮以下人」也，動不窮則「在家必達、在邦必達」[二]也。凡女之進、士之進皆當如此。

大象

漸之「居賢德」即夬之「居德」也，古書「居」皆訓積，如書之「化居」、易之「居業」皆是也，漢人猶言居積。積德者忌決而喜漸，漸則增，決則散矣。「居賢德」以象艮之止，「善俗」以象巽之入，德不積則其入人也不深，不足以「善俗」也。

六爻取象

初在艮之麓而爲「干」者，水涯爲干，上有互坎也。二高於初，故爲「磐石」，漢郊祀志作「般」，孟康云「水傍堆也」，堆固高於涯矣。三又在上，故爲「陸」，「陸」在水中則塘上路也，知然者，三正在坎中也。四在巽木之初當爲根，以在上卦，故爲「桷」。三四皆人爻，「陸」在人下，「桷」在人上也。五爲「陵」，上爲「逵」，皆對下卦言之。五對二爲高，故爲「陵」，「陵」高於堆者也。上對三爲高，故爲「逵」，九達之「逵」

[二] 論語顏淵此兩句順序顛倒。

高於水中之「陸」也。人立於九達之逵而望飛鴻之羽，其勢又高。巽爲高而在上卦之上，故其象如此。

下三爻

漸之下三爻言始進也，上三爻言進而有得也。「鴻」，水鳥也，初始離水而至于干，其進不速，猶在水土之濱，窮迫之地，小憂小故時時有之，然而寧止於此而不進，則於大義固无失也。二已離「干」而至于「磐」，去水土而得石，有「飲食」之樂矣，則又止而不進，非徒安於自養，義不可以輕進也。兩爻皆柔而能止，故得漸進之義如此。三爲艮主，自應能止，然以純剛之質，當漸進之時，乃在互坎之中，正得「山上有水」之象，聖人懼其進而犯難也，故有勸戒之辭焉。「征」「孕」皆「凶」，言不可進也。「利」在「禦寇」，言可止也。三「征」則離艮而入巽，故有「離」其「群醜」之悲。孕生者下首，今乃上進，故失生育之道。凡行，上爲逆，下爲順，剛止於外，下蔽二陰，與之相保，共禦寇賊，則順道也。「群醜」謂儕類也，詩曰：「從其群醜。」

上三爻

上三爻去下之止而入上之巽矣，故皆言所得之位。四始離下，擇木而栖之，遽得其「桷」而人不忌之者，以柔居柔，爲順之至，而又能巽，所以進而得安也。五居尊位大中，得其所願，漸之遂志者也。既居正室，雖三歲无子，而一卦之中无與比者，不假有子而自不可勝，妾以子貴，婦以位貴，以正進者其效固如此也。彖辭自「漸之進也」衍而上之，極於「其位剛得中也」，蓋至此而後「得所願」矣。上九漸道之成，著于九達之衢，國人望之以爲儀表[二]，此蓋元老舊臣筋力已衰而在賓師之位者，譬如望飛鴻之羽於九達之「逵」，但見其次序之不可亂，亦足以儀刑衆庶，使諸大夫國人有所矜式，不待見之行事也。

小子厲，有言

「小子」對「丈夫」言之，「小子」居之則危厲而難安，士窮則困於流俗，語言小故亦所不免，但於大義无咎，此固大丈夫之所安也。元稹初時亦不肯苟合，特以資本不洪，故不能堪困躓之厄，受衆多之口，遂改途而妄進矣。艮爲少男，故以此戒之。

九三孕　九五不孕

九三言「征凶[三]」「禦寇」者，在坎中也，坎爲難，「征」則有兵難，「孕」則有産難，設險守國則「利禦寇」。九五「不孕」者，互離也，坎爲血卦而中實，故孕，離爲大腹而中虚，故不孕。又已出坎三爻之外，則无産難矣，故爲「三歲不孕」。凡稱「歲」者皆指陽卦，同人指乾，豐指震，漸、困、坎皆指坎。既、未二卦指離言之，則稱「三年」也。

[二] 儀表，宋本作「表儀」。
[三] 凶，宋本、明抄本、清抄本作「孕」。

于逵

胡安定以上九之「陸」爲「逵」，是也。此卦爻辭協韻當然，然不必謂之「雲逵」，逵自是九達[二]之道，鴻之漸于逵者，非降而在逵也，飛而過之，如六鷁之過宋都。通道大逵，衆所共仰之地也，爻辭恐人真以爲鴻有立於逵者，故繼之以「其羽可用爲儀」，其象明矣。若曰「雲逵」，是猶以爲鴻真在逵也。

咸　漸

玉山徐焕曰：「漸以男下女，故吉。向使巽先艮動，不待男之先下而巽入之，則爲蠱矣。」安世謂損之反咸，亦猶是也。

兌下震上 歸妹

卦名

歸妹不必曲説，但嫁皆女之少時，故古之言嫁者例曰歸妹。易「帝乙歸妹」、詩「俔天之妹」是也。男三

［二］逵，宋本、明抄本作「逵」。按此以「九達之道」解「逵」之義。

十而娶，女二十而嫁，男常長，女常少，故曰：「所歸妹也」。今國家帝常呼后爲妹，蓋相沿久矣。

咸　恒　漸　歸妹〔一〕

咸、恒、漸、歸妹，夫婦之道備矣。漸「止而巽」，將嫁之時，女待男之禮也。恒「巽而動」，既嫁之後，婦從夫之義也。歸妹「説以動」，男女初婚之情也。咸「止而説」，夫婦終身之好也。然獨此卦名歸妹者，震東兑西，夫婦之正位也。

天地之大義　人之終始

「有男女然後有夫婦」，天地之大義也。「有夫婦然後有父子」，人之終始也。是故「昏禮不賀，人之序也」，言故者終而新者始也。萬物興，亦言舊廢而新興也。

征凶无攸利

以卦德言之，凡説而動皆不正之事，自歸妹之外皆不可行，故曰「征凶无攸利」。以卦象言之，以長男之年，慕少女之色，未有不爲身之災、家之醜者，亦「征凶无攸利」也。凡此皆一卦之大義，而彖以爻位推之，則二四以陽居陰，有男以不正從女之象。三五以陰居陽，有女以不正從男之象。行皆失正，故爲「征凶」。上

〔一〕 妹，宋本、明抄本、清抄本無此字。

卦以六五乘九四，下卦以六三乘九二，有夫屈於婦、婦制其夫之象，故爲「无攸利」。

征凶　征吉

六三自全卦言之爲「征凶」，原其始之妄動也。自初九言之爲「征吉」，要其終之反歸也。泰四動爲三而成歸妹，故「凶」，歸妹三反歸四而成泰，故「吉」。

大象

「澤中有雷」，卯入於酉，猶男入而從女，此夜居於内之時也，故隨爲向晦入息之象。「澤上有雷」，酉復從卯，猶女出而從男，此物終復始之時也，故歸妹爲「永終知敝」之象。夫物生而必終，有以永之則不終。事久而必敝，有以知之則不敝。故雖長男必娶少女，所以續終而承敝也。君子觀歸妹之象，則知物物事事无不然者，其可不知所以永之乎？震爲反生，能「永終」矣。兑爲毀折，能「知敝」矣。坤之「代有終」即此「永終」之義。

跛　眇

「跛」「眇」皆謂六三，泰之三四相易而成歸妹，初九當以六四爲婦，四者，五之「娣」〔一〕也，故「歸妹以

〔一〕娣，宋本、明抄本作「妹」。

娣，以恒也」。以四歸初，固其恒理也，今四降爲三，雖與初同體却不相承，故如兩足而跛其一，言其非正配也。三征而反于四，正與初相承，然後爲吉，故曰：「跛能履，吉[一]相承也」。三之所謂「反歸以娣」者，此也。九二當以六五爲婦，三雖與二相比，亦非正配，故如兩目而眇其一也，爲九二者但當守「幽人之貞」以俟正配，然後不失其常，故曰：「利幽人之貞，未變常也」。履與歸妹下卦皆兑，履之九二「幽人貞吉」，六三「眇能視，跛能履」[二]，故歸妹亦取以爲象。初在下，故言「跛」，二當互離，故言「視」。若其義，則皆欲其必待正配而不妄娶也。

歸妹以須　歸妹愆期

「須」者，賤妾之名也。六三本泰之四，於五爲「娣」，於初爲正應，今乃降而居三，求附於初，遂成婢妾，不得與君子相當。若能自反於四，以「娣」而歸初，則足以與之相當矣，故曰：「歸妹以須，未當也。」四本應初，因與三相變遂成「愆期」，然其志蓋有待也。遲者，待也，待三之反，則「有時」而得所歸矣，故曰：「愆期之志，有待而行也」。三者，女之自失者也，四者，女之自重者也。

不如其娣之袂良

泰之六五，女君也。六四，娣也。五居中而以貴行，方切自重，四降爲三，遽往就下而招二焉。袂所以招

[一] 吉，宋本、明抄本、清抄本此字之前衍一「征」字。

[二] 此句中兩「能」字，宋本、明抄本、清抄本無。

人，非女君之所肯爲也，故曰「其君之袂不如其娣之袂良」。然而妾終不可以當夫，媵終不可以踰嫡，二五之相當如日月之相望，待其時至則正配自合，而「吉」在其中矣。小象下兩句解上兩句，法與需上六同。

上六

上與三爲夫婦，而三變爲四，上遂无夫而謂之「女」，四亦无妻而謂之「士」。「女」无陽以爲「實」，「士」无陰以爲「血」，此象死而失耦及生而相棄者，皆天下之窮民也，故「无攸利」。在君臣之際，則李德裕之喪武宗、周世宗之失王朴是也。大抵歸妹之諸爻，止因三四易位，遂皆失其正應，獨二五之應无恙，然二爲三所招，五爲三所先，亦幾於失應矣，賴兩爻皆中，二能守「貞」，五能待「望」，故五僅得「吉」而免於「征凶」，二僅得「利」而免於「无攸利」也。

周易玩辭卷第十一

䷶ 離下震上 豐

王假之

凡物皆有豐，惟王之豐爲足以極其至也，故曰：「王假之，尚大也」。孔子曰：「嚴父莫大於配天」，孟子曰：「尊親莫大乎以天下養」[一]，易曰：「崇高莫大乎富貴」，老氏曰：「王亦大」，皆此意也。

勿憂

既豐矣，而言「勿憂」者，有大則患失其大，「无疆惟休」則「无疆惟恤」，此古今之至情也。漢高祖之除彭、韓，繫蕭何，疑陳平，唐太宗之殺劉洎、李君羨，皆既豐之後憂之深也。聖人曰：是不必憂，愈憂則愈

〔一〕 孟子萬章上：「尊親之至，莫大乎以天下養。」

惑，非保大之道也。君人者，昭吾明德，如日之中，照臨下土，豈有陰慝敢干其閒哉？如此則不必憂矣。雖然，日月〔一〕爲高矣，猶有昃食之虞，天地爲大矣，猶有盈虚之變，人之智不免於死生，鬼神之靈不免於聚散，則豐亦豈吾之所能常有？就使失之，亦常理也，又豈憂慮之所能如何哉？此聖人極言「勿憂」之理，而因以足卦辭「日中」之義，使知中者人之所當勉，而昃亦非人之所能爲也。

宜日中

大抵豐卦皆以明爲主，故下三爻皆自明而无咎，上三爻皆暗，以能求明爲「吉」，不能求爲「凶」，此所以「宜日中」也。

盈虚消息

盈虚者，消息之極。消息者，盈虚之漸。消，浸亡也。息，浸長也。

人乎　鬼神乎

人者，形之盛也。鬼神者，氣之盛也。天地者，形氣之大者也。一盈一虚猶隨時而消長，則形氣之運於其閒者從可知矣。

〔一〕月，宋本脱此字。

噬 豐 賁 旅

動而明人者爲立法，既明而後動者爲斷刑，明以止者爲雖明而不敢速，止而明者爲雖慎而不敢留。立法者，雷電始作而未至。斷刑者，雷電至矣，聲光並至，所以爲大。「折獄」用明象電，「致刑」用威象雷。

六爻

豐以「雷電皆至」成卦，故六爻不論敵應皆爲相資之象。初九、九四皆陽也，曰「配」、曰「夷」、曰「旬」、曰「尚」，古文「旬」即「均」字，皆言同也。然雖同无咎，但不可過爾。同則明動適平，過則偏於用明，其敝也苛，故曰：「過旬災也」。六二、六五皆陰也，六二以五爲「蔀」在上而暗也，六五以二爲「章」在下而明也，二自往五則得「疑疾」，五能來二則「有慶譽」，二之不往，非忘君也，積誠以感之則其「蔀」可發而去也，故曰「有孚發若，吉」。九三極明可用而上六以柔暗自高，故九三當豐而「見旆」，當晝而「見昧」[二]，有左而右廢，皆可小用[三]而不可大用之象，其凶皆在上六，非九三之咎也，故三曰「无咎」，上六曰「凶」。上六居豐之極，外極其大而內極其暗，自外言之如屋之翬飛上于「天際」，動之至也。自內言之九三近

〔二〕旆、昧，據宋本、明抄本改。清抄本「旆」同，「昧」作「沬」，他本作「沛」「沬」。按下文明言「『旆』與『昧』皆王弼本，今從之」，則宋本是。

〔三〕用，宋本、明抄本、清抄本作「明」。

在其家，乃「三歲」而不見，則不明之至也。「三歲」者，上三爻之終也，其不明者，非九三不與之，乃上六柔暗自高而不下求也，故曰「自藏」，又以見九三之「无咎」也。若不言「自藏」，則人必真以其家爲「无人」而歸責於九三矣。

配主　夷主

初以四爲「配」，四以初爲「夷」，上下異辭也。自下並上曰「配」，如妻之配乎夫，人帝之配乎天帝也。自上並下曰「夷」，如丘之夷而入乎川，日之夷而入乎地也。

旬

離納己，震納庚，自己逆數至庚爲旬，自離初至震四也，過庚復己則爲離之四，當有「焚」「棄」之災，故曰：「過旬災也。」

豐其蔀，日中見斗

六二、九四爻辭同用「蔀」「斗」，而其意之所指則不同。六二指六五爲「蔀」爲「斗」，故不可往，「往」則入於暗而「得疑」。九四之「蔀」與「斗」皆自指也，故利於行，行則遇明而得「吉」。象恐人誤以二爻同釋，亦以四之「蔀」「斗」歸責於六五，故九四之象最詳。曰：「豐其蔀，位不當也」，言以九居四，不得比六二之當位也。曰：「日中見斗，幽不明也」，言九四之幽暗不得比六二之自明也。曰：「遇其夷主，吉行也」，言九四之當行不得比六二之不往也。此二爻以象辭考之，然後見其不同，大抵二爻之分，二中正而明，四不中正而又不明也。

旆　昧　沛　沫

「蔀」者，蒙覆之物，大則全无所覩。「旆」者，旌旛之屬，雖大而不全暗。「斗」在昏時之後，「昧」居平旦之前。自「旆」「昧」言之，皆有小明，非若「蔀」「斗」之甚也。「旆」與「昧」皆王弼本，今從之。九家易作「沛」「沫」二字，大暗謂之「沛」，斗杓後星謂之「沫」，則其昏甚於「蔀」「斗」，非今義也。

慶譽

六五无應則本无慶也，不明則本无譽也，其喜與名皆因六二之來而得之爾。

䷷ 艮下離上 旅

卦辭

「旅，小亨，旅貞吉」，凡卦辭重用卦名者，別出一義，不緣上文也。如「震來虩虩」，蓋言自震，「震驚百里」，乃震人也。頤之「貞吉」，總言一卦之義，「觀頤，自求口實」，乃觀頤之道也。「旅，小亨」，就旅之卦才言之，可以「小亨」不可以大用，「旅貞吉」者，旅於正則吉，不正則凶，乃處旅之道也。

象

「柔得中乎外而順乎剛」，此以六五釋「旅，小亨」之義。在外，「旅」也，以柔行順，「小亨」也，本爻之美止於「譽命」，可見其「小」矣。「止而麗乎明」，此以重卦釋「旅〔一〕貞吉」之義。知止則自處者正，「麗乎明」則所依者正，旅必如是而後得「吉」。六二以正而无尤，初六以不正而取災，此可見吉凶之所在矣。

旅之時義大矣哉

旅卦之才可以「小亨」，如六五足矣，至「旅之時義」則甚大，非孔孟不足以盡之也。聖人懼人但以卦才小旅，故贊其時義之大，使學者思之，至難處者旅之時，至難盡者旅之義。

山上有火

山非火之所留也，野燒延緣，過之而已，故名之曰「旅」，而象之以「不留獄」。「明」象火，「慎」象山，「不留獄」象火之過山。

斯其所取災

旅之所貴乎止者，「止而麗乎明」也。初止於下而遠於明，復何云哉！夫君子之旅，以行道也，小人之旅，

〔一〕旅，據宋本、明抄本、清抄本補。

以求利也，二者皆非明不濟，若止於「瑣瑣」，則胥失之矣。「瑣瑣」，細小貌也。

志窮　心未快

初六柔止於下，其志卑汙，故曰「志窮」。九四剛炎於上，其志高明，不以得利爲足，故曰「心未快」。此二爻亦宜合觀。

六二

「次」，所居也，謂二。「資」，所有也，謂六。「童僕」，所賴也，謂三。三自外來而比於二，旅之相得者也[一]。在二爲「得」，在三爲「喪」者，二以陰得陽，故爲「得」，三以陽得陰，故爲「喪」也。

童僕，貞

「貞」字當自爲句，不可以連於「童僕」也。旅以「貞」爲「吉」，而六二、九三皆得正位，故聖人辨之。如六居二，中正柔順，可以合於卦辭之「貞」，貞於此則「終无尤」也。如九居三，重剛不中，以此爲「貞」，適以自危而已。

九三　六五

旅自否來，三五升降而成卦，故二爻當合而觀之。九本居五，乃捨之而去，使變爲離火，故爲「焚其次」。

[一]　宋本、清抄本此後衍「在二爲得者也」一句。

捨二陽之健而下與二陰同止，无左右之助，故爲「以旅與下，喪其童僕」。六自三[一]而上，至五成離而九去之，故爲「射雉」得之而亡其「一矢」，離爲雉，剛爻爲矢，言三爻皆剛去其一也。一剛去之，疑若无譽而「終有譽命」者，雖失一剛而能上及二剛，所得多也，故曰「上逮也」。旅惡下與而喜上逮，中德爲譽，中位爲命，外卦爲終，此即彖所謂「柔得中乎外而順乎剛」，旅之最善者也。

九四

以九居四，在旅能順者也，雖未得位，然就其所處順而麗乎明，亦可以得利矣。「資」者本有之財，「斧」者致用之利，二止于内，故「懷資」而已，四麗乎外，故兼得其利。然而得利者不若得中得正之爲「快」也，君子所樂中正而已，利不與焉，是以「我心不快」也。

其心　我心

艮六二已得正位而力不能止，故曰「其心不快」。「其」者，指其位言之也。旅九四力雖可爲而未得位，故曰「我心不快」。「我」者，指其人言之也。「其」指「二」字，「我」指「九」字。

上六

「鳥」者，離之象。「巢」者，附麗之至高者也。「焚」者，離火之失性者也。「笑」者，喜其高，離之

〔一〕三，通志堂本、薈要本作「王」，他本作「三」，據改。

「鼓缶而歌」也。「號咷」者，悲其焚，離之「大耋之嗟」也。旅之上即離之三也。

先號後笑　先笑後號

旅離在上，故「後號」。同人離在下，故「先號」。離性炎，故多怒也。同人之五得二而後成兑，故「後笑」。旅之五先已成兑，故「先笑」。兑性悦，故多喜也。

喪牛于易

大壯九四與六五易位而失其壯很，故曰：「喪羊于易，无悔」。旅上九與六五易位而失其柔順，故曰：「喪牛于易，凶」。六五失其剛，故所亡者「一矢」。上九失其柔，故所喪者「牛」。六五亡矢而得離之中位，故爲「射雉」。上九喪牛而得離之上窮，故爲「焚巢」。五上皆在一卦之終，六五爲文明之火，故「終以譽命」。上九爲失性之火，故「終莫之聞」，言无譽也。

䷸ 巽下巽上 巽

卦辭

姚小彭氏曰：「巽自遯變，六二升而爲四，以比於五，故爲小者得亨，爲『利有攸往、利見大人』也。」

晁公武氏曰：「兑巽成卦皆主於柔，然兑内剛而外柔，其用柔也，故『亨』，巽内柔而外剛，其質柔也，故『小亨』。」

大象

「申命」象風之聲，「行事」象風之迹。

彖

以卦體言之，「重巽以申命」是「小亨」也。事必待於申命而後行，豈大亨之規模哉？以九五言之，「剛巽乎中正而志行」是「利有攸往」也。以初六、六四言之，「柔皆順乎剛」是「利見大人」也。彖辭與旅相類，皆總陳卦義而用「是以」二字結之，故知當作三句分說也。

初六　九二

巽，疑卦也，初與二皆以不正自疑。「史巫」，主占問之人，「用史巫紛若」者，疑之甚也。初柔當疑，故利以剛矯之。二已得中，中大於正，本自无咎，不必紛紛也。先儒多以「紛若」爲致「吉」之道，以象辭攷之，「紛若」本不應吉，「紛若」之所以「吉」者，以「得中」也。巽自遯變，初本在下，故其疑淺。二本在四，忽降而下，故其疑深。然降而得中，與五相配，初又順之，但見其「吉」，何咎之有？升降患不得中，既得中矣，又何疑焉？

九三　六四

九三重剛而不中，志本强躁，又居下體之終，其志極矣。迫於二四兩爻之相易，不得已而巽，故爲「頻蹙」、爲「羞吝」。六四重柔，安於巽者也。自二升四失中，疑若有悔，升而得正，是以「悔亡」。不獨「悔亡」，又有成卦之功，使遯之上三爻「好遯」「嘉遯」「肥遯」而在田野者皆變而爲入，此六四之功也，故曰：「田獲三品，有功也」，此「小亨」之驗，巽爲「利市三倍」，象亦出此。

九五

巽，多疑之卦也。九二已中矣，猶以不正自疑，紛紛而不能决也。惟九五中而又正，其「吉」无疑，故凡巽之疑悔至是盡亡。又曰「无不利」者，决其无疑也。又曰「无初有終」者，言初疑而今不疑也。言之重，辭之複，皆爲疑設也。巽之時惟此爻爲美，其多疑猶如此，可見巽卦无「大亨」之用也，故曰「九五之吉，位正中也」，言其吉獨此一位爾。九五制命之主，故又於爻義之外統論重巽之義。「庚」，更也，續也，事已而更爲之以續前事也。先事之三日，初「疑」、二「紛」、三「吝」，皆未保其吉也。後事之三日，四「有功」、五「无不利」，始亨其吉也。此當於上九言之，以上九窮巽而不反，别有「凶」義，故於五言之，其實「後庚三日」總言上三爻也。上之窮而不反，亦以其无下三爻之疑，是以不可回爾。

巽在牀下

上九爻辭與九二同，皆以陽居陰也，當巽之時，惟此二爻以陽而失位，巽中之又巽者也，故皆爲「巽在牀下」，言失位也。二雖失位而得中，中大於正，所以「吉」而「无咎」。上既失位，愈巽極而不反，故爲喪資失斧之人，而猶固守於窮凶之道者也。以上兩句解下兩句，不煩推説而義自明矣。凡爻以德爲資，其本質也。以位爲斧，其利用也。上既失位，并其剛德而亡之，故「資斧」皆喪也。此德宗奉天之後、姑息之時也。

武人　資斧

巽初六與履六三同，稱「武人」者同，履之三即互巽之初也。巽上九與旅九四同稱「資斧」者，旅之四即互巽之上也。巽「究爲躁」，故稱「武人」焉。巽爲「利市三倍」，故稱「資斧」焉。履之三居下體之終，爲五陽之主，故用其「究」以爲「大君」。巽初未「究」，故利用其「究」以自治而已。旅四得其所處，故爲「得」其利。巽上无位，故其利「喪」焉。

䷹ 兑下兑上 兑

巽　兑

巽與兑皆有坎之半體，巽不上出，所以爲入，兑不下流，所以爲澤。巽自遯來，以六四爲主，遯變爲入，故爲「悔亡」。兑自大壯來，以六三爲主，壯變爲説，故爲「來兑，凶」。

兑，亨利貞

兑之「亨、利、貞」自是三德，非「利」在於「貞」也，故曰：「説以利貞」，言以「利」與「貞」而得「説」也。利者，説之情。貞者，説之理。柔在外爲利，利者萬物之所説也。剛在内爲貞，貞則天人之理得矣。「順乎天」，兑上也。「應乎人」，兑下也。天人皆通，所謂「亨」也。彖不言[一]「亨」者，亨者，説之效，故極言之。

順天應人

革與兑皆言「順天應人」者，順天理之正，應人心之公，則革无私意、説无邪心矣。革者，天下之大利。説者，天下之美名。此二者，最易於失正，故革曰「元亨利貞」，兑曰「亨利貞」，蓋謂此也。兑自二至上互革。

民勸矣哉

「民忘其勞」，「民忘其死」，即所謂「勸」也。

大象

「朋友」以象二兑。「講」以辭説之，相會以文也。「習」以身行之，相觀以善也。

〔一〕彖不言，宋本作「未乃見」，明抄本、清抄本作「未言見」。

六爻

兑以六三爲主，凡諸爻稱「兑」者皆謂三[一]也。初九與之同體爲「和兑」。九二與之相比爲「孚兑」。六三來而成兑爲「來兑」。九四當三五往來之衝爲「商兑」。上六與三相應爲「引兑」。九五不稱「兑」而稱「剥」者，卦中獨此一爻與三非同非比非應，捨三而去，自與上比也，陰來比陽爲「兑」，陽往比陰爲「剥」，其戒深矣！陽爻曰「和」、曰「孚」、曰「介」，皆剛辭也。陰爻曰「來」、曰「引」，皆柔辭也。

孚

陽爲實，中實爲「孚」，二五皆以陽在中，故二爲「孚兑」、五爲「孚于剥」，雖所用不同，其「孚」一也。

初九　九二

初二皆與凶人相説而不害爲「吉」者，初正而二中也。初與三不相比應，无可疑者，獨以三來同體而與之「和」，「和」有相濟之義，以正濟不正，適足救三之「凶」，故小象曰「行未疑也」。九二親與三比，始涉可疑，然二以剛實在内而得中，其志可信，决无朋邪之理，雖[二]與邪比，其「悔」亦「亡」，故小象

[一] 三，據宋本、明抄本改。他本作「二」。
[二] 雖，據宋本、明抄本、清抄本改。他本作「惟」。

曰「信志也」。自二至上爲革，故「悔亡」「信志」。初至五爲中孚，故无疑。三至上爲大過，故「凶」。此又互象之著明者也。

商兑未寧

「商兑未寧」，指三與五也。商者，交易往來之名。三爲五而得「厲」，五爲三而得「凶」，兩爻相易皆未寧也。彼皆「商兑」而「未寧」，四乃「介疾」而「有喜」，然則動而求説者，未必不爲禍。静而受〔一〕疾者，未必不爲福也。聖人之訓深矣！

介疾有喜

「介」，閒也，兩者之閒人所守以爲限别也，故物之有兩者謂之介，有守者謂之介，有别者亦謂之介。一在兩中故可謂之介〔二〕，「介丘」是也。一能制兩亦可謂之介〔三〕，「大介」是也。豫之六二能以中正自别，不與禍交，故爲「介于石」。晉之六二守其中正以俟上之明，卒受其福，故爲「介福」。兑以三五兩爻相易成卦，九四介於其閒，守其不正之位而不肯動，故爲「介疾」。「介福」者，介者之福也。「介疾」者，介者之疾也。然其

〔一〕受，宋本訛作「愛」。
〔二〕介，宋本、明抄本作「小」。
〔三〕介，宋本、明抄本、清抄本作「大」。

明疾「有喜」者，五與四本比，及降爲三，復與四比，四雖不動而説自隨之也。凡疾之愈者爲有喜，「无妄之疾，勿藥有喜」「損其疾，使遄有喜」，皆指疾愈爲言也。凡陰陽相得者爲有慶，故象曰「九四之喜，有慶也」，明九四之所守本應有疾，因陰陽相得故得愈也。

孚于剥，位正當也

九五居兑而言剥者，以卦氣當之也。兑爲正秋，下二爻七月爲否，中二爻八月爲觀，上二爻九月爲剥，九五當剥之時而説比小人，是助剥也，故以是戒之。象曰「位正當也」，言雖兑爻，正當剥位也。履夬二卦皆成於乾兑，故履之九五稱「夬」，小象辭與此同，亦言其在履而當夬位也。中孚九五曰「有孚攣如」，即用小畜九五之辭，故其象亦曰「位正當也」，言巽體居上，四五以正相孚，皆與小畜相當也。否九五曰「大人吉」，其象亦曰「位正當也」，言此爻正當乾卦九五大人之位也。易中小象言「位正當也」，凡四爻，皆兼取兩卦相當之義，此外得位之爻或稱正、或稱當，无兼稱者。

上六

萃之六二「引吉」，下爲上所引也。兑之上六「引兑」，上爲下所引也。六三爲説之主而上六爲其所引，故曰「引兑」，雖所居得正，可以无凶，然爲下所引而説，亦不足觀矣，故不稱吉，明其「未光」也。

䷺ 坎下巽上 渙

彖

「渙亨」指九二，故曰：「剛來而不窮」。「王假有廟」指九五，故曰：「王乃在中」。「利涉大川」指二與四，二來成川，四來成木，故曰：「乘木有功」。「利貞」指四與五，彖雖不解「利貞」二字，然上文論成卦之爻，其義已見，即「柔得位乎外而上同」也。否之六二得位乎四而上同於九五，卦中惟四五兩爻爲正，四爲成卦之主，五爲王位，蓋以正臣上合正君而成渙難之利者也，故曰「利貞」。石經彖文「利涉大川」之下亦有「利貞」二字。

王假有廟

祭祀之禮无物不備，則廟中者聚之極也。主祭者之心一物不留，則廟中者亦渙之極也。故萃與渙皆曰「王假有廟」，非知道者不足語此。萃之彖曰「致孝享」，以備物言之也。渙之彖曰「王乃在中」，以內心言之也。觀其象辭則聖人之意見矣。

大象

天下之至散而不可摶者，惟風與水而已。二物之相遭，天下之言渙者莫加焉，先王以是「享帝」，故能與天神接，以是「立廟」，故能與祖禰交。蓋心无方，神亦无方，心之遇神當如水之遇風，使吾心有一毫之係，則不能與神通矣。「享帝」于郊象巽之高，「立廟」于宮象坎之隱。

六爻

下三爻皆處險而待涣者也。初六在否之初急於自拔[一]，離而去之則變爲无妄而无與於當世之涣，故獨不言「涣」。二自四來奔，而否始爲涣，故加「涣」字自九二始。三出險上而有應於外，身與險相離矣，然未能及人也。上三爻皆涉川之木，能涣者也。四離其類而上同，而涣事始成，爲卦之主，故稱「元吉」。五居王位，當既涣之後，无所復爲，但當施發散之令以釋天下之疑，離事爲之煩以享王位之逸而已。上乃處涣之極，與坎三有應，能涣而遠之，不罹其害，皆「乘木有功」者也。坎爲血，有傷害之象。初六爻辭詳具明夷六二爻中。

涣奔其机

九二本否之九四降而居二，而否者於是涣焉。自上而降爲「奔」，俯而即安爲「机」，四本不中，降而得中，俯而安也，故爲「涣奔其机」。二志在逃否，故涣而去之，今乃復在險中，疑若有悔，然在險得安，猶未失其所願，故爲「悔亡」，即所謂「剛來而不窮」也。二以震木爲机。

[一] 拔，宋本、明抄本、清抄本作「救」。按此用否初六「拔茅」之義。

涣其躬

自三至五，坎散而成艮，艮爲躬，故曰「涣其躬」。三居險之極，疑若可悔，以與上相應，故得連外卦以免其身，故曰：「涣其躬，志在外也」。

涣其群　涣有丘

六四本否之六二，升而爲四，下離三陰之群而上爲成涣之主，巽以出險，正以居上，涣之最善者也，故曰：「涣其群，元吉」。然而雖在[一]涣散之中，自有丘聚之理，非群陰所知也。方「涣其群」之時，二陰以醜夷之情相望，固不免於怨。及涣事既成，初得吉而三免悔，衆陰聚而依焉，然後知六四之有功也。「涣其群」，涣之始也。「涣有丘」，涣之終也。義各不同，故兩言「涣」以别之。四在二爲坤，坤爲衆，故曰「群」。四升而上同，五爲艮，艮爲山，故曰「丘」。

涣王居，无咎

四，臣也。五，君也。君不主涣而臣主涣，宜若有咎也。然臣道當勞，君道當逸，臣以有事於險爲涣，君以无心於事爲涣。自君言之，雖端居不爲亦无咎也，故曰：「涣王居，无咎，正位也」。「涣汗」，涣[二]之於下，

[一] 雖在，宋本、明抄本、清抄本無此二字。
[二] 涣，宋本脱此字。按「涣之於下」與下句「涣之於上」正相對應。

使民无事也。「渙王居」，渙之於上，君无事也。凡此皆六四之功，所主不同，故亦出兩「渙」字。巽之五「先庚三日，後庚三日」，故爲「大號」。位正中也，故爲「王居」、爲「正位」。

王乃在中　王居无咎

渙，離也。以廟中言之，「王乃在中」則君心渙然而離於人。以朝位言之，「王居无咎」則君職渙然而離於事。蓋渙之極致，惟此二時爲能當之。然廟中爲尤至，故於卦辭言之。爻之所主者位，故稱「居」焉。

渙其血

上九爻辭「血」與「出」韻叶，皆三字成句，不以「血」連「去」字也。小畜之「血去惕出」與此不同，此「血」已散，不假更去。又「惕」與「逖」文義自殊，據小象言「遠害也」，則「逖」義甚明，不容作「惕」矣。卦中惟上九一爻去險最遠，故其辭如此。

汗　血

散其「汗」以去渫鬱，散其「血」以遠傷害，上三爻皆以巽渙坎者也，故「汗」與「血」皆指坎言之。二居險中爲「汗」，汗，心液也。三居險極爲「血」，血，外傷也。後人因「汗」字又生「出而不反」之說，非此爻本義也。

周易玩辭卷第十二

䷻兑下坎上節

節　艮

節者，止也。艮者，止也。皆非止之使不進也，特謂事理之宜止當如此爾。艮之彖曰：「動静不失其時，其道光明」，節之象曰：「不出户庭，知通塞也」，玩此二辭可以知易之所謂止矣。

渙　節

否者，塞也，自否變者爲渙。泰者，通也，自泰變者爲節。此變象之著明者也。

説以行險

險者，人之所難，「説以行」之則人不以爲苦，聖人之制節也如此，此其所以通也。

當位以節，中正以通

鄭剛中氏曰：「无位者不能制節，制節而不以中正者不能通，五既得位，又中且正，所以能主節也。」安世按，節自泰來，泰分九三以爲五，分六五以爲三，五獨當位，得中得正，故節卦以九五爲主也。

大象

澤上之所以有水，以其得節也，過則不留，不及則困矣。「制數度」，坎之法律也。「議德行」，兑之講習也。

初九　九二

初在兑下，兑爲户而主言，二爲互震，震爲門而主動。兑者「闔户」之時，當其不可言，雖「户庭」之近不可出也。震者「闢户」之時，當其可動，雖「門庭」之遠不可以不出也。凡事當密而不密，與當盡而不盡，皆謂之失節。初九在一卦之下，不與九五相當，故其節在於謹密。九二與五正對，五動而二不動，則失時之節矣。故曰「不出户庭，知通塞也」「不出門庭，凶，失時極也」。「極」猶準則也，義與「節」通。此所謂「議德行」也，失時之節遂至於凶者，張禹、李勣謹密不言而覆漢唐之祚，凶孰大焉？

六三　六四

六三能與九五相易則成節，若剛躁自用，不受其節則成嗟，「節」與「嗟」皆自己爲之，不出於人，故曰：「不節之嗟，又誰咎也」。六四安然不動，順受九五之節而得其亨，亨自上爲之，非己所制，故曰：「安節之亨，承上道也」，此所謂「制數度」也。三不爲「節」，遂至於「嗟」者，三兑主説，「説以行險」則成「節」，不説則成「嗟」，「嗟」與「説」相反者也。

九五　上六

九五得中爲「甘」，甘者，五行之中味也。上六窮上爲「苦」，苦者，炎上之味也。「節亨」指九五也，故曰：「剛柔分而剛得中」。「苦節不可貞」指上六也，故曰：「其道窮也」。九五自泰之三往而得位，遂爲諸爻之主，故曰：「往有尚」。上六「苦節」之極，「貞」而不變，以此施於當世，其道則「凶」，乃若其心，則信正而行不以爲苦，故曰：「悔亡」。古之「苦節」之士，蹈禍敗而不悔者多矣。

又誰咎也

小象「又誰咎也」凡三：同人初九「又誰咎也」以爲褒辭；解六三「又誰咎也」以爲貶辭；節之六三，王弼從解，沙隨程迥從同人。安世謂三辭皆无褒貶，但言人當自謹而已。「出門同人」，我所當擇。「致寇」之端，我所當省。「不節之嗟」，我所當慮。得失由己，皆无所歸咎也。雖與他爻「无咎」小異，然亦得補過之方，於本義无悖也。觀需九三「自我致寇，敬慎不敗也」，則解之「自我致戎，又誰咎也」，亦教以自反，非必貶辭也。

䷼ 兑下巽上 中孚

頤 中孚 大、小過

坎、離者，乾、坤之用也，故上經終於坎、離，下經終於既、未濟。頤、中孚肖離，大、小過肖坎，故上經以頤、大過附坎、離，下經以中孚、小過附既、未濟。二陽函四陰則謂之頤，四陽函二陰則謂之中孚，〔二〕皆美名也。二陰函四陽則謂之大過，四陰函二陽則謂之小過，皆非美名也；於是可見貴陽賤陰之意。離之爲麗，坎之爲陷，意亦類此。

象

「柔在内而剛得中」，以三、四、二、五之四爻言中也。「説而巽，孚」，以兩卦之德言孚也。「豚魚吉」，以兩卦之象言，豚主風，魚主澤也。「乘木舟虚」，以成卦之象言，外實而中虚也。「利貞」「應乎天」，以四五兩

〔二〕此兩句宋本作：「二陽函四陰則謂之中孚」，脱九字。明抄本作「四二陽函四陰則謂之頤，陽函二陰則謂之中孚」，第一句句首「四」字當在第二句句首。

爻言，四爲人，五爲天，皆以正相比也。五上皆天爻也，故上亦有登天之象，「應乎天」與「登于〔二〕天」不同，應者以心感，登者以力求也。

豚魚吉，信及豚魚也

豚魚，天下至陰之物而皆有陽性，故二物皆屬坎，以其爲陰中之陽也。中孚直坎之中氣，雖窮陰之時而陽在其中，故謂之中孚。二物皆受其氣而生，故得此卦者以養二物則吉。二物至微而中氣在焉，孚之无所不體如此，故曰「信及豚魚」也。巽兑二卦各得坎之半體，巽得下體，故豚主風氣而喜下入。兑得上體，故魚爲澤物而喜上行。豚與雞類，性皆主風，故巽自坎之豚而爲雞。魚與羊類，目皆不瞑，故兑自坎之魚而爲羊。皆坎之分氣也。中孚肖離而氣直「豚魚」，猶小過肖坎而乃爲「飛鳥之象」，明坎離之通氣也。

中孚以利貞

「中孚以利貞」與兑之「説以利貞」、小過之「過以利貞」，「利貞」皆是二德，非謂「利」在於「貞」也。利者，利於事。貞者，貞於理。「説」而用此，是以「順乎天而應乎人」。「中孚」而用此，「乃應乎天也」。「過」而用此〔三〕，則「與時行也」。匹夫之諒賊生以害理，非「中孚以利貞」也。干譽之説害政而違道，非

〔二〕于，據宋本、明抄本、清抄本改，他本作「乎」。按此引上九爻辭「翰音登于天」。

〔三〕乃應乎天也，過而用此，宋本、明抄本脱此兩句。

「説以利貞」也。陳仲子之過廉，離母兄而從妻，非「過以利貞」也。

大象

獄之將决也則「議」之，其既决也則又「緩」之，然後盡於人心，故獄成而孚輸，而孚在我者盡，故在人者无憾也。今夫大澤之上雖无事必有風，風非自外至也，水之積也厚，故動而爲風，中苟有之，未有不動者也，故聖人以是爲中孚之象，而君子以其「議獄」之心體之。兑爲口舌，爲附决，有「議獄」之象。巽爲進退，爲不果，有「緩死」之象。「正[一]聽之」，「司寇聽之」，「三公聽之」，「議獄」也。「旬而職聽」，「二旬而職聽」，「三旬而職聽」[二]，「三月而上」之，「緩死」也。

六爻

中孚六爻皆不取外應而以比相孚，孚在其中，无待於外也。初九安處於下，不假他求而自比於中孚之主，静而自度，何吉如之？苟變其志，動而求孚於四則失其安。「虞」，度也。「燕」，安也。九二鳴於澤中，不求人知，而三以同體自來相和，二有「好爵」，樂與三同，此所謂「以善養人」，故中心説而誠服之也，此六爻之

〔一〕 正，據宋本改，他本作「王」。按禮記王制：「成獄辭，史以獄成告於正，正聽之。正以獄成告于大司寇，大司寇聽之棘木之下。大司寇以獄之成告于王，王命三公參聽之。」

〔二〕 此句宋本脱。

最美者也。二得中位，故爲「好爵」。「靡之」猶共之也。三，内主也，四，外主也，二陰之勢等，而三之志剛，求四也急，故稱「敵」，四之志柔，不與三競，故稱「匹」、稱「類」。三不正而躁，不知自反而求孚於四，進退悲喜，其狀屢變，而四方與五以正相孚，如日月之正中而相望，自然下「亡」其「匹」而「絶」其「類」，无復顧三之理矣。中孚以中正相孚，三皆无之，是以至此。九五所以與四相攣而不可解者，以兩爻之位皆正當也。若九二六三之相和，則但以其中而已，故小象於二言「中」，於五言「正」。然五之爻辭不若二之美者，二「鳴」於「陰」而三應於外，其道光明，正得中孚之義，此中孚之主爻也，故繫辭極其義而演之。五爲大君而内與四比，則所孚狹矣，特以其皆正，故僅得免咎而已。上九巽極而躁，不正不中，以巽雞之「翰音」而欲效澤鳥之鳴，登聞于天，内不足而求孚於外，聲聞過情，其涸也可立而待，愈久愈凶，何可長也？求之於古，其商浩、房琯之徒歟？

中心願也

「中心願也」甚言其孚，故泰之六四「不戒以孚」亦曰「中心願也」。

得敵

六三中本无孚而求孚〔一〕於人，則足以「得敵」而已，謂之「得敵」則不必更言凶咎也。

〔一〕孚，宋本訛作「多」。

馬匹亡

三四稱「馬」者〔一〕，皆互震也。在風之下，澤之上，澤中遇風，正馬亡其匹之地也。三變爲羊，故或很或說。四變爲雞，雞不可連，故「絶類」而「上」也。

䷽ 艮下震上 小過

亨利貞

小過之「亨利貞」，三德也。時當小過，不稍過則執而不通，小過所以通也，故曰「亨」。然必於事爲利，於義爲正，而後可通，若徒志於隨時以苟通，而傷事悖理，則非小過之道也，故曰「利貞」。自「可小事」以下，彖辭解之自明，「有飛鳥之象焉」亦所以解「飛鳥遺之音」也，音遺於此則飛已過於彼矣。石經云：「是以可小事也」，彖辭脱「可」字，羡「吉」字。

彖象

彖曰：「小過，小者過而亨也」，象曰：「小過，君子以行過乎恭，喪過乎哀，用過乎儉」，此二義所主不

〔一〕 三，据宋本、明抄本改，他本作「六」。按下句「皆互震」，「皆」字说明所论非一。者，宋本、明抄本訛作「其」。

同。蓋論卦之本名，則以柔過剛，以陰過陽，臣過君，婦過夫，小者而過乎大者，其人則小，其變則大也，故彖辭深寓小大逆順之戒。然而天地之閒既有小過之象，則君子之身亦必有之，君子之所謂小過者，豈其然哉？「大德不踰閑」，小德一出焉一入焉，亦可以爲小過矣，如晏子之過儉，子皐之過哀，正考父之過恭，雖過於常理，皆小節之過，非大變也。此與卦義名同而實異，凡大象多然，以蒙、睽、明夷攷之可見其例。曰「行」、曰「喪」、曰「用」，皆見於動，以象震也。曰「恭」、曰「哀」、曰「儉」，皆當止之節，以象艮也。

山上有雷

鳥過人而「遺之音」，以六爻之象言也。雷過山而小聞，以兩卦之象言也。雷震於空曠之地，則其聲大。又小過，寅之初氣也，斗方直艮而震氣上出，疑於過矣，然去卯不遠，亦未爲大過也。

初六　上六

小過以柔過剛，義不當吉，但二五以柔得中，故能於小事粗吉而已。初上二爻陰過而不得中，是以「凶」也。以卦象觀之，二爻皆當鳥翅之末，初六在艮之下，當止而反飛，以飛致凶，故曰：「飛鳥以凶」。上六居震之極，其飛已高，動而成離，則麗於網罟，故曰：「飛鳥離之，凶」。初六微賤之人而欲犯上，勢不可動，方動而已凶，故曰：「不可如何也」。上六高貴之人，既極而凶，如鳥飛不已，至於離觸網羅而後見凶，故曰：「已亢也」。二爻「凶」同而其事異。二五亦當鳥翅而不言「飛鳥」者，惟初上二爻動則成離，離爲飛鳥故也。

六二　六五

六二六五，柔之得中者也，故皆免於凶。然陰過於陽，亦无致吉之理。二陽，「君」也，「祖」也，乃降而居下。二陰，「臣」也，「妣」也，乃升而居上。二本與五爲應，故往而求之，今乃過三與四而見六五焉，非所期也，故爲過「祖」與「君」而遇「妣」與「臣」之象，臣不可言「過其君」，故變文曰「不及其君」，言不相值也，其實則過之矣。雖然，五上自過三四而二在其下未嘗過也，故「无咎」。至六五則其過明矣，「密雲不雨」，則无陽也，「自我西郊」，陰爲唱也，其事難言，故曰「已上也」，言其過上已甚，此象辭所謂「上逆也」。五互兑，故爲「西郊」。澤在上，故爲「雲」。「公」者，陰之尊稱，六二稱之爲「臣」，意亦類此。卦體象坎，坎爲穴。二陽在於穴中，五自上而臨之，故又有「公弋取彼在穴」之象。自陰言之，「西郊」爲我，故以陽爲彼也。此爻下而取物則可以有獲，上而登天則不能成雨，此所謂「可小事不可大事」「不宜上宜下大吉」，正小過之本義也。小過象坎，以五爲主爻，中孚象離，以二爲主爻，故二爻各得本卦之義。

九三　九四

九三九四，此二爻方爲陰所過，非能過人者也，故皆曰「弗過」。九三在艮之上，有防止之義，既不能過則當止而防之，若恃其重剛而往從之，則足以取凶而已，將若之何哉？「從」猶從禽從獸，謂往逐之，魯昭公之於季氏、高貴鄉公之於司馬氏是也。九四自知不能過之而與之相遇，見危能戒，以柔自晦而不敢往，足以免凶矣。然冠屨易位，舛逆已甚，柔可暫用不可長守，宣帝之於霍氏、代宗之於李輔國，皆始柔而終剛，非「永貞」也。若「永貞」於柔則爲周赧、漢獻矣，故曰「勿用永貞」。「永貞」者，臣道也，九四，君也，又爲動之主，豈能鬱鬱久居〔二〕此乎？

九四无咎

當陰過之時，陽不得已，能以剛居柔可以无咎矣，故九四「无咎」。九三以剛居剛，是以「凶」也。剛者本欲攻人，反以取禍，故九三以從之而受戕。柔者屈己相遇，若不足以勝人，而聖人反勉之以「勿用永貞」者，以其知柔知剛，可與有爲也。

六五　上六

六五雖過其君，能與之遇，猶未失中，則霍光之時也。上六一切過之而不與之遇，由是天惡其盈而降之災，人忿其亢而成其眚，此其爲凶，蓋天人之所同棄，非常辭之所謂凶也，故於「凶」之下證之曰「是謂災眚」，此則霍禹、霍山〔三〕之時歟？

〔二〕居，宋本、明抄本無此字。

〔三〕霍禹、霍山，宋本無「霍禹」二字，明抄本作「霍光」，清抄本无「霍山」二字。

小過　大過

四陽在内謂之大過，而四陰在内者乃不爲小過而爲頤。四陰包二陽謂之小過，而四陽包二陰者乃不爲大過而爲中孚。大抵坎，陷也，故肖坎者皆謂之過，陽多則大者過，陰多則小者過，未至於陷，故謂之過，過猶輕於陷也。頤肖離之畜[一]牝，中孚肖離之中虛，皆胎養之事，故卦氣皆直北方，及純而旺，則麗於南方矣。

䷾ 離下坎上 既濟

既濟　未濟

既濟自泰變，六五降而爲二，以六二爲主爻。未濟自否變，六二升而爲五，以六五爲主爻。故二彖皆曰「柔得中也」。既濟之「終亂」即泰之「其命亂也」，未濟之「飲酒」即否之「後喜」也。柔爲小，故既濟曰「亨小」，未濟曰「小狐」。

既濟亨小利貞

此卦辭與遯相類，「亨小利貞」自爲卦之四德，但遯卦「小」字義與「利貞」相關，故彖連下文解之，既

[一] 畜，據宋本補。按離卦辭：「畜牝牛吉」。明抄本无「之畜」二字。

濟「小」字義與「亨」字相關，故彖連上文解之，此非聖人不能作也。六二以柔爲卦之主，陰爲小，故稱「小」焉。夫相濟者不必大也，小者之才有時而足以濟事，又小小通之而其事已濟，又爲於其小而濟之，使不至於甚，皆爲「小者亨也」，謂小大皆亨者，誤也。小大皆亨則泰矣，何謂濟乎？孔穎達謂當作「既濟，亨小，小者亨也」，蓋脱一「小」字。

初吉終亂

彖曰：「初吉，柔得中也」，則「初吉」謂六二矣。「終止則亂，其道窮也」，則「終亂」謂上六矣。二之柔，所以濟泰卦之三陽而使之中也，故謂之既濟。若終止於柔而无剛以濟之，則其道又窮而不中矣，此其所以復亂也，既濟之貴於能濟如此。

剛柔正而位當也

六二之所以爲「利貞」者，二五剛柔正應而又當位也，剛柔相濟爲「利」，當位爲「貞」，卦體固有三剛三柔，皆正之象，然卦辭所主則謂六二，若泛言之則失彖義矣。

思患豫防

或以爲既濟之後思而防之，此乃設戒，非觀象也。未濟以水下火上爲「辨物居方」，正與象合，豈於既濟而不然乎？天下之患无窮，惟有以濟之而後无患，人之用莫大於火，而火常足以生患，善濟火者莫若水，思火之爲患而儲水以防之，使水常在火上，其力足以勝之，則其患亡矣。是故君子制行立教行政舉事，必皆有以濟之，防末流之生患也，周、秦之弱，師、商之過、不及，皆其事也。

六爻

既濟之六爻，初九不急於濟，上六道窮而復陷，獨二五以中正相感，坎離相交，是以能濟也。二當初濟之時，故爲用中之主。五居已濟之後，故安受其福而已。三四雖不中而皆不失正，用其才皆足以有濟，三以剛行之，四以柔應〔一〕之，此二者皆既濟之世所與共濟之才也。

初上

以卦時言之，二爲初，上爲終。以卦象言之，初爲尾，上爲首。自下上者，至首而終，則首亦終也。六二爲濟之始而初獨後之，馬已行矣而「輪」尚「曳」，身已濟矣而「尾」尚「濡」，雖於濟稍遲，然无大害，故於「義」爲「无咎」也。上六居濟之終而復陷於險，如病愈之後而復遇病，其能久乎？

〔一〕應，宋本訛作「慮」。

六二

既濟之六二，本泰之六五「帝乙」所歸之妹也，六五爲婦，九二爲茀，柔以剛爲〔二〕蔽也。今婦降居二，而九去居五，故爲「喪其茀」。然兩爻升降仍在二五，未嘗他之，故曰「勿逐」。以二交五，其數爲七，故曰「七日得」，象曰「以中道也」，言兩爻雖變而中道未嘗變也。茀，車之蔽也，王弼以爲婦人首飾者，蓋董遇易「茀」字作「髢」，弼之所注必本此〔三〕也。

三四

九三以全剛而濟，既歷三爻始能上出，亦已「憊」矣，是豈可輕用哉？高宗用之以濟大難而復王室，不得已也。小人用之，好大喜功，連兵不解，其禍大矣，故曰「小人勿用」，言小人占得此爻不可用也。六四以全柔而處坎，雖已上濟，猶終日戒懼者，疑二剛也。「繻」，子夏傳作「襦」，短衣也。「袽」，絮縕也。夫一襦足矣，而又有衣焉以表其外，有袽焉以實其內，可以无慮矣。六四處二剛之中，五在外爲「衣」，三在內爲「袽」，其備甚周而猶未免於戒者，以柔處險，心危慮深，不能不有疑於二剛也。以泰言之，九三本能「艱貞」而「勿恤」，故有力濟艱難之象。六四本與三陰同下，故能「不戒以孚」。今乃與二同上，安得不疑且戒乎？

〔二〕爲，據宋本、明抄本、清抄本補。

〔三〕本此，宋本、明抄本、清抄本作「此本」。

九五

既濟本自泰來，九五之「吉大來」即泰之「大來吉」也。泰五互震爲東鄰，泰二互兑爲西鄰，五非時主，雖有殺牛之富，不足以致福。五坤爲牛，坎刑殺之，故爲「殺牛」。二爲卦主，得時主祭，爲禮雖薄而五亦同受其福，然則五何必自用哉？明泰之五所以降爲濟之二也。二離爲夏，夏祭曰禴，故爲得時。五在泰雖尊，降而居二，自東降而爲西，自大饗降而爲禴祭，近於失尊，然在既濟之時，則當以二爲主，必降而居二始足以成既濟之功，不可以固位而失時，故曰：「不如西鄰之時也。」

䷿ 坎下離上 未濟

卦辭

既濟、未濟皆以柔爲主，既濟自六二而達於上六，則濟之事已終，故爲既濟。未濟自初六而至於六五，幾於濟矣，而未能出中以至於上，則其事猶未終也，故爲未濟。知此義則未濟之卦辭不待解而自明矣，故曰：「未濟亨，柔得中也。小狐汔濟，未出中也。濡其尾，无攸利，不續終也」。其曰「雖不當位」，亦指六五言之，雖六爻皆不當位，義但取五而已，曰「小」、曰「狐」，皆陰類也。「濡其尾」即是不能全濟之象，險且未濟，他又何所利乎？故「无攸利」。於「无攸利」之後復言「剛柔應」者，覆解上文「亨」字也，雖无攸利，用其柔中以與剛應，自有致亨之理，此夫子所以有功於贊易也。

大象

火在上爲「辨物」，水在下爲「居方」，必加「慎」字者，以其未濟也。在濟之時且當思當防，況未濟乎？水火交則有難，未交則未有難，然難將生矣，辨之不早辨，居之不得其所，皆難之所由生也，可不謹乎？易終於未濟而始於屯，其意深矣！

初六　九二

既濟之諸爻皆濟而初獨未濟，故曳輪、濡尾之象初得兼之。未濟之諸爻皆未濟者也，故初爲濡尾、二爲曳輪。以兩卦參之，則初當爲尾，九當爲輪矣。六五升[一]而不能終濟，使下有濡尾者，此於全體自爲可「吝」，非但初六之罪。然初六柔暗在下，亦非能知終者，故以「吝」責之。「極」即終也，不知者，智不足也，不續者，力不竟也。九二自否之五降而爲二，此否之所以成未濟也，九二之未濟乃所以亨否，其義與初六不同，故不爲吝而爲「吉」，若能「貞」而守之，則未濟者自是濟矣。以其位疑於未正，故加「貞」字者。中則正在其中，未有中而不正者，故曰「中以行正也」。姚大老曰：「協韻『正』當作

〔一〕升，宋本作「已升」，明抄本、清抄本作「皆升」。

『直』，二中而九直，故爲『中以行直』。」其説亦通，然『正』亦協韻，後人分一韻爲四聲，故見其不協耳。

六三

未濟之時，方以謀濟爲急，未可以有行也。六三志剛而未得位，如人未濟岸而遽欲出行，其溺必矣，故以「征」則「凶」。爲六三計，姑用其剛，乘以出坎，則事之宜也，故曰「利涉大川」。三不當位，濟而至四則得其位，非利而何？

未濟九四　既濟九三

未濟之時所喜在剛，三徒以其志之剛，猶爲利涉，况九四乎？既濟之九三，未濟之九四，皆以其剛故能任天下之大役，以此見弘濟世道非剛不可也。九三全剛而位正，故直稱「高宗」以「伐」之。其言「三年克之」者，以見其役之大。「小人勿用」者，以見其才之難。苟无九三之才，其可以任斯事乎？九四則所居者柔，比九三爲有悔，必「貞」以勝之，然後能任其事而无悔，故曰「貞吉悔亡」。又加「震」字，亦勉之之辭，九四之動爲互震也。九三出離之上，爲「三年」。鬼方，南夷也，故屬離九四，至離之上〔二〕，亦爲「三年」，至上則

〔二〕自「爲三年」至「離之上」，據宋本補。按下文「亦爲三年」，「亦」字説明前文對「三年」已有解釋，所補宋本之文字正與此義相合。

飲酒策勳，故言「有賞于大國」。九三之象曰「憊也」，則以「三年」言之。九四曰「志行」，則以解「貞吉悔亡」，言其志必行而不屈，然後得吉而亡悔也。高宗所伐正南鄉之夷，今南夷猶稱鬼主，國家亦以都鬼主爵之，云東北方小夷者，非也。

六五

六五雖不當位而與九二剛柔相應，同心以濟難者也。離雖爲光，而人君之光非一人之所能獨成，乃因與賢臣有孚以致此光，故其光也吉而非强明自任之光也，故曰：「君子之光，有孚吉」，象曰：「君子之〔二〕光，其暉吉也」，蓋以深辨此意。按管輅曰：「日中爲光，朝日爲暉」〔三〕，夫中則日在上，朝則日在下，在上之光以在下之暉而獲吉，則五以二而獲吉明矣。先儒謂「暉」爲揮散，非也。輝者，光中之氣，詩曰「庭燎有煇」，周禮「眡祲」以十暈爲「十煇」，皆謂光中之氣。五離中虛，故爲光。二坎中實，故爲光中之氣也。

貞吉无悔

未濟諸爻皆失正，故任事之爻皆曰「貞吉」，九二、九四、六五是也。九二剛中，不假言悔。六五柔中，故言「无悔」。九四不中，故曰「貞吉悔亡」，言不如是則悔不亡也。

〔二〕之，宋本脱此字。
〔三〕三國志魏志管輅傳注引管輅别傳：「朝旦爲輝，日中爲光。」

貞吉　有孚吉

六五兩「吉」字。「貞吉」者，六五自謂也。「有孚吉」者，謂九二也。小象甚明。上九之兩「有孚」，亦以三上兩爻言之。

上九

既、未濟皆取義於濟，故兩卦初上皆稱「濡」。然得失不同者，既濟〔二〕自二始濟，則初雖濡尾，不害其爲既濟也，故「无咎」。未濟正坐濡尾，不能續終，所以爲未濟也。既濟之終有亂之理，故上六以濡首爲時事之危；未濟之終有濟之理，故上九以濡首爲人事之失也。六五以九二爲「孚」，則上九之「孚」者，六三也，濟以孚爲美，然而所以用此孚者不可忽也。六三以坎從離，酒自下升而入於上，則「飲酒」之象也。上九自離入坎，首反向下而入於酒，則濡首之象也。我飲彼則彼可以出險而成既濟之功，彼濡我則併我而入於險矣，患難將終，天下將濟，當此之時，上之舉動豈可有失？失則敗矣，此君子所以謹於「辨物居方」之事也，所謂「亦不知節」者，正謂其不明於辨也。夫人居患難之久，幸其將平，方欲相與以樂其終，而反因樂以壞其終，此何等時而作事如此，亦可謂「不知節」矣。聖人繫易至既、未濟之終，「與民同患」之意愈切，其辭皆懼，

〔二〕濟，宋本脱此字。

所謂仁之至、智之盡也。

未濟　否

未濟非不濟也，特未濟爾。天地以形言，形无可交之理，故曰「天地不交，否」。水火以氣言，氣終於交濟，故曰「火在水上，未濟」。

周易玩辭卷第十三

繫辭上

天尊地卑章第一

此章論天地自然之易，以明伏羲作易之本義也。是故觀乎二儀之判而奇耦之畫已定矣，觀乎卑高之勢而三極之位已陳矣，觀乎動静之理而七八九六之性已斷矣，觀乎氣類之分合而比應攻取之情已生矣，觀乎法象之著陳而飛伏變互之體已見矣，彼伏羲氏者特述而著之耳。言易者至變化而備，變化者，易之大業也〔二〕，故自此以下極言變化之迹。「在天成象」則雷霆風雨日月寒暑，皆此理之往來也。「在地成形」則男女雌雄虛實高下，皆

〔二〕此句據宋本改，他本作「言易者至變化而備易簡之大業也」。按此處專論變化之事，所以下句説「故自此以下極言變化之跡」，後文始論及易簡之事，所以説「故自此以下極言易簡之理」。

此理之感應也。而易之奇耦相摩以成八卦、「八卦相盪」以成六十四卦者，皆具乎其中矣。然而此皆其迹也，必有本此者焉，「易簡」是也，故自此以下極言「易簡」之理。「易簡」者，易之至德者也。凡物之屬乎奇畫者，皆能知萬物之始者也。凡物之屬乎耦畫者，皆能成一奇之所賦者也。夫萬物之始，一而已矣，其理安得不易？及其成也，成夫一而已矣，其事安得不簡？上繫之首章斷之於「易簡」，而歸之於賢人之德業。下繫之首章斷之以「貞夫一」，而歸之於聖人之仁義。大抵先以天地之理明聖人作易之本，復以在人之理明聖人體易之用也。

知大始

一奇未畫，鬼神不能知也，一畫開而萬事見矣，故萬物之始惟乾爲能「知」之，不謂之「作」者，「作」則屬乎事物矣，非事物之始也。

賢人

稱「賢人」者，明乾坤之德業人皆可充而至也。若但言「聖人」，則嫌於必生知安行而後可，而進修之路絶矣。自此章以下始稱「聖人」「君子」焉。

聖人設卦觀象章第二

此章論讀易之法必自文王之易始也，故上章論乾坤、貴賤、剛柔、吉凶、變化五事，而此章獨自吉凶、變化起義者，蓋有畫之初，乾坤、貴賤、剛柔之迹已著，而吉凶、變化之象未明，有繫辭而後見易之有吉凶，有卦象〔一〕而後見易之有變化，二端者皆具於文王之時也。復以二端析爲四類而詳言之，吉凶者，得失之已定者也，其憂虞之初則謂之悔吝。變化者，易之用也，其所以變化則剛柔二物而已。故觀吉凶者必自悔吝始，觀變化者必自剛柔始，文王觀此四者而繫之以辭，讀易者亦當觀此四者而玩文王之辭，則静居動作无入而不利矣。孔子作大傳二篇專爲此事，故學者以繫辭名之，則當時傳授之意從可知矣。

易之序也

「序」即爻位也，居此爻之位則玩此爻之辭以處之，然後能隨所遇而安樂之也。虞翻本「序」字作「象」，以與下文合，似不必爾。

彖言乎象章第三

此章亦論繫辭也。自「彖者言乎象」至「无咎善補過」皆解繫辭之文，自「列貴賤者存乎位」至「各指其所之」皆讀繫辭之法也。彖辭所言之「象」即下文所謂「卦」也，爻辭所言之「變」即下文所謂「位」也。吉、凶、悔、吝、无咎皆辭也，獨吉凶言「存乎辭」者，悔吝可以介而免，无咎可以悔而致，必有憂震之心

〔一〕卦象，宋本作「之卦」，明抄本無「象」字。

者，然後能用力於其微焉。至於吉凶則得失之大者，讀其辭者皆可辨也，此而不悟，聖人亦末如之何矣？「貴賤」以位言，「小大」以材言，卦各有主，主各有材，聖人隨其材之大小、時之難易而命之辭，使人之知所適從也，然則讀其辭者，其可不盡心乎？

齊小大

「列貴賤者存乎位」，演上文之「爻言乎變也」。「齊小大者存乎卦」，演上文之「彖言乎象也」。凡彖辭之例，專取主爻爲言，陰爻爲小，陽爻爲大，或小或大雖若不齊，而當其時位者能爲一卦之主而用事焉，則无小大之閒也，是故謂之「齊」。然「存乎卦」者反在「存乎位」之下者，位之貴賤以六爻言，卦之小大以一爻言，明於六位之中取一位以爲卦主也。

易與天地準章第四

凡言易者，皆指易之書也。此書之作與天地準，故此書之用能彌徧綸理天地之道，此二句者，一章之主意也。自此以下皆敷演此二句之義，自「仰以觀於天文」至「故知鬼神之情狀」，此三「知」者，言易之所知與天地準也。自「與天地相似，故不違」至「安土敦乎仁，故能愛」，此四「故」者，言易之所能與天地準也。自「範圍天地之化而不過」至「神无方而易无體」，此三「而」者，言彌綸之功也。

三「知」

「故」者以事言也，「説」者以理言也，「情狀」者以象言也。易有象有理有事，知斯三者而易之藴盡矣。

昔者伏羲氏之始作易也，仰觀於天見陰陽之象，俯察於地見剛柔之形，於是制爲奇耦之畫以準其象，使萬物之情皆以類而從，而天文地理遂與人事物情相通而爲一，而幽明之故可得而知矣。原畫之所由始，二分四揲之變皆起於至一无朕之中，要畫之所以終，三變六扐之餘復歸於至一无朕之始，而死生之説可得而知矣。氣聚而爲物，奇耦之畫所以爲有象，魂遊而爲變，九六之化所以爲无迹，而鬼神之情狀可得而知矣。

四「故」

奇耦之象正與天地相似，其畫一具而能於天下之理无所違。奇耦之變通於萬物之情，故知雖崇而不失之於過。當於萬民之用，故道雖廣而不失之於流。［「旁行而不流」當連「故不過」爲一節。］樂時位之推移而知其卒歸於有數也，故能乘化而不憂。隨其時位之險易而常遂〔一〕其濟物之心，故能无往而不用其愛。夫能具其理，故能通其變，能通其變，故能極其數，能極其數，故能利其用，凡易之能備於此四者也。

三「而」

此三「而」者，總結一章之義以見其「彌綸天地之道」也。蓋易有奇耦之二畫，所以匡括天地之變化，而天地不能越乎其外，此所謂「彌」也。「曲成萬物」之始終而无一物之或遺，此所謂「綸」也，此即上文四

〔一〕遂，宋本訛作「逐」。

「故」之所能也。通乎幽明、死生、鬼神之道，而知无所不至，此所謂「道」也，此即上文三「知」之所知也。是故天地之神无陰陽之定方，而奇耦之變亦與之周流而无定體，此所謂「易與天地準」也。此一節正以明始初二句之意而極言之也。

一陰一陽章第五

「一陰一陽」猶言一出一入，明奇耦之迭用也。陰陽者，氣也。陰陽迭用者，道也。道之所生无不善者，元也，萬物之所同出也。善之所成，各一其性者，貞也，萬物之所各正也。成之者性，猶孟子言「人之性」「犬[一]之性」「牛之性」，本草言「性熱」「性寒」也。仁者見其始於一而以爲仁，智者見其終於萬而以爲智，木石飛走、愚夫愚婦皆在其中而不知其所以然，是三者之見愚智雖不同，而皆未足以言易也。自易之顯者觀之，有法象之著明，則道之一陽也，謂之仁可也。自易之藏者觀之，无方體之可測，則道之一陰也，謂之智可也。一顯一藏，鼓動萬物而不已，則仁與智又皆屬於陽。枯莖蠹策，藏顯俱出於无心，則仁與智又皆屬於陰。惟其神妙如此，不可形容，故贊之曰：「盛德大業至矣哉」。以言其德則變化日出而无窮，此陽之顯也。以言其業則天地之閒備矣，此陰之藏也。合而言之，顯藏藏顯如循環之无端，則易之一辭足以兼之矣。觀其畫一奇以開

〔一〕犬，宋本訛作「天」。

萬象，則奇也者，誠天下之至健，德之所以能日新也。及其配一耦〔一〕以成萬形，則耦也者，誠天下之至順，業之所以〔二〕能富有也。極奇耦之數至於萬有一千五百二十，以見天下之賾，則謂之占，即奇之象也。通奇耦之變至於千五百三十六卦，以效天下之動，則謂之事，即耦之法也。究而言之，或顯或藏，莫知其方，則神之一辭足以贊之矣。此即上章「神无方易无體」之意也。

效法

古語「法」皆謂形也，「形」即「刑」字，故刑、法通稱，皆言其成形而不可變也。繫辭之於天地或稱「成象」「成形」，或稱「成象」「效法」，或稱「法象」，或稱「觀象」「觀法」，大率皆以「形〔三〕」對「象」，故「法」字但可訓爲「形」字，不可訓爲模倣也。

夫易廣矣大矣章第六

「夫易廣矣大矣」，此一章之總目也。遠而不止即「直」與「闢」也，「靜而正」即「專」與「翕」也，「天地之閒備矣」即「大生」「廣生」也。易之爲道一與兩而已，乾即一也，靜而守一則其事專而无不閉，動而

〔一〕耦，宋本訛作「奇」。按下句「則耦也者」正承此句之「耦」而言。
〔二〕以，宋本無此字。
〔三〕形，宋本訛作「刑」。按上文雖言二字可通，但此乃總結繫辭用字之例，所舉之例無作「刑」者。

用一則其行直而无不開，此乾所以爲萬物之父。坤即兩也，兩閉者爲「翕」，言與乾俱閉也，兩開者爲「闢」，言與乾俱開也，此坤所以爲萬物之母。大者无不統也，廣者无不承也，自「廣大」而至「易簡」，其言之序自博而趨約也。易之所以「廣大」者，以其能變通也。所以變通者，陰陽二物而已。所以爲陰陽者，至易而不難知，至簡而不難能也。陽者一之而已，豈非天下之至易乎？陰者兩之而已，豈非天下之至簡乎？天地之閒至大者天地，至變者四時，至精者日月，至善者至德，易之爲書具此四者，豈不謂之備乎？

遠則不禦　邇則静而正

「其占也，无有遠近幽深，遂知來物」，此所謂「不禦」也。其未占也，「寂然不動」，「无思」「无爲」，此所謂「静而正」也。其形則静，其德則正，静者坤之閉也，正者乾之專也。

易其至矣乎章第七

上章言易，此章言聖人體易於身也。知窮萬理之原，則乾之始萬物也。禮循萬理之則踐而行之，則坤之成萬物也。有天地之位則有陰陽之變行乎其中，人有此性則有知禮之德存乎其中，但患人不能存之爾，苟能存其所存，則道義皆自是而出矣。道者義之體，智之所知〔二〕也。義者道之用，禮之所行也。成性猶設位也，有此位

〔二〕知，宋本脱此字。按「智之所知」與下句「禮之所行」相對。

則謂之設位，有此性則謂之成性，即上文言「成之者性也」。至「存存」上一「存」字方言人爲之功爾。第五章仁爲陽，知爲陰，此章却以知爲陽，禮爲陰。

聖人見天下之賾章第八

上繫第一章統論易道，第二章、三章論人之學易者自繫辭入，第四章以下復論易道，至此章復論人之學易者自繫辭入。夫理之幽者至荒忽誕罔而難明也，聖人以健順動入之辭擬其形狀，以天地雷風之名象其物宜，而幽者於是乎可親而不可惡矣。事物之動至難處也，聖人察其事機之會，與其變動之宜，而爲之處事之法，隨時之理〔二〕，使之曲得其當。而又著其吉凶之效以告之，而動者於是乎有定則而不可亂矣。學易者擬其所立之象以出言，則言之淺深詳略必各當於理，議其〔三〕所合之爻以制動，則動之久速仕止必各當於時，而易之變化成於吾身矣。「成其變化」，「其」字指易也，言人學易之變化而至於有成也，故曰：「以言者尚其辭，以動者尚其變」，此之謂也。末章亦有此一段，其下文亦歸於人之德行，正與此同。自此以下引爻辭七章，皆教人擬議之方。姚大老曰：「『自天祐之』一爻，亦當在此章之末，脱簡在後爾。」

〔二〕理，宋本作「禮」。
〔三〕其，宋本訛作「者」。

七爻

所引七爻皆欲人之畏謹也。「鳴鶴」言處隱之誠，「同人」言用心之一，「白茅」貴慎，「有終」尚謙，「亢龍」惡亢，「户庭」以教密，「負乘」以戒慢，皆所以養人之敬心也。若從姚說移「自天祐之」於此，則終之以信順之福，於義亦不相悖。

金蘭

「其利斷金」，雖金之堅不能閒也，此言君子之行。「其臭如蘭」，雖林之深不能隱也，此言君子之言。

德言盛，禮言恭

「德言盛」，知欲崇也。「禮言恭」，禮欲卑也。

大衍之數五十章第九

姚大老云：「『天一地二』至『天九地十』，班固律歷志及衛元嵩元包運蓍篇皆在『天數五，地數五』之上。」今按新安朱先生易傳亦用此說，與「天數五」至「行鬼神也」合爲一節，置在「大衍」之首，今從之。

天一，地二，天三，地四，天五，地六，天七，地八，天九，地十。天數五，地數五，五位相得而各有合，天數二十有五，地數三十，凡天地之數五十有五，此所以成變化而行

鬼神也[一]

「成變化」「行鬼神」皆主五數言之也。分而言之，天數備於五，地數備[二]於五。合而言之，天地相得，一生一成，其合亦爲五耦。分而計之，天之數爲五者五，地之數爲六者五[三]。合而計之，天地之數爲十者五，其奇數又爲五。分合錯綜无非五者，蓋生數之所變、成數之所化、四時之代謝、萬物之死生，未有能外於五者也。「大衍之數」獨止於五十者，聖人作易之妙旨也。夫五與十，天地之極數也，極則當動，一蓍纔動則五與十亡而四與九見矣，於此最見易道之神。此章置在「大衍」之首，極爲有意。

大衍之數五十，其用四十有九

生數自一二三四而極於五，成數自六七八九而極於十，故大衍之數五十，取天地之極數以立本也。布筭者，生數至四而止，遇五則變而爲一，成數至九而止，遇十則變而爲一，故其用四十有九，取天地之變數以起用也。或曰：揲蓍之四十有九，自然之數，非人所爲者，非也。若自然之數則止用四十八而已，蓍之三揲本皆不四則八，自足以爲三少三多之變，因其四十九也而後有掛一之法，以見一之未嘗不在。因其掛一也，而後第一揲有

[一] 宋本「合」後衍一「也」字，脱「十有五此」四字。按此乃引繫辭之文。

[二] 數備，宋本此二字誤倒。

[三] 六者五，據宋本、清抄本改，明抄本作「五者五」，他本作「五者六」。按，上句「五者五」、此句「六者五」、下句「十者五」，文例一致。

不五則九之數，以見奇當在初而耦當在後。夫四十九也，掛一也，不五則九也，皆无當於三〔二〕少三多，亦无當於七八九六也，而必四十九，必掛一，必不五則九，則其出於聖人之所爲也明矣。但聖人之爲之也，必以天地爲本，異乎鑿者之爲之爾。「五歲再閏」，「再扐」以象再閏，可也，然則何以見其爲「五歲」乎？曰：自「象兩」至「再閏」是也。「象兩」，一也。「象三」，二也。「象四時」，三也。「象閏」，四也。象「再閏」，五也。易以一爻三揲爲三變，一揲之中又具此五小變，故曰「參五以變」。凡一爻三揲成十五小變，當半月之日，一卦六爻成九十小變，當一季之日，故言卦氣者以四正卦直一歲也。

凡三百六十，當朞之日

天地之數五十有五，而蓍數用四十九，去其六也。朞三百六旬有六日，而策數用三百六十，亦去其六也。萬物皆起於一而成於五，一與五无往而不在其中，故不必言一與五。「乾知大始」者，一也。「坤作成物」者，五也。一二三四五皆一之所生也，六七八九十皆五之所成也。

是故四營而成易，十有八變而成卦

此一節以「是故」二字發辭，蓋接上文「二篇之策」言之，以總括一章之事也。易之策數萬物備焉，而經

〔二〕三，宋本、明抄本訛作「五」。按前文明言「自足以爲三少三多之變」，知宋本非。

營之者不出於四。其初左右手數之以四。其次得三少三多及一少一多，亦止於四。其終即三少三多之餘以四除之得九與六，積萬一千五百二十策，一少一多之餘以四除之得七與八，亦積萬一千五百二十策，二篇之策皆四之所成也。是故八卦爲四者二，六十四卦爲四四〔一〕者四，故曰「四營而成易」，此言揲蓍之法也。三揲之餘然後畫卦，以小變言之，每一揲具五小變，以三揲合十五小變爲十有八變而畫一爻。以大變言之，每一揲爲一大變，合十八揲爲十八大變而畫一卦。八卦與六十四卦皆十八變〔二〕之所成也，是故上經三十卦，反對爲十八卦，下經三十四卦，反對亦爲十八卦，故曰「十有八變而成卦」，此言求卦之法也。自「八卦小成」以下，乃言得卦之後占象推演之法，而一章之事備矣。

八卦而小成〔至〕可與佑神矣

易之成書雖曰六十四卦，而反復相重不出於初經之八，故推衍之法取諸八卦而備，作彖辭者止用八卦之義以成六十四卦之義，作象辭者止用八卦之象以成六十四卦之象。以是八者推而達之，天地〔三〕萬物之情、古今萬世之變无不合者，故曰「八卦而小成」，言其義之約也。「引而伸之，觸類而長之，天下之能事畢

〔一〕四四，据宋本、明抄本、清抄本改，他本作「四」。按四四即十六，所以说「六十四卦以四四者四」。
〔二〕變，宋本、明抄本無此字。
〔三〕天地，據宋本補。

矣」，言其用之周也。此古者易家之占法，今其存於說卦者尚可攷也。是故天道雖幽，可闡之以示乎人，人事雖顯，可推之以合乎天，明可以酬酢事物之宜，幽可以贊出鬼神之命，故曰：「顯道神德行，可與酬酢，可與佑神矣。」

易有聖人之道章第十

四尚[一]雖云「辭」「變」「象」「占」，而其下文所論則皆「占」也。自「是以君子將有爲也」至「天下之至精」，言所占之事也。自「參伍以變」至「天下之至變」，言占之法也。自「易无思也」至「天下之至神」，言占之理也。凡占之法有變有數，每爻三揲爲三變，每揲有「象兩」「象三」「象時」「象閏」「象再閏」，爲五小變，此「參伍以變」也。三揲之奇分而計之，則得三少、三多、一少兩多、一多兩少之數，去三揲之奇，以左右手之正策合而計之，則得四九、四六、四七、四八之數，此[二]「錯綜其數」也。「錯」謂分而間之，「綜」謂合而總之，此兩句止論一爻之法。通六爻之變得十有八，遂成初二三四五上，以爲剛柔相雜之文。極六爻之數得七八九六，遂定重單交拆，以爲內外兩卦之象，此兩句方論成卦之法，故曰：此言占法也。蓍之變、策之數、爻之文、卦之象，皆寂然不動之物，初不能如人之有思，亦不能如人之有爲，皆純乎天者也。及「問焉而

[一] 尚，據宋本改，他本作「者」。按，「四尚」即「以言者尚其辭，以動者尚其變，以制器者尚其象，以卜筮者尚其占」。

[二] 此，宋本此字誤在「錯綜」後。

以言」，則「其受命也如響，无有遠近幽深，遂知來物」，則「感而遂通天下之故」，皆同乎人者也，故曰：此言占理也。

易有聖人之道四焉，此之謂也

自「將有爲」以下專論「尚其占」一事，猶以「四事」終之者，「占」則有「辭」，「變」則有「象」，舉其一則「四事」皆在其中也。

深 幾 神

「至精」「至變」「至神」，易之體也。「惟深」「惟幾」「惟神」，易之用也。故曰：「夫易，聖人之所以極深而研幾也」，立此一句以承上體、起下用也。物情難盡，惟精於占者能極遠近幽深之情而繫其辭，故雖深而无不至也。事變至微，人所易忽，惟明於變者能推分合錯綜之文而見其象，故雖微而无不察也。至於神則无所用其力矣，研極之至，義精用利以至於神，此則夫子耳順心從之事，非於「深」「幾」之外復有所謂「神」也。下繫曰：「過此以往，未之或知也」「窮神知化，德之盛也」，此之謂也。或指「精」「變」「深」「幾」爲四者，「精」主「占」而言，「深」即「占」之「辭」，「變」主「變」而言，「幾」即「變」之「象」，亦不出於「四事」也。

夫易何爲章第十一

新安朱先生以「夫易何爲」至「所以斷也」合爲一大章，專言卜筮之事，今從之。此一章文義相貫續而其閒節目有四，第一節統言易中有蓍卦爻之三德，第二節言始立蓍之人，第三節言畫爻布卦之法，第四節極言聖人制作之本，今條而析之。

蓍卦爻之德

此一節先設問荅，次以「是故」發辭。「開物」者，知其未然也，陽之始物也。「成務」者，定其當然也，陰之終物也。天下之始終皆備於此書之內矣，是故聖人用之以知人之志，所謂「開物」也。以定人之事，所謂「成務」也。以「決人之疑」，即志與事之決也。此三者皆蓍卦爻之所能也，是故蓍用七，故其「德圓」。卦用八，故其「德方」。爻用九六，故其「義易」。蓍開於无卦之先，所以爲「神」。卦定於有象之後，所以爲「知」。爻決之先〔一〕者也，所以爲「貢」。聖人以此三物之德「洗心」，以存其神。「退藏於密」，以定其體。「吉凶與民同患」，以贊〔二〕其決。故其知幾則神之「開物」也，其畜德則智之「成務」也，此所謂「聰明叡智」也。其斷吉凶則「神武」之決也，其「與民同患」則「不殺」之仁也。古之人有能備是德者，伏羲氏其人也，故自此〔三〕以下始言建立卜筮之人。

〔一〕先，宋本、明抄本無此字。
〔二〕贊，宋本作「貢」。
〔三〕此，宋本作「立」。

立蓍之人

此一節以「是以」發辭。惟其「聰明叡知」也，是以明於天道之遠而察於民事之近。惟其「神武不殺」也，是以建立蓍策以開斯民占決之用。聖人又以卜筮之法所以齋心而戒事，問之於神而貢之於明者，以自「齋戒」，以自「神明」，其「齋」則「洗心」也，其「戒」則「藏密」也，其「神明其德」則「吉凶與民同患」也。自此以下遂言畫爻布卦之法，以見「神明其德」之事。

畫爻布卦之法

此一節以「是故」發辭。「闔户謂之坤」，言畫耦爻也，凡耦皆屬坤。「闢户謂之乾」，言畫奇爻也，凡奇皆屬乾。「一闔一闢謂之變」，六畫既成，剛柔相雜，言成卦也。「往來不窮謂之通」，九六之動交相往來，言之卦也。皆自神而之明〔二〕也。按其迹而言之，見於蓍策謂之象，形於卦爻謂之器，制而用之謂之卜，筮之法可謂明矣。究其用而言之，則枯草之莖、敗木之槧，而「内」「外」「静」「作」之務，皆資之以利其用，王公皁隸之人皆用之以決其疑，極深研幾，其妙如此，豈非天下之至神乎？此自明而之神也。自此以下復

〔二〕之明，據宋本改，他本作「明之」。按「自神而之明」謂始于神而達於明，如作「明之」，則「自」字之義難解。又，本條下文「自明而之神」，亦據宋本改，依據同上，他本皆作「自明而神之」。

推原制作之本。

制作之本

制作之本有三：有立象之本，有制器之本，有作書之本，故此一節以三「是故」爲發語之端。其一曰：「是故易有太極」，易之「太極」即禮之「太一」也。有太一則有陰陽，是謂兩儀，此八卦之第一爻也。兩儀各有一陰一陽，是謂四象，此第二爻也。四象又各有一陰一陽，是謂八卦，此第三爻也。八卦既成，則六十四卦皆具而吉凶可見矣，吉凶之變不可勝窮，萬事萬物皆生於「吉凶」二字，故曰：「吉凶生大業」。此六句言爻象之所由生也。其二曰：「是故法象莫大乎天地。」萬物皆具奇耦之法象，而天地其最大者也。萬物皆具九六之變通，而四時其最大者也。萬物皆有爻象之著明，而日月其最大者也。三者具而易之道備矣。一家一鄉一國各有占也，而據崇高之極可以作天下之易者，貴爲天子富有天下者也。山巫野祝皆能占也，而具神知之全可以爲天下之利者，聖人也。折筳、剡篿、毁瓦、灼雞皆可占也，而有探索鉤致之神，有決疑成務之智，可以供聖人之用者，蓍龜也。三者具而易之器成矣。此六句言成器之所由立也。其三曰：「是故天生神物」。「神物」即蓍龜也，聖人則其知來之神以立卜筮。「天地變化」即四時也，聖人效其陰陽之變以立卦。「天垂象」即日月也，聖人象其剛柔之發揮以畫爻，此七八九六之四象所以示也。河圖洛書，天地之文字也，聖人則其義理之明以作彖辭爻辭，此繫辭之所以告、吉凶之所以斷也。此四者言易〔二〕之所由作也。是三節者，起於太極成於繫辭，而易之始終備矣。

河圖洛書

姚小彭氏曰：「今所傳戴九履一之圖，乃易乾鑿度九宫之法，自有易以來，諸易師未有以此爲河圖者。至本朝劉牧長民方以此爲河圖，而又以生數就成數，依五方圖之以爲洛書，其言未足深據也。竊意圖者必有八卦之象，書者必有古文字之形，而今不傳爾。又世所傳關子明洞極經亦言河圖洛書，如劉氏説而兩易之，以五方者爲圖，九宫者爲書。按唐李鼎祚易集解盡備前世諸儒之説，獨无所謂關氏者，至本朝阮逸始僞作洞極經，見於后山陳氏談叢之書，則關氏亦不足爲證矣。」

書不盡言章第十二

自「書不盡言」至「鼓之舞之以盡神」，此一章之綱領也。立象、設卦、繫辭三者，言作易之成體。變通以盡利，言人用易以處事。鼓舞以盡神，言人用易以成德。二者皆體易之妙用也。下文自「乾坤，易之藴」至「謂之事業」，以演説「盡利」之意；自「是故夫象」至「存乎德行」以演説「盡神」之意也。

五「盡」爲綱領

立一奇一耦、二奇二耦、三奇三耦之象，所以擬健、順、動、入、陷、麗、止、説之意也。設六十四卦，

〔二〕言易，宋本、明抄本、清抄本作「易書」。

所以具憂樂、求與、見伏、輕怠〔二〕、久速、聚散之情也。繫之以彖辭爻辭，所以闡吉凶悔吝、元亨利貞之言也。故曰此三「盡」者，作易者之事也。用易者「觀其變而玩其占」，以處事變而「行其會通」，則足以盡趨時成務之利而見於事功。「觀其象而玩其辭」，得之於心，體之於身，如鼓之動而舞之赴，心術血氣與之俱成，則足以盡「陰陽不測」之神，而成之於德行。故曰：此二「盡」者，用易者之事也。

五「謂」演盡利

乾，奇象也，坤，耦象也，易之妙盡藏於此。奇耦之象立而變易之道已行於其中，无奇耦則无可變易，无變易則奇耦爲死象矣。自奇耦未形以上，則謂之太極，不可以陰陽名也。自奇耦既形以下，則謂之兩儀四象八卦，而陰陽之體定矣。體定而變化行，故乾本健也，初爻化則爲入，中爻化則爲麗，末爻化則爲說。坤本順也，初爻化則爲動，中爻化則爲陷，末爻化則爲止。凡六十四卦之象，皆示人以化而裁之也，此「化而裁之謂之變」也。當其變也，順而推之則通，違而執之則窮，故乾之「災」，變而「无首」則「吉」，坤之傷，變而「永貞」則「利」。訟之九四「渝」則成渙而「吉」，豫之上六「渝」則成晉而「无咎」，凡三百八十四爻之辭皆教人以推而行之矣，故曰「推而行之謂之通」也。定之以象以明其進退，斷之以辭以知其得失，「以通天下之志，以定天下之業，以斷天下之疑」，「利用出入，民

〔二〕怠，據宋本、清抄本改，他本作「重」。按此處乃用雜卦傳「謙輕而豫怠也」之義。

咸用之」，此「舉而措之天下之民謂之事業」也。故曰：此五「謂」者以演說變通「盡利」之意也。

六「存」演盡神

天下之賾具於奇耦之象矣，而聖人又演之以爲卦，則理之未明者皆可以開其人而使之見也。天下之動具於三百八十四爻矣，而聖人又告之以辭，則事之當爲者皆可以鼓其人而使之趨也。即象之變可以裁其所遇之時，即爻之動〔二〕可以決其所行之事，開曉而鼓動之者雖在乎易，至於體之而藏於身，用之而明於人，則在乎其人之功用如何耳？及其至也，實德成於身，則雖不言而體已備，即易之「无思」「无爲〔三〕」「寂然不動」也。實行信於人，則雖不言而化已孚，即易之「不疾而速」「不行而至」也。靜與易俱入，動與易俱出，「鼓之舞之」不知其然，而神於是乎可盡矣。分而言之，「默」與「不言」爲「神」，「成之」與「信」爲「明」，「德」爲「神」，「行」爲「明」，故曰：「神而明之」。合而言之，「陰陽不測」皆謂之「神」可也。然「神」在於德行而不在於虛无，則皆謂之「明」亦可也。惟易之道不可以偏觀，故體之者其不偏亦如此。故曰：此六「存」者以演說鼓舞「盡神」之意也。

〔二〕動，宋本、明抄本、清抄本作「通」。

〔三〕爲，宋本訛作「思」。

周易玩辭卷第十四

繫辭下

八卦成列章第一

自「八卦成列」至「生乎動者」也，皆言爻象之變動，天道之所以流行也。自「剛柔者，立本者也」至「貞夫一者也」，皆言人之處變動，人極之所以立也。彼以其動，此以其貞，天人之道二者〔一〕而已。自「夫乾確然」至「情見乎辭」，再言爻象之變動，曰：吉與凶而已。自「天地之大德曰生」至「禁民爲非曰義」，再言人道之所以立，曰：仁與義而已。大抵上繫之文多言聖人作易之事，下繫之文多言聖人用易之事，此下十三卦皆以古人之事實之。

〔一〕者，宋本作「言」。

乾確然［至］情見乎辭

乾「易」坤「簡」，爻「效」象「像」，即上文所謂「象在[一]其中」「爻在其中」也，此剛柔立本之事也。爻象、吉凶、功業、聖人，即上文所謂「變在其中」「動在其中」也，此變通趣時之事也。爻象動於蓍策之中，吉凶見於辭命之際，故謂爻象爲内，吉凶爲外，是故欲知事物之會通，觀乎爻象之變足矣。欲知聖人憂民之意，觀乎吉凶之辭足矣。

八卦成列［至］生乎動者也

象至於八而備，六十四卦之象皆因八而成也。爻至於重而足，三百八十四爻皆因重而生也。易之變有飛有伏有交有互，不可勝窮，而不出於一剛一柔之相雜。人之動有吉有凶有悔有吝，而不出於卦辭爻辭之所命。「變」與「動」字義相近，恐讀者之不能辨也，故聖人自釋之曰：「吉凶悔吝生乎動者也」，明「變」主易言之，「動」主人言之也。

剛柔立本［至］貞夫一者也

剛柔即奇耦也。易以剛柔立象，聖人以仁義立道。易之變化不出於剛柔，聖人之趣時不出於仁義，故吉凶

[一] 在，宋本脱此字。本條下文「變在其中」之「在」，宋本亦脱。

萬變而至一之本不動。一者何？剛柔仁義是也。外剛柔仁義而言變通，是爲吉凶所動，非樂天趣時者也。天地所以爲法象之大，日月所以爲陰陽之宗，人道所以爲變動吉凶之主，亘萬古而長存者，一而已矣。一之動爲剛，一之静爲柔〔二〕，外一而言剛柔，外剛柔而言變通，皆詭道也。下繫之「貞夫一」即上繫之「太極」也，下繫之「剛柔」即上繫之「兩儀」也。兩儀即太極，非兩儀之外復有太極。剛柔即一，非剛柔之外復有一也。一之始動爲乾，易之奇畫是也。一之復静爲坤，易之耦畫是也。故曰：乾示人「易」，坤示人「簡」，又曰：「爻也者，效此者也，象也者，像此者也」，明乾坤即奇耦，奇耦即一也。

曰生　曰仁

天地之盈虚皆主於生，聖人之慈斷皆主於仁，故易之變通一動一静，而皆名之曰「動」，聖人之「仁」即天地之「生」、易之「動」也。彖曰「大哉乾元」，上繫曰「乾知太始」，又曰「繼之者善也」，皆此意也。接太極而動者，乾而已。受乾而生各有定形者，坤也。繼道而出者，仁而已。依仁而行各有定理者，義也。故動足以包静，而動之本又出於一。仁足以包義，而仁之本又出於一。蓋凡上繫之言極其廣大，而下繫之言極其精要，若此之類可以概見也。

〔二〕宋本此後衍「外一之静爲柔」。

曰位　曰仁　曰財　曰義

「聖人之大寶曰位」，即「崇高莫大乎富貴」也。「曰仁」「曰財」「曰義」，即「備物致用，立成器以爲天下利，莫大乎聖人」也。得富貴之位，行聖人之道，本仁以爲心，明義以立政，然後可以保烝民之生，配天地之大，故自此以下以包羲氏、神農氏、黄帝、堯、舜氏實之，皆聖人之富貴者也。

理財正辭，禁民爲非曰義

財者，百物之總名，皆民之所利也。「理財」謂「水、火、金、木、土、穀，惟脩」，所以利之也。「正辭」謂殊貴賤，使有度，明取予，使有義，辨名實，使有信，蓋利之所在不可不導之，使知義也。「禁民爲非」謂憲禁令、致刑罰，以齊其不可導者也，蓋養之教之而後齊之。聖人不忍人之政盡於此三者矣。「理財」則易之「備物致用」也，「正辭」則易之「當名辨物正言」也，「禁民爲非」則易之斷吉凶、明得失、「外内使知懼」也。易之事業亦盡於此三者矣，而其德意之所發則主於仁民而已，義者仁之見於條理者也，故名之曰「義」。

包羲氏章第二

自「仰則觀象於天」至「以類萬物之情」，其例皆在説卦篇中，可以類推也。「象」以氣言，屬陽。「法」以形言，屬陰。「鳥獸之文」謂天產之物，飛陽而走陰也。「土地所宜」謂地產之物，木陽而草陰也。

十三卦

離之兩目爲「網罟」之象，益之上入下動爲「耒耨」之象，噬嗑之「明以動」爲「日中爲市」之象，涣之木在水上爲「舟楫」之象，隨之上説下動爲「服牛乘馬」之象，小過之上動下止爲「杵臼」之象，此六卦之義皆明而易見，其餘七卦象頗未明，今以義推之。乾坤相變爲六十四卦，此變通之象也。豫内坤爲闔户，外震爲動木，此「重門擊柝」之象也。睽三四五互〔二〕坎爲弓兑，爲上弦，離爲兵而麗於上，此「弓矢」之象也。大壯以二陰覆四陽，爲「棟宇」覆人之象。大過以二陰包四陽，爲「棺椁」包人之象。「棺椁」「棟宇」皆二木也，大過内外卦反對皆爲木，故有内棺外椁之象。自大過變爲大壯，并二木於五上二爻，故有「上棟下宇」之象。夬以乾金爲言於内，兑金爲決於外，書以刀記言，契以刀決之，故爲「書契」之象。

象 彖 爻

象即卦也，卦著全卦之象，彖言上下兩卦之材，爻貢六爻之動，三者具而吉凶悔吝明矣。此章首言包羲觀物制易，中言數聖人觀易制物，皆尚象之事也，至此乃言尚辭、尚變、尚占之事，而易之四道備矣。

陽卦多陰章第三

陽爲君，陰爲民，「陽卦多陰」，二民也。「陰卦多陽」，二君也。陽畫奇，亦一君也。陰畫以二奇爲耦，亦

〔二〕互，宋本脱此字。

二君也。上兩「何也」並爲問目，下文總以「君民」一説荅之。

十卦十一爻章第四

十卦以咸九四爲主意，大抵論感應之一心、屈信之一形、往來之一氣、出入之一機也。「精義」入也，乃所以利其出。「利用」出也，乃所以安其入。自此以下，困、解、噬嗑、鼎、否皆言「利用」之事，豫、復、損、益皆言「精義」之事。困不利而解利，噬嗑初九福而上六禍，鼎凶而否吉，自一人一事而至於天下國家〔二〕之用皆盡於此矣。豫言知幾之早，復言省過之速，損言心之當一，益言道之當豫，「精義入神」之功亦盡於此矣。

窮神知化

至於神然後能窮神之所由起，至於化然後能知化之所由推。「知化」猶「知大始」之「知」，非萬物生於其手者不能知萬物之始也，非萬物生於其身者不能知萬物之機也。孔子言「知天命」，子思言「知天地之化育」，皆至乎其地者也。凡傍觀仰視遥度臆料者，皆未足以言知也。

天下同歸而殊塗，一致而百慮，天下何思何慮

自「日往月來」至「屈信相感而利生焉」，言物理之「同歸而殊塗」也。自「尺蠖之屈」至「以崇德也」，

〔二〕國家，據宋本補。

言物情之「一致而百慮」也。自「過此以往」至「德之盛也」，言天下「何思何慮」也。日月同於生明，而往來之道則殊。寒暑同於成歲，而往來之時則殊。其殊者一屈一信也，其同者成順致利也。「往者屈也，來者信也，屈信相感而利生焉」，此三句以解上六句也，此所謂「同歸而殊塗」也。自物言之，尺蠖之屈，乃用此以求信也，龍蛇之蟄，乃用此以存其身也。自人言之，心之精者即其用之利，用之利者即其德之崇。上段猶以彼此相成，此段即屈爲信，即信爲屈，愈入於約矣，此所謂「一致而百慮」也。然日月寒暑，天道之自然者，固可以言「何思何慮」矣。其在人事則精義所以利其用，利用所以崇其德，其致慮〔二〕也如尺蠖之求信，未可以言「无思」也，其「入神」也如龍蛇之存身，未可以言「无慮」也。蓋猶有致有、崇有、求有存也，必至於過此以往而入於窮神知化之鄉，未之或知而安於德盛仁熟之境，乃可以言「何思何慮」，此夫子「從心」之時，孟子「聖神」之境也。

諂 瀆

諂者本以求福，而禍常基於諂，梁竇之客是也。瀆者本以交驩，而怨常起於瀆，竇灌之交是也。易言「知幾」，而孔子以「不諂」「不瀆」明之，此真所謂知幾者矣。欲進此道，惟存察之密、疆界素明者能之，此所以必歸之於「介如石」者歟？

〔二〕 慮，宋本、明抄本、清抄本作「利」。

其殆庶幾乎

「殆」者，將也。「庶幾」者，近辭也。論語曰「其庶乎」「其幾也」，詩曰：「庶幾有臧」「式飲庶幾」，皆近辭也。此段先立本説，言君子以有「四知」，故爲「萬夫之望」，然後却以顔子之事爲將近之，以實其説也。夫「知彰」者衆矣，惟君子於微而知其彰。「知剛」者衆矣，惟君子於柔而知其剛。蓋由用心之精、燭理之明，是以至此。欲進此者，當自顔子始，毫釐絲忽之過一萌於方寸之閒，可謂「微」矣，而吾固已瞭然而見之，可謂「柔」矣，而吾固已斬然而絶之，豈容其「彰」且「剛」哉？此何止「萬夫之望」，真萬世之望也。此章内十一爻雖各爲一段，而意皆相貫，此爻尤與上爻文意相關。

化醇　化生

天地之交合，萬物而同生，故曰「化醇」。萬物之交各成〔二〕其類，故曰「化生」。

民不與也

「危以動則民不與」，「黨與」之「與」也。「无交而求則民不與」，「取與」之「與」也。

易以語　懼以語

以「易」對「懼」，則義可見矣。直者其語「易」，曲者其語「懼」，乾之所以「易」者，以其直也。

〔二〕成，宋本、清抄本作「生」。按萬物已生則不當再言「生」其類。

乾坤易之門章第五

此章專論易之彖辭。易不過乾坤二畫，乾坤即陰陽、剛柔也。六陰九陽以象其德，故可以通神明所有之德。奇剛耦柔以定其體，故可以體天地所具之物。「神明」即天神地明也，神明以德言，天地以形言。凡易之辭，其稱名取類千彙萬狀，大要不越於二者，而其所以繫辭之意，則爲世衰道微，「與民同患」，不得已而盡言之爾，此斷辭之所以作也，斷辭即彖辭也。「彰往察來，微顯闡幽」，易之道也。「開而當名，辨物正言」，彖之功也。其所命之事，名極其當，故玩其名即可以知其事。其所取之物，象極其辨，故觀其象即可以明其意。其吉凶利害之言極其正，故誦其言即可以決其效。因民之疑而來問也以是告之，則足以濟其可否之決而定其吉凶之應矣。

三陳九卦章第六

此章亦論彖辭。凡彖辭之體，皆先釋卦名，次言兩卦之體，末〔一〕推卦用，故此章之序亦然，以爲觀彖者之法也。獨取九卦者，擇其切於憂患者言之，以見作易之意專爲與民同患也。

初陳

此一節釋卦名之義，如彖之「曰同人」「曰大有」之類也。「履，德之基」，「復，德之本」，「井，德之

〔一〕末，宋本、明抄本訛作「未」。

地」，三者頗難分，今略釋之。「基」猶築室之基，貴其實也，人以踐履爲實，有實行然後德可積而崇也，故曰：「履，德之基也」。「本」者物之所從生也，復者陽之始生，乾之元，善之端，人心發見之初也，故曰：「復，德之本也」。地體本静而其生不窮，井道似焉，故曰：「井，德之地也」。困足以驗己之實德，故爲「德之辨」。巽能曲制事宜，故爲「德之制」。此兩句義稍晦，故亦釋之。

再陳

此一節釋卦之兩體，如象之「險而止」「險而健」之類也。「履和而至」，即兑説而乾健也，説故和，健故能至，徒和而不健者不能至也。復以一陽在五陰之下，可謂微矣，而能動而自復，不爲衆陰之所迷，故雖「小而辨於物」。恒非執一而廢百也，日月之往來，四時之變化，代明並育而不相厭，此其所以能久也。風之所至，物无不舉，而人〔二〕不見其迹，「巽以行事」者亦然，故雖「稱而隱」，「稱」即稱舉、稱揚之義。此九句皆以兩字相反成文，若作「稱物」之「稱」，則與上八句悖矣。

三陳

此一節推卦之用，如象之「聖人以順動」「聖人以神道設教」之類也。「井以辨義」，此句未明，亦當以象

〔二〕人，宋本、明抄本作「入」。

辭解之。「改邑不改井」則能居其所也，「往來井井」則能遷以及人也，居則不改，遷則不窮，處己及人各極其當，則可謂能辨於義矣。三陳之中皆有「辨」字，其一曰：「困，德之辨」，辨於己也；其二曰：「復，小而辨於物」，辨於人也；其三曰：「井以辨義」，人己之間，兩極其辨也。

易不可遠章第七

此章專論易之爻辭。「易之爲書也不可遠，其爲道也屢遷」，此二句一章之大旨也。自「變動不居」至「惟變所適」，言「屢遷」也。自「出入以度」至「道不虛行」，言「不可遠」也。「書」指所繫之辭，辭出於聖人，人所當玩而行也，故「不可遠」。「道」指六爻言之，六爻之變不可勝窮也，故「屢遷」。惟其「屢遷」也，故虛而无常，「不可爲典要」。惟其「不可遠」也，故有度有方、有典有常而不可虛。是故循其出入往來〔一〕行止久速之度，則作內作外之事皆在所當戒。辨其凶咎災眚傷嗟惕厲之所從來，則有人无人之時皆在所當敬。蓋所命之辭隨道而立，周旋曲折皆有定向，苟非誠敬率理之人，不能信受而曲從也。方其率之也，則謂之辭。及其行之也，則謂之道。「辭之所指」即道之所遷也，人能循其「不可遠」之理，則「屢遷」之「道」得矣。

原始要終章第八

此章亦論爻辭。凡畫卦之法，必始於初爻、終於上爻，然後成一卦之體。至論其所畫之爻，則或陰或陽，

〔一〕出入往來，宋本、明抄本、清抄本作「上往来入」。

隨其時物之宜，未始有定體也。初方出門，禍福未定，故其辭多擬議。上已覩其成，禍福判矣，故其辭多決定。若夫雜貴賤之物，具陰陽之德，而辨其德與位之當否，則備於二三四五也。「物」指位言之，下章「爻有等，故曰物」，正解此「物」字。「居」猶舉也，言本末之與中爻，雖各不同，然攷其存亡吉凶，則六爻舉可知也，何必以中爻爲限哉？使智者觀之，則止用卦辭亦可得其大半，又何必以六爻爲限哉？此下再論中爻之例。「功」者，德也。「物」者，位也。「譽」「懼」「功」「凶」者，其是非也，此四者皆以位爲重也。然柔不利遠而利中，剛无遠近中偏之間，柔在貴而危，剛在貴而勝，則又以德爲重也。「雜物撰德」之法，亦略見於此矣。

廣大悉備章第九

此章專論六爻者非他，三才之道也。言聖人所以「兼三才而兩之」者，非以私意傅會六爻也，三才之道自各有兩，不得而不六，此即說卦所言陰陽、剛柔、仁義也。「爻有等」者，初二三四五上也。「物相雜」者，初三五與二四上，陰陽相閒也。「文不當」者，九居陰位，六居陽位也。此即說卦所言「分陰分陽，迭用柔剛」也。

末世盛德章第十

此章專論辭，而以危懼爲主、慢易爲戒，即「易不可遠」章之意也。彖辭、爻辭皆成於周，故論彖辭則言「衰世」、言「中古」，論爻辭則言「殷周」，皆指文王、周公言之。

知險知阻章第十一

自「夫乾，天下之至健也」至「成天下之亹亹者」，皆言乾坤之「知能」。自「變化云爲」至「聖人成能」，皆言聖人之「知能」。自此以下至章末，皆以象變與占辭推演聖人之「知能」也。「能研諸侯之慮」，王弼略例作「能研諸慮」。

乾坤之知能

乾即奇也，一於剛，故至健。坤即偶也，一於柔，故至順。一於剛故常「易」「直」而无所思，一於柔故常「簡」「静」而无所爲。「易」與「險」相反，惟中心「易」「直」者，爲能照天下巇險之情，即所謂「通天下之志」也。「簡」與「阻」相反，惟行事「簡」「静」者爲能察天下煩壅之機，即所謂「成天下之務」也，阻者，填壅隘塞之，狀險惡不同。此二者奇耦之所知也。惟其知之明如此，故能道占者之心而使之説，能因占者之慮而爲之研。説其心，故能定其吉凶之期。研其慮，故能成其亹亹之事。亹亹者，方來而未已之意，言事之日生日至者也。吉凶者，言行之報也。亹亹者，言行之積也。此二者奇耦之所能也，易之三百八十四爻不出於奇耦二物而已。

聖人之知能

「云爲」即言動也，人之言動即易之變化也，故曰「變化云爲」。自此以下四句即上繫之四道也。「云爲」

即「尚其辭」「尚其變」也。「象事」「占事」即「尚其象」「尚其占」也。精於「變化云爲」，則知動之微。見吉之先，有擬議之功，无諂瀆之禍，故曰「吉事有祥」，即中庸所謂「至誠之道，可以前知」「見乎蓍龜，形乎動静」[一]也。此以辭與變體之於身也，即乾之「知險」也。精於觀象則可以知制器之理，如上文十三卦之聖人是也；精於占卜則可以知方來之事，如上文「无遠近幽深，遂知來[二]物」者是也。此以占與象措之於事也，即坤之「知阻」也。此二者聖人之知也。天地有自然之奇耦而不與聖人同憂，聖人象其奇耦而致其用，以成作易之能事，此聖人之能作於上者也，即乾之始物也。明與人謀而成其事業，幽與鬼謀而定其吉凶，雖百姓日用而不知者，亦皆與聖人以爲能，此聖人之能著於下者也，即坤之成物也。此二者聖人之能也。

以象變占辭推演聖人之知能

八卦即六十四卦也，「八卦以象告」謂卦爻之以象示人也。「爻彖以情言」謂繫辭之以言諭人也。「剛柔雜居而吉凶可見」，此再言象之所以示人者明也。「變動以利言，吉凶以情遷」，此再言辭之所以諭人者殊也。自彖辭觀之，卦體本以變動而成，故彖辭專言其變通之利，如「柔來而文剛，分剛上而文柔」之類是也。雖睽、蹇、明夷至不美之卦，其彖皆有所利，蓋其初皆因窮而變，變而成卦，則以成卦者爲利，故曰：「變動以利

[一] 中庸：「見乎蓍龜，動乎四體。」
[二] 來，宋本訛作「求」。

言」。自爻辭觀之，據逐爻之情而處事，則吉凶皆異於本彖矣，故有在彖爲主爻而在本爻則爲凶者，如震之九四「震驚百里」可爲祭主，而在本爻則爲「泥」而「未光」之類是也，故曰：「吉凶以情遷」，言視彖之本辭則爲遷易也。自此以下皆言「吉凶以情遷」之事，而以六爻之情與辭明之。「吉凶」「悔吝」「利害」之三辭，分出於「相攻」「相取」「相感」之三情，而總屬於相近之一情。由是觀之，禍莫多於相近，人莫難於相近也。此四「相」者，言爻之情也。下六「辭」者，爻之辭也。命辭之法必各象其爻之情，故觀其辭可以知其情。自四「情」言之，可以見聖人之「知險」「知阻」矣。自六「辭」言之，可以見聖人之「能説諸心，能研諸慮」矣，故曰：此以象變占辭推演聖人之知能也。

乾坤　八卦

凡繫辭之稱乾坤，即奇耦二畫也。乾純於奇，坤純於耦，故例以乾坤稱之。凡繫辭之稱八卦，即六十四卦也。八卦更相上下，變[一]爲六十四卦，故例以八卦稱之。其言伏羲「始作八卦」者，亦謂六十四卦也。有八卦則有六十四卦，夫人而能重之也，何必文王哉？

吉凶　悔吝　利害

「利害」者，商略其事，宜有利有不利也，「悔吝」則有迹矣，「吉凶」則其成也，故總而名之曰「吉凶」。

[一] 變，宋本、明抄本、清抄本無此字。

「相感」者，情之始交，故以「利害」言之。「相取」則有事矣，故以「悔吝」言之。「相攻」則其事極矣，故以「吉凶」言之。「遠近」「愛惡」「情僞」姑就淺深分之。若錯而綜之，則「相攻」「相取」「相感」之人，其居皆有「遠近」，其行皆有「情僞」，其情皆有「愛惡」也，故末句〔一〕總以「相近」一條明之。「近而不相得」，則以「惡」「相攻」而凶生矣，以「僞」「相感」而害生矣，不以「近」「相取」而「悔吝」生矣，是則一「近」之中備此三條也。凡爻有比爻、有應爻、有一卦之主爻，皆情之當相得者也。今稱「近」者，止據比爻言之，反以三隅，則遠而爲應、爲主者，亦必備此三條矣。但居之近者，其吉凶尤多，故聖人槩以近者明之。

六辭

六「辭」之中，「吉」一而已，「躁」「叛」「疑」「誣」「失」居其五，猶吉凶悔吝之分，吉居其一，凶、悔、吝居其三也。「叛」非「叛逆」之「叛」，但背實棄信者皆是也，言與實相叛，故「慙」。吉者静，躁者動，叛者无信，疑者不自信，誣者敗人，失守者自敗，皆相反對也。「守」謂其所依據，吴王失國，故辭屈於晉，夷之失對，故辭屈於孟子，皆失其所據也。以類推之，艮，吉也。震，躁也。兑，叛也。巽，疑也。坎喜

〔一〕句，據宋本改，他本皆作「章」。按「相近」一條指「凡易之情，近而不相得則凶，或害之，悔且吝」，是一「句」而非一「章」。

陷爲誣善，離喜麗爲失守。人情大約不出於六者，蓋[二]仁者默，勇者譁，能言者寡信，善巽者少決，智人多險，文士罕守，剛柔之變盡於此矣。

上繫　下繫

上繫鋪叙易道之廣大，而終於德行之成，自博而約也。下繫指示爻象之精要，而極於辭情之辨，自本而末也。

〔二〕者蓋，宋本、明抄本、清抄本無此二字。

周易玩辭卷第十五

説卦

幽贊神明章第一

生蓍

「生蓍」謂創立用蓍之法，神不能言，以蓍言之，所以贊神出命，故謂之「幽贊神明」，即「大衍」所謂「佑神」也。凡蓍必藏於廟中，人即而筮焉，示受命於神也。

倚數

始終中之三數，皆乾之所爲也，坤則隨其所至兩之而已。乾有一畫，坤兩之爲一耦。乾有二畫，坤兩之爲二耦。乾有三畫，坤兩之爲三耦。有乾畫則坤能兩之，乾之所无，坤不能生也，故曰：「地道无成而代有終也」，又曰：「乾知大始，坤作成物」，又曰：「成象之謂乾，效法之謂坤」，皆「參天兩地」之意也。「倚」者，依之以立數也。三奇爲陽畫，兩其三以爲陰畫。三畫爲初卦，兩其三以爲重卦。此畫數之參兩也。參三以爲老陽，兩三以爲老陰，二兩一參以爲少陽，二參一兩以爲少陰，此策數之參兩也。凡數皆自「參兩」而出。

立卦生爻

坤一變爲震，再變爲坎，三變爲艮，乾一變爲巽，再變爲離，三變爲兑，凡卦皆因二氣之變而立〔一〕也。陽氣不可見，則畫爲剛爻以發之，陰氣不可見，則畫爲柔爻以發之，凡爻皆用剛柔之形以發揮二氣之變也。陰陽以氣言，剛柔以形言，下文「分陰分陽，迭用柔剛」意亦同此。

道德　理義　性命

「道」即天之命，「德」即人之性，「義」即地之理也。「和順於道德而理於義，窮理盡性以至於命」，此兩句反復互言也。易之奇耦在天之命則爲陰陽之道，在人之性則爲仁義之德，在地之宜則爲剛柔之理。「和順於道德而理於義」，言易之所能也，故自幽而言以至於顯，此所謂「顯道」也。「窮理盡性以至於命」，言易之所知也，故自顯而言以至於幽，此所謂「神德行」也。按上文既言蓍數卦爻，則此二句次當爲〔二〕爻辭彖辭言之歟？

〔一〕立，據宋本改，他本作「言」。按此處論乾坤生六子，作「立」合于此處生成之義。

〔二〕次當爲，據宋本改，他本皆作「須當於」。按此處分析「幽贊神明」章的内容次序，宋本合於此義。

性命之理章第二

此論易之爻也。分而言之，「理」與「性」「命」爲三。合而言之，仁義之「性」即陰陽之「命」，陰陽之「命」即剛柔之「理」，故總而稱之曰「性命之理」。天地人三也，陰陽、剛柔、仁義皆兩之也，言其道之至謂之「三極」，言其質之定謂之「三才」，六畫成卦則三兩相比，六位成章則一陰一陽相閒也。

天地定位章第三

此論易之象也。易之象有二：有先天之象，有後天之象。此一章自「天地定位」至「八卦相錯」，言先天之順象也。自「數往者順」至「坤以藏之」，言先天之逆象也。下一章自「帝出乎震」至「故〔一〕曰成言乎艮」，言後天之時位，猶上文之順象也。自「神也者〔二〕」至「既成萬物」，言後天之化氣，猶上文之逆象也。

天地定位［至］八卦相錯

先天之法，據太極始分之初，因兩儀以生八卦也。八卦既成，按而數之，「天地定位」，乾正南、坤正北也。「山澤通氣」，艮西北、兌東南也。「雷風相薄」，震東北、巽西南也。「水火不相射」，離正東、坎正西也。天地

〔一〕故，據宋本補。

〔二〕神也者，據宋本、明抄本、清抄本改，他本皆作「萬物出乎震」。按上句「自『帝出乎震』至『故曰成言乎艮』」所論已涵括「萬物出乎震」一節，此處不當重出。

以上下直對，水火以東西〔一〕横對，雷風山澤以四角斜對，八卦相錯，粲然有倫，夫人而能數之也。然易主知來，非逆數不足以知來，故此下却言逆數之事。

數往者順知來者逆〔至〕坤以藏之〔二〕

「數往者順」以指上文，即「卦以藏往」也。「知來者逆」以指下文，即「蓍以知來」也。「是故易逆數也」，此一句以起下文八句也。上文即據八卦已成之後對而數之，天上地下，日東月西，山起於西北，澤鍾於東南，雷盛於陽方，風盛於陰方，其序順而理明，故曰：「數往者順」。下文則據八卦始畫之初，畫乾於左，畫坤於右。左方之畫從下數上，自震、離、兑而至於乾，則下文之「雷」「日〔三〕」「兑」「乾」也。右方之畫從上數下，自巽、坎、艮而至於坤，則下文之「風」「雨」「艮」「坤」也。左右對畫而上下逆生，故曰：「知來者逆」。非聖人於順之外別爲逆象也，方畫而逆，既成而順，此之逆象即上文之順象，凡揲蓍之法亦以左右相逆而成象也。此八句半言造化，半用卦名者，示引造化以釋卦名也。

定位　通氣

八卦雖八，實則「陰陽」二字而已，言其位之上下則爲「天地」，言其氣之蓄洩則爲「山澤」，言其聲勢之

〔一〕西，據宋本、明抄本、清抄本改，他本作「南」。按上文明言「離正東、坎正西」。

〔二〕宋本無「知來者逆」四字，明抄本、清抄本無「至坤以藏之」五字。

〔三〕日，宋本脱此字，明抄本作「火」。按「日」指下文之「日以烜之」。

發則爲「雷風」，言其情性之真則爲「水火」，是故位雖定而氣則通，勢雖相薄而情不厭，明本一物也。

帝出乎震章第四

後天之序，據太極既分之後，播五行於四時也。震巽二木主春，故震在「東方」，巽「東南」；次之離火主夏，故爲「南方之卦」；兑乾二金主秋，故兑爲「正秋」，乾「西北」；次之坎水主冬，故爲「北方之卦」；土王四季，故坤土在夏秋之交，爲西南方之卦，艮土在冬春之交，爲「東北方之卦」。木金土各二者，以形王也。水火各一者，以氣王也。坤陰土，故在陰地。艮陽土，故在陽地。震陽木，故正東。巽陰木，故近南而接乎陰。兑陰金，故正西。乾陽金，故近北而接乎陽。其序甚明，而世之言後天者，或未之思也。

帝出乎震〔至〕故曰成言乎艮

自「帝出」至「成言」皆以人事喻之，故不言天道而言「帝」也。天道始開，上騰下降，如夙興臨朝，皆「絜齊」而後「相見」，既相見而後各役其力，以致其養，小大並作，不能自休，皆所以自養也，故曰「役」，又曰「養」。養道既成，人樂其樂而利其利，故曰〔一〕「説言」。説極而衰，死生將分，故「戰」，此日將入之時也。既戰而憊，力竭氣歸，故曰「勞」，又曰「歸」，此夜寐之時也。「勞」主憊竭而言，非謂興作也，興作之

〔一〕故曰，宋本作「皆有」。

「勞」則「致役」者當之。既寐而休，「勞」者復蘇，竭者復作，「終」與「始」之所相會也，故曰「成言」，此將旦之時也。

絜齊

味「絜齊」之義，似當音「齋」。然古之齋者亦以齊不齊爲義，則不必改音也。

坤也者，地也　兑，正秋也

坤王季夏，義在中央，故言「地」而不言「西南」。兑以物成爲説，故言「秋」而不言「西」，皆取義之便，亦以例餘卦也。

陰陽相薄也

陰自午至亥積爲純坤，而乾之純陽治焉，乾坤同位，是以相薄也。「雷風相薄」義亦同此，震與巽皆治於木位也。

説言　成言

古語謂交惡者爲「有違言」，交好者爲「有成言」。春秋楚遺黑肱「成言於晉」，晉遣向戌「成言於楚」，此章「説言」「成言」即此類也。秋時人有所收，物有所成，小大熙熙，故於是乎有「説言」。艮當終始之會，如兩國之交，故於是乎有「成言」。兑爲口舌，艮有伏兑，皆得用「言」字。此章文義與「象者，言乎象」，

「爻者，言乎變」之例不同，彼解「象」字「爻」字，此非解「說」字「成」字，不可以「言」字屬下文也。

神也者妙萬物［至］既成萬物也

上陳八卦，辨其分治之迹，此引八物，明其氣化之神。惟艮獨不言「山」者，崔憬〔一〕曰：「山於終始萬物之義不若艮字之明也」。不言「乾坤」者，乾主變，坤主化，言能變化則乾坤備矣，此虞翻說。

說萬物　潤萬物

澤不爲「潤」而爲「說」者，潤者，氣之濕而在內者也，說者，色之光而在外者也。季夏爲土而兑承之，故澤者，土之餘氣也，潤氣上〔二〕浮而光溢於外，故說〔三〕而可愛。若潤物之功，淫液而深長，則惟水足以當之。傳曰：「車甚澤」「光可以鑑」〔四〕，則澤者，光說之名爾。

水火相逮　雷風不相悖　山澤通氣

「動」「撓」「燥」「說」「潤」「盛」，皆據後天分治之序，而「相逮」「不相悖」「通氣」「變化」，復據先

〔一〕崔憬，宋本作「崔璟」，明抄本作「翟景」，清抄本作「崔景」。
〔二〕上，宋本訛作「土」。
〔三〕宋本「說」後有一「澤」字。
〔四〕左傳襄公二十八年：「獻車于季武子，美澤可以鑒。展莊叔見之，曰：『車甚澤』」，據此則文中「光」字疑當作「澤」。

天相合之位者，明五氣順布、四季分王之時，无極之真，二五之精，所以妙合而凝者，未始有戾於先天之事也。苟无此章，則文王爲无體，伏羲爲无用矣。故讀易者於此不可不深玩也。「相逮」與「不相射」，「相薄」與「不相悖」，皆互言也。

然後能變化，既成萬物也

先天之首，以天地、山澤、雷風、水火爲序。後天之末，乃自水火、雷風、山澤、天地倒而言之。彼言乾坤之用成於坎離，此推坎離之功歸於乾坤也。

乾健也章第五

此論易之占也。自此以下皆以陰陽純卦及初中終爻爲序，蓋以變卦之說言之，又非上文先天後天之序也。此章先以八字斷八卦之德，以定其本義，其下三節乃以物、以身、以家，依八德之類而分主之，使占者用之以知來物也。

乾健也［至］兑説也

此以八德擬八卦也。所謂「神明之德」「萬物之情」，皆萃於此八字矣。乾，純剛也，故稱乎「健」。坤，純柔也，故稱乎「順」。陽在陰下則「動」，在陰中則「陷」，在陰上則得其所而「止」矣，皆君子之德也。陰在陽下則「入」而伏，在陽中則「麗」而出，在陽上則「説」而見於口舌之閒，皆小人之德也。

健　順

「動」「陷」「止」皆屬「健」，「入」「麗」「説」皆屬「順」。凡物健則能動，順則能入，「健」「順」其體也，「動」「入」其用也。健遇順則陷焉，順遇健則麗焉，「陷」「麗」者，其勢也。健者始於動而終於止，順者始於入而終於説。陽之動，志於得所止，陰之入，志於得所説，「止」「説」者，其志也。

乾爲馬［至］兑爲羊

此以八物擬八卦也。健者爲馬，順者爲牛，善動者爲龍，善伏者爲雞，質躁而外污者爲豕，質野而外明者爲雉，前剛而止物者爲狗，内很而外説者爲羊。

馬　牛

造化權輿云：「乾，陽物也，馬故蹄圓。坤，陰物也，牛故蹄拆。陽病則陰，故馬疾則卧。陰病則陽，故牛疾則立。馬陽物，故起先前足，卧先後足。牛陰物，故起先後足，卧先前足。」安世按，天文馬於辰爲午，於宿爲星，直一陰之月，陽生於陰也。馬性本陰，故雖健而能順行。牛於辰爲丑，於宿爲牛，直二陽之月，陰生於陽也。牛性本陽，故雖順而善鬭。

馬

言馬者三卦，乾、震、坎也。震，乾之初爻；坎，乾之中爻，皆乾類也。馬之健在足，故震馬多善。至坎下柔，則蹄「薄」而「曳」矣。艮之健全在上，故爲狗而不爲馬。

龍

震，東方也，東方七宿有角有尾，謂之蒼龍。又十二支以辰爲龍，宿直角亢，角爲蛟，亢爲龍，皆震位也。翼爲蛇，軫爲蚓者，翼軫主巳，亦震之餘氣也。

雞

酉爲雞，於宿直昴，蓋金畜也。而主巽者，巽位在巳，金王於酉而生於巳也。九家易曰：「風精爲雞」，正巽之畜也。

豕

坎，正北方之卦也，亥爲豕，於宿直室，正水畜也，故主坎。坎爲「隱伏」，豕所居也。易之象象皆取諸豕，所以探索隱伏也。

雉

離，南方之卦也，南方七宿謂之朱鳥，有咮有翼而无尾，故又謂之鶉。鳳與鶉皆火畜也，獨取雉者，鳳全陽、鶉全陰也。凡走類皆屬陰，凡飛類皆屬陽。鶉雉草伏野走而能卑飛，皆陰之附乎陽者也，而雉得陽爲多，故其性介，其色文。埤雅云：「雉不能遠飛，高不過一丈，長不過三丈，故高一丈長三丈爲一雉」，此雉之陰也。書稱雉爲「夏翟」，以其色備五采，尾至夏則光鮮，此雉之陽也。雉交蛇、蛇化雉者，巳與午皆朱鳥之次也。雉化蜃、雀化蛤者，内肉外殼，皆離之象也。雉於宿直胃，與巽雞同直者，亦蛇雉之義歟？

狗

戌爲狗，於宿直婁，西方之宿也。而主艮者，狗，火精也，艮位在寅，火墓於戌而生於寅，故虎之生子爲狗也。子夏曰：「斗主狗，斗止而動，艮之象也」，九家易曰：「三主斗，故犬三月而生。斗行十三時而日出，故犬十三日而開目。斗屈，故犬卧屈。斗行四匝，故犬夜繞室。火精畏水，故犬鬬以水沃而解。」〔一〕

羊

未爲羊，於宿直鬼，南方之宿也。而主兑者，金生於土也，土王則金生，故庚伏必於建未之月也。又坤之三陰，巽爲初爻直巳，離爲中爻直午，坤爲純卦直申，則兑爲上爻正當承未之氣也。羊屬土，故土之怪爲羵羊，土生金，故有角而能觸。

乾爲首［至］兑爲口

此以身之八體擬八卦也。首會諸陽屬乾，腹藏衆陰屬坤，足主下六經爲震，手主上六經爲艮，耳輪陷内爲

〔一〕九家易，宋本無「易」字。「三主斗」之「三」，據宋本改，他本皆作「艮」。按周易集解載九家易曰：「艮止，主守禦也。艮數三，七九六十三。三主斗，斗爲犬。故犬懷胎三月而生。斗運行十三時日出，故犬十三日而開目。斗屈，故犬臣屈也，斗運行四幣，犬亦夜繞室也。火之精畏水，不敢飲，但舌舐水耳。犬斗，以水灌之，則解也。」

坎，目睛射〔一〕外爲離，巽下開爲股，兑上開爲口。朱子發曰：「足動股隨，雷風相與也。耳目通竅，水火相逮也；口與鼻通，山澤通氣也。」

耳目

人覺則神在目，寐則神在耳，故覺則用目而視，離日主晝也，寐則用耳而寤，坎月主夜也。坎陽陷於陰，故耳居陰而能聽。離陰麗於陽，故目資陽而後視。

艮爲手

李椿年侍郎自號逍遥子，作周易傳曰：「一身之榮衛還周會於手太陰，一日之陰陽曉昏會於艮時，故艮時在人其象爲手。」余以醫書攷之，信然。按十二經之脉，其始從中焦注手之太陰「肺脉」、手之陽明「肺之府太陽脉」，陽明注足之陽明「脾之府胃脉」、足之太陰「脾脉」，太陰注手之少陰「心脉」、手之太陽「心之府小腸脉」，太陽注足之太陽「腎之府膀胱〔二〕脉」、足之少陰「腎脉」，少陰注手之厥陰「心包脉」、手之少陽「心包之府三焦脉」，少陽注足之少陽「肝之府膽脉」、足之厥陰「肝〔三〕脉」，厥陰復注手之太陰，常以平旦爲紀，

〔一〕射，宋本作「附」。
〔二〕胱，通志堂本作「光」，宋本、明抄本、清抄本、四庫本作「胱」，據改。
〔三〕肝，宋本、明抄本訛作「肺」。按靈樞經脈：「肝足厥陰之脈」，知足厥陰屬肝經。

平旦爲寅，艮之位在焉，則李氏之説信矣。

乾天也［至］謂之少女

此以家之八位擬八卦也。純陽爲父，純陰爲母，陰陽在初者爲長男長女，在中者爲中男中女，在末者爲少男少女。男之初也，陽精在下，中交於陰，末則陽上升而男道絶矣。女之初也，陰血在下，中交於陽，末則陰上行而女道絶矣。

乾爲天爲圜章第六

上章合八卦爲一，而分德、物、身、家以爲四類。此章復合四類爲一，而分八卦以爲八門。所以反覆推廣象類，使之明備，以資占者之决也。

乾

乾自天道言之則在巳，極陽之月也，自地道言之則在亥，極剛之地也。極陽故「爲大赤」，火之盛色也。極剛故「爲寒冰」，水之勁氣也。乾道大而无極，惟「天」足以盡之，運而无極，惟「圜」足以盡之，故以二象爲首句也。在國則「君」，在家則「父」，皆物之元也。「玉」言其純粹精也，「金」言其剛而能變也。其上極而貞則「爲木果」，此乾在亥之時也，故爲末句，艮「爲果蓏」亦是意也。「爲良馬」，則馬之德莫加焉。「爲駁馬」，倨牙食虎豹，則馬之力莫加焉。「爲老馬」，則智之最高者也。「爲瘠馬」，則筋骨之至峻者也。凡乾之象皆取其健而爲首者言之。閩人鄭少梅東卿曰：「圜者數之本，果者木之本也。」

乾逸象：爲龍，爲衣，爲直，爲言

此荀爽、九家逸象也，他卦倣此。「爲龍」，震之「健」也。「爲直」，巽之「躁」也。「爲言」，兑之「決」也。震之「龍」，巽之「繩直」，兑之「口舌」，皆以乾爻故也。乾「爲衣」，上服也。坤「爲裳」，下服也。

坤

朱子發曰：「蔴葛苧曰布」〔一〕，余謂古者泉貨爲「布」，能隨百物之貴賤而賦之，坤之象也。「釜」能熟百物，乾生而坤熟之也。「吝嗇」，其「静」之「翕」。「均」，其「動」之「闢」也。陶人制物之形者謂之均，亦此義也。對「天」言之則坤爲「地」，就地〔二〕之色言之則坤爲「黑」，黑者，幽陰之色也。不言「黄」者，黄者，坤之離，玄者，乾之坎，皆中爻之色也。若論其極，則乾正爲「赤」，坤正爲「黑」，故先天圖乾南而坤北也。自萬物言之，坤皆「爲母」，就牛言之，又「爲子母」者，「爲少」「爲牝」「爲孕育」「爲隨順」，兼數義也。「輿」主於方，「柄」主於執，皆與乾「圜」相反。「輿」加「大」字，則又取其載之廣也。乾「質」，故坤「文」。乾「一」，故坤「衆」。乾馬「老」「瘠」，故坤牛「牸犢」，明少且肥。皆相反也。地之黑者其稼

〔一〕漢上易傳卷九：「麻紵葛曰布。」
〔二〕地，宋本、明抄本作「坤」。

亦肥。

坤逸象：爲牝，爲迷，爲方，爲囊，爲裳，爲黄，爲帛，爲漿

曰「牝」、曰「迷」、曰「方」、曰「囊」、曰「裳」、曰「黄」，皆見本卦繇辭。「帛」即「文」也，又乾爲蠶精而出於震，至巽離而爲絲，至坤而成帛也。酒主陽，漿主陰，故坤「爲漿」。坎震爲酒，皆乾之陽也。

震

「爲雷」「爲龍」「爲〔一〕決躁」「爲善鳴」「爲作足」「爲健」，皆動之象也。「爲大塗」「爲長子」「爲蕃鮮」，皆出震之象也。「爲花敷」「爲蒼筤竹」「爲萑葦」，皆蕃鮮之物也。蒼筤，青也，震之本色也。玄黄，天地之色也，乾坤初交而生震，故具父母之氣焉。「馵」與「的」皆巽之色也，震巽同生，故有巽之氣焉。於足則白在後左，於顙則白在前首〔二〕，左足者，震之本象也，巽之生在其後，故爲後足。白首者，乾之象也，乾之初爻往而生震，其上二爻遂成巽象，巽在其上，故爲顙白也。「作足」者，前後各一蹄舉也，今人謂之虚〔三〕立，皆一陽在下之象也。「反生」者，死而復生，一歲再熟之稻也，一陽動於下，有來復之象焉。「蒼筤」「萑葦」

〔一〕爲，宋本脱此字。
〔二〕首，宋本、明抄本、清抄本訛作「者」。
〔三〕虚，宋本作「鹿」。

二物，下盤固而上虛脆，亦陽在下之象也。「其究爲健」者，乾之始也。「爲蕃鮮」者，坤之生也。震爲乾坤之長子，故其色「玄黄」，以其受氣之初言之也；「其究爲健，爲蕃鮮」，以其成功言之也。

龍字　尃字

震「爲龍」，虞翻謂當爲「駹」，蒼色也〔一〕。朱子發謂當爲「⿰豸尨」，東方尾星也〔二〕。其説皆不可從。震「爲尃」，李鼎祚云：「本作『専』，延叔堅説爲『尃』，大布也。」〔三〕安世按，釋文引王肅、干寶説皆以「尃」爲「花藪」〔四〕，則字之爲「尃」久矣，古文「花」字爲「華」、爲「荂」、爲「敷」，皆音「藪」。

震逸象：爲王，爲鵠，爲鼓

「爲王」者，「帝出乎震」也，與長子同。「鵠」，古「鶴」字，「爲鵠爲鼓」皆聲之遠聞者也，與雷同。鵠色正白，與「馵〔五〕」「的」同。

〔一〕周易集解從虞翻本作「駹」，引虞翻注云：「駹，蒼色。」

〔二〕朱震漢上易傳卷九：「龍當作⿰豸尨，蒼龍尾也。」

〔三〕周易集解從虞翻本作専，引虞翻注云：「陽在初隱静，未出觸坤，故専，則乾静也専。延叔堅説以専爲尃，大布，非也。此上虞義者也。」據此則延叔堅之説乃虞翻所引，非李鼎祚之語。

〔四〕經典釋文「爲尃」條注：「王肅音孚，干云花之通名，鋪爲花貌謂之藪。」

〔五〕馵，據宋本改，明抄本作「馬」，他本作「畢」。

巽

「木曰曲直」，巽「入」之象也。木根巽入於地，地氣亦巽入於木，故「風」與氣「臭」皆與木同象也。「爲繩直、爲工」「爲長、爲高」「爲近利市〔二〕三倍」，皆巽者之功也。繩以曲而制直，工以曲直成器物之長者，高者皆巽積而不自知，市人之謀利者亦巽入而人不知也。「爲進退、爲不果」，皆巽者之性也。人柔則多疑，剛則多決，故巽疑而震決。「爲白」「爲宣〔三〕髮、爲廣顙、爲多白眼」者，巽者之色也。萬物至巽而甲盡脱，故爲絜而齊，「繩直」其齊，「白」其絜也。「宣髮」者，白髮也，虞翻謂馬君不當改『宣』爲『寡』，然寡亦脱髮之象，與「廣顙」同類也。「宣髮」「廣顙」者，變坎上爻，水不上潤，故不成血盛之髮也。「多白眼」者，遷離中爻於下，故不成中虛之眼也。「宣髮」者，肺之風。「白眼」者，肝之風也。震「究爲健」，巽究爲不順者，君子之剛其極爲「健」，小人之柔其極爲「躁」，此陰陽之所以分也。觀坤上六之「戰」則「躁」可知矣。

巽逸象：爲揚，爲鸛

「巽稱而隱」，「稱」即「揚」也，揚子曰「巽以揚之」。鸛，水鳥，能知風雨者，詩曰：「鸛鳴于垤」，朱

〔二〕利市，宋本、明抄本此二字誤倒。

〔三〕宣，據宋本、明抄本改，他本作「寡」。按據下文「虞翻謂馬君不當改『宣』爲『寡』」之説，可知項氏作「宣」。

子發曰：「震爲鶴，鶴陽禽也；巽爲鸛，鸛陰禽也。」〔一〕

坎

坎，勞卦也，「溝瀆」「隱伏」「矯輮」「弓輪」「爲通」「爲盜」，皆事之勞者也。矯者，矯曲而使之直。輮者，輮直而使之曲。弓與輪皆矯輮之所成也。輿之「多眚」，馬之「下首」「亟心」「薄蹄」而「曳」，人之「加憂」「心病」「耳痛」，皆勞象也。陽陷於陰中，水行於地中，可謂曲而勞矣。「月」者，天之水也。「血」者，人之水也。「盜」之潛行有水之象，月行於夜亦盜之象也。陽萌於地中爲「赤」，及其純也則爲乾之「大赤」。「美」當馬之中者爲「脊」，及其純也則爲乾之「良馬」。輿屬坤，坤陷，故「多眚」。馬屬乾，乾陷，故「首下」。蹄屬震，陽不在蹄，故「爲薄」「爲曳」。仰不爲乾之首，俯不爲震之蹄，而獨當脊與心，故「爲美脊」「爲亟心」。在内則心爲中，在外則脊爲中也。木屬巽，天一之水常行於木之心，故「爲堅多心」。

坎逸象：爲宫，爲律，爲可，爲棟，爲叢棘，爲狐，爲蒺藜，爲桎梏

「宫」與「穴」同象，皆外圍土而内居人，「陷」也，「隱伏」也，陽在中也，五聲之「宫」亦陽在中也。「律」者，法也，水能平準故爲法，十二律亦法度之所從出也。「爲棟」近於律，「爲可」近於通。水之氣隨萬

〔一〕漢上易傳卷九：「震爲鶴，陽鳥也；巽爲鸛，陰鳥也。」

物之大小，皆能可其中而足焉，而水之形則能相地勢之高卑而爲之平，此「可」與「棟」之分也。「叢棘」「狐」「蒺藜」「桎梏」，皆物之險而能陷者也。「棟」字疑當爲「楝」，楝在屋中，有陽[一]之象焉。大過肖坎，故爲「楝」。逸象多出於繇辭之文，此字恐取於大過也。

離

「火」「日」「電」「乾」「槁」，皆離之性也。「甲胄」「戈兵」「大腹」「鼈」「蟹」「蠃」「蚌」「龜」，皆離之形也。甲胄中虛，戈兵上鋭，虛其形、鋭其性也。鼈、蟹抱黄，内坤也。蠃、蚌、龜之殼能開能閉，外乾也。坎「爲血卦」，水之潤也。離「爲乾卦」，火之熯也。陸德明訓「科」爲空[二]，則中空而上「槁」也，空者其形，「槁」者其性也。横渠先生曰：「科上槁，附且[三]燥也」，則謂其科上而槁，蓋以枝榦之閒爲科上也。坎離者，乾坤之精氣也，乾「爲首」，故坎「爲下首」，坤「爲腹」，故離「爲大腹」。離非能大於坤也，大腹、下首皆疾證也。

離逸象：爲牝牛

予謂荀氏、九家逸象多取於繇辭者，若離之「牝牛」，豈不信哉？

[一] 陽，宋本作「湯中」，明抄本、清抄本作「陽中」。

[二] 空，宋本訛作「之」。下文「空者其形」之「空」，宋本亦訛作「之」。又，宋本「之則中空而上槁也」本作雙行小字。

[三] 且，横渠易説作「其」。

艮

大而爲「山」，微而爲「小石」，皆堅而止者也。「爲徑路」「爲門闕」，二物皆有行有止，成始成終之義也。在物「爲果蓏」，在人「爲閽寺」，皆氣之止於外者也。「爲指」，義與「堅多節」同。虞翻謂「狗」當爲「拘」〔一〕，亦多節之類也。「爲狗、爲鼠、爲黔喙〔二〕之屬」，皆剛之在前者也。黔，玄色也，亦陽在前也。程迥謂：「黔，東北方之色，青黑雜也。」乾純陽，故但「爲木果」。艮一陽二陰，故爲木之「果」，又爲草之「蓏」。震「爲藪」「爲蕃鮮」，草木之始也。艮「爲果蓏」，草木之終也。果蓏能終而又能始，故於艮之象爲切。坎〔三〕陽在中，故「爲堅多心」。艮陽在外，故「爲堅多節」。離中虛，故「爲科上槁」。皆得巽木之一端者也。

艮逸象：爲鼻，爲虎，爲狐

艮「爲山」，鼻者，天中之山也。艮主寅，虎，寅獸也，故艮「爲狗」，虎之子亦爲狗。坎「爲狐」，取其心之險也。艮「爲狐」，取其喙之黔也。

〔一〕拘，宋本訛作「枸」。按周易集解引虞翻說：「『拘』舊作『狗』」。

〔二〕喙，宋本訛作「啄」。

〔三〕坎，宋本、明抄本、清抄本訛作「切」。

兑

「羊」，虞氏作「羔」，鄭氏作「陽〔二〕」，皆訓爲「女使」。然則「妾」也、「羊」也、「少女」也，皆女之末者也。「爲巫」，與「口舌」同，陰在下爲股，在中爲大腹，在上爲口舌，巫以口舌爲官者也。「毀折」「附決」與「剛鹵」同。剛鹵之地不能生物。兑爲金、爲秋，皆決折之氣也。鹵者，水之死氣也，坎水絶於下而澤見於上，則足以爲鹵而已矣。物之相附者至秋而盡決，陰在陽中爲附，二陽下而一陰上則附者決矣。此自離而兑之序也，然震之本志已「爲決躁」，但至離而附，故未決耳，至兑則毀折之矣。雖欲復附，得乎？夬之象類兑，故亦爲〔三〕決。

剛鹵

兑爲澤，澤者，水草之所鍾、最能説物者也，乃「爲剛鹵」而无生物之功，何哉？蓋身之潤者爲汗，汗出則涼。物之潤者爲澤，澤見則枯。今天地之鹵者，非不潤也，暫熯而乾，已而復潤。天下之潤者莫久焉，然而不能以生物，則以其潤氣之在外也。故惟藏於中者足以「爲水」「爲血」「爲月」，而爲滋潤流通之本。而其見於外者，其上則甘而爲露，而露之凝也爲霜，其下則鹹而爲鹵，而鹵之凝也爲鹽，二者皆殺物之具也。是故情

〔二〕陽，據宋本改，他本作「羊」。
〔三〕爲，宋本訛作「故」。

之悦者，不若其心之憂，坎足以開天一之源，而兑爲天下之賤女，聖人之意深矣。鄭少梅謂：「剛者出金，鹵者出鹽，雖不生五穀而寶貨興焉，此天地之仁也。」然予以爲此亦末作之象也。凡兑之象皆屬末，口舌者，行之末。妾婢者，女之末。金寶者，利之末也。

兑逸象：爲常，爲輔頰

「爲輔頰」即「口舌」之類也。「爲常」，朱子發以爲當屬坤，脱簡在此。然予按晁以道古易，「常」即古文「裳」字。若然，則今坤之逸象既有「裳」矣。兑之爲「常」，意者其爲「商」之誤歟？「輔頰」字出咸卦，「商」字出兑卦。

卦象異同

乾爲父，坤爲母，震爲長子，巽爲長女，離爲中女，兑爲少女，皆見於象，而中男、少男獨不重見。乾爲馬，坤爲牛，震爲龍，艮爲狗，兑爲羊，皆見於象，而巽雞、坎豕、離雉獨不再出。巽爲躁卦，坎爲血卦，離爲乾卦，而五卦皆不稱卦。震究爲健、爲蕃鮮，巽究爲躁，而六卦皆不稱究。蓋互相例也。

周易玩辭卷第十六

序卦

上經三十卦

易之稱上下經者，未有攷也，以序卦觀之，二篇之分斷可知矣。

屯者，盈也，屯者，物之始生也

「屯」不訓「盈」也。當屯之時，剛柔始交，天地絪緼，雷雨動蕩，見其氣之充塞也，是以謂之「盈」爾。故謂之「盈」者，其氣也；謂之「物之始生」者，其時也。謂之「難」者，其事也。若屯之訓，則紛紜盤錯之義云爾。

需者，飲食之道也

「需」不訓「飲食」也。人之所需，飲食爲急，故以需爲「飲食之道也」。需乾下坎上，陽爲穀實而水氣上蒸，亦有釀酒爨食之象焉。

物畜然後有禮，故受之以履

「履」不訓「禮」也。人之所履未有外於禮者，外於禮則非所當履，故以履爲「有禮」也。履上天下澤，亦有禮之名分焉。晁以道曰：「王弼略例所引有『履者，禮也』一句，但誤以爲雜卦爾。」

以喜隨人者必有事，蠱者，事也

「蠱」不訓「事」。蠱者，壞也，物壞則萬事生矣，事因壞而起，故以蠱爲事之元，如人之亡謂之事故也。以喜隨人者必淪胥以壞，故雜卦曰「豫怠」，又曰「隨，无故也」，怠則不憂，无故則无所修飭，萬事之壞皆起於怠與隨，所謂荒於嬉、毀於隨者，此之謂也。方其隨也，自以爲无故也，孰知多事之端實肇於此乎？聖人斷之曰「必有事」，其辭切矣。

臨者，大也　豐者，大也

「臨」不訓「大」。臨者以上臨下，以大臨小，凡稱「臨」者，皆大者之事也，故以「大」釋之。若「豐者，大也」，則「豐」真訓「大」矣。是以六十四卦之中有二大，兩〔二〕不相妨焉。

〔二〕兩，宋本、明抄本、清抄本作「而」。

比必有所畜　有无妄然後可畜

因比而畜，以情相畜者也，故謂之小畜。有无妄而畜，以道相畜者也，故謂之大畜。鄭康成本云：「有无妄，物然後可畜。」

物畜然後有禮　物畜然後可養

小畜者，畜之初，有夫婦、父子、君臣、上下，禮義方有所錯也。大畜者，畜之終，天地之閒物莫不備，故養道足。此周之禮樂庶事備之時也。

需者，飲食之道也　頤者，養也

需當物生之初，如兒之須乳，苗之須溉，其養之之道微〔一〕矣，故曰「飲食之道也」。頤當物生之極，萬物交致其養，如天地之養萬物，聖人之養萬民，如是而後可以謂之養，故曰「養也」。

不養則不可動　震者，動也

物極則老，不可復動，如衰老之人，得養而後能動，動氣雖存，本末弱矣，此所以爲大過也。此「動」字與上文「畜」字相應。畜者，止也，已止而動者欲滅之明，此大過之所以入於坎也。若震之動，則陽之始出，

〔一〕微，宋本作「急」，明抄本、清抄本無此字。

明之始生，其力方壯，乃可動之時也，故先動而後止。

受之以坎、離

天地之精氣化生萬物，其始也盈滿於天地之閒，及其終也，養之極，動之過，則復歸於坎、離之中。月魄下降爲坎，日魂上升爲離，故受之以坎、離者，各還其稟賦之初也，此即乾之「元亨利」而復歸於「貞」也。

序不言咸

王昭素本云：「離者，麗也，麗必有所感，故受之以咸。咸者，感也。」

下經三十四卦

上經言天地之生萬物，以氣而流形，故始於乾、坤，終於坎、離，言氣化之本也。下經言萬物之相生，以形而傳〔二〕氣，故始於咸、恒，終於既濟，言夫婦之道也。

男女　夫婦　父子　君臣　上下　禮義

男女配合而有夫婦。夫婦化生而有父子。父子衆則有主有屬，故有君臣。君臣立則人治詳，於是以時刻之相先而定長幼，以等級之相臨而分貴賤，而上下生矣。上下既具，則拜趨坐立之節形，而宮室車旗之制設，其

〔二〕傳，據宋本、明抄本、清抄本改，他本作「傅」。

行之必有文，是以謂之禮，其辨之必有理，是以謂之義。然則禮義者，非能制爲人倫也，有人倫而後禮義行於其閒爾。故男女、夫婦、父子、君臣、上下皆謂之「有」，而禮義謂之「錯」。明乎此，可以知禮義〔一〕之本矣。

物不可以終遯，故受之以大壯

壯與遯相反，遯於義爲退，則大壯似於進矣。然而大壯不得爲進，而雜卦又曰「大壯則止」，何也？蓋大壯之義似進而未進，似止而非止，蓄材待事，養鋭積力，以止爲進者也。故序卦不訓，謂其難以字訓而可以意曉也。孟子曰「我善養吾浩然之氣」，「其爲氣也至大至剛，以直養而無害，則塞乎天地之閒」，其大壯之事乎？

晉者，進也　漸者，進也

晉者，明出地上，進而明也，徒進不足以盡之。漸者，山上有木，以漸而進者也。漸者進之方，而漸亦非進也。凡若此類，皆取其大意以明卦之序，非以卦義爲盡於此也。

蹇，難也

凡言屯者皆以爲難，而蹇又稱難者，卦皆有坎也。然而屯「動乎險中」，則誠行乎患難者也。蹇之「見險

〔一〕義，宋本、明抄本脱此字。

而止」，則但爲其所阻難而不得前爾，非患難之難也。故居屯者必以經綸濟之，而遇蹇者則待其解緩而後前，其難易固不侔矣。

決必有遇

決者，相分别也，遇者，相會合也。物有分必有合，故曰「決必有遇」。

姤者，遇也

陽之長也，人以爲君子之當然，故曰復，如人之復常也。陰之長也，人以爲小人之天幸，故曰遇〔一〕，如人之遭遇也，故彖與雜卦皆曰「柔遇剛也」，小人得君亦其運之遭爾，彼豈興行之物哉？

聚而上者謂之升

升主騰上而言，徒上不足以擬之，故曰「聚而上者謂之升」，如雲之升、煙之升、魂氣之升，皆聚而上者也。若象之「地中生木」、爻之「升階」，則但以上爲升爾。此序卦之所以爲有功於發明也。

物相遇而後聚　比必有所畜

物相遇而聚者，彼此之情交相會也，故謂之萃，以衆言之也。比而有所畜者，係而止之也，故謂之畜，自

〔一〕遇，疑此字本當作「姤」，宋本避高宗諱而作「遇」，他本沿而未改。

我言之也。畜有止而聚之義，聚者不必止也。

進必有所傷　進必有所歸

晉之義不止於進，乃進而明也，明之極必至於无徒，故其進也必有所傷。漸之義不急於進，其進以漸，故得其所歸也。

與人同者物必歸焉，故受之以大有　得其所歸者必大，故受之以豐

物皆歸我，我奄而有之，能有大者也，舜禹之有天下是也。物得所歸，其聚必大，能致大者也，天下之歸湯武是也。此接上文「進必有所歸」言之也。

窮大者必失其居

秦隋是也。

入而後說之　說而後散之

人之情相拒則怒，相入則說，故「入而後說之」也。憂則氣結，說則氣散，故「說而後散之」也。

節而信之　有其信者必行之

有其節者必能守之以信，自恃其信者，其行必果而過於中。「有其信」猶書所謂「有其善」之「有」，言其以此自負而居有之也。

大過受以坎　小過受以既濟

大過則踰越常理甚矣，故必至於陷。小過則或可以濟事，故有濟而无陷也。大過訓「動」，小過訓「行」，明「過」皆經越之義，非過失之過矣。

既濟　未濟

坎離之交謂之既濟，此生生不窮之所從出也，而聖人猶以爲有窮也。又分之以爲未濟，此即咸感之後繼之以恒久之義也。蓋情之交者，不可以久而無敝，故必以分之正者終之。人之心腎，其氣何嘗不交，而心必在上，腎必在下，不可易也。以此觀之，可以知既濟、未濟之象矣。

序卦演義

上經始於乾、坤自重。屯、蒙，以震艮合坎。需、訟，以坎合乾。師、比，以坎合坤。小畜、履，以巽、兑合乾。泰、否，乾、坤自合。同人、大有，以離合乾。謙、豫，以震、艮合坤。隨、蠱，震、艮、巽、兑自合。臨、觀，以巽、兑合坤。噬嗑、賁，以震、艮合離。无妄、大畜，以震、艮合乾。震、艮爲頤，巽、兑爲大過，終之以坎、離自重。下經咸、恒，震、艮、巽、兑自合。遯、大壯，以震、艮合乾。晉、明夷，以離合坤。家人、睽，以巽、兑合離。蹇、解，以震、艮合坎。損、益，震、艮、巽、兑自合。夬、姤，以兑、巽合乾。萃、升，以兑、巽合坤。困、井，以兑、巽合坎。革、鼎，以兑、巽合離。震、艮自重。漸、歸妹，震、艮、巽、兑自合。豐、旅，以震、艮合離，巽、兑自重。渙、節，以巽、兑合坎。巽、兑爲中孚，震、艮爲小過，終之以既、未濟，坎、離自合。

凡易之序，始於乾、坤，終於坎、離，而震、艮、巽、兑錯綜於其中，故上下經之終，皆先列不相反對之卦二〔一〕，而後以坎、離終之。其不相反對者，即震與艮合、巽與兑合之卦也，明四卦之變畢而後坎、離之用終也。乾、坤相合於上經之内，而坎、離相合於下經之終，明乾、坤爲體，坎、離爲用也。震、艮之與巽、兑相合於上經者一，相合於下經者三。乾、坤之與坎、離相合於上經者三，相合於下經者一。明乾、坤、坎、離爲上經之主，震、艮、巽、兑爲下經之主也。上經无坤合離［有乾合坎、坤合坎、乾合離，凡三色］，下經无乾合坎，明下无純陽，上无純陰也。震、艮之合坎、離者，半在上經［屯、蒙合坎，噬嗑、賁合離］，半在下經，而巽、兑之合坎、離者［困、井、渙、節合坎，家人、睽、革、鼎合離］，皆在下經，明陽多在上，陰多在下也。巽、兑之合坤者，一上［臨、觀］，一下［萃、升］，其合乾者亦一上［小畜、履］，一下［夬、姤］。而震、艮之合坤者二［謙、豫、剥、復］，皆在上經，其合乾者亦一上［无妄、大畜］，一下［遯、大壯］，亦明陽之多在上，陰之多在下也。坤一得在上者，以臨爲陽長之卦也。乾一在下者，以遯爲陰長之卦也。凡陽長三卦，復、臨、泰皆在上經。陰長三卦，姤、遯、否皆在下經。否以與泰反對，故得在上經也。易始於乾、坤，

〔一〕二，據宋本、明抄本改，他本作「四」。

終於坎、離。乾、坤者，形氣之成。坎、離者，精血之運。運則雖終而无窮，此終始之大義。上經首天地，下經首夫婦，意亦猶此。大過、小過，震、艮、兑、巽之肖坎者也。頤、中孚，震、艮、兑、巽之肖離者也。故上下經之終各以二卦附坎、離者，明震、艮、兑、巽之體亦未嘗外於坎、離也。

雜卦

序卦　雜卦

有序必有雜，序者，天地之定體，雜者，天地之大用也。有序而无雜，則易之用窮矣，故以雜卦終之，此既濟之後終以未濟之意也。易之用无所不通，京房、揚雄之以卦氣直日，其序復與雜卦不同。邵康節之以四象畫卦，其序復與卦氣不同。然則歸藏、連山之序，必與周易不同，无足疑矣。然卦氣起中孚，先天陽起乾、兑，陰起巽、坎，歸藏初坤，連山尚艮，其説尚可攷也，獨雜卦則未有知其説者。閩人鄭東卿少梅曰：「上經起乾、坤至坎、離三十卦，下經起咸、恒至既、未濟三十四卦，此序卦所述以爲二章也。雜卦雖合爲一章，无上下經之分，然自乾坤至困亦三十卦，自咸、恒至夬亦三十四卦。」由是推之，則其雜之也，豈无説而苟然者哉？是必有如卦氣、先天之説而易師失其傳矣。鄭夬易云：「雜卦解伏羲六十四卦，以其始於乾而終於夬也。」

乾剛坤柔

「乾剛坤柔」與「離上」「坎下」相類，語若淺近而乾、坤、坎、離之性盡於二語之中，不可以復加也。凡易之剛爻皆乾也，凡易之柔爻皆坤也，凡繫辭之稱乾、坤，皆謂剛爻柔爻，非但指六畫之兩卦也。盡三百八十四爻，不過「剛柔」二字而已。

比樂師憂

比者聖人之本心，師者聖人之不能已，故比謂之「吉」，師謂之「毒」。師之九二必待「中吉」而後「无咎」，必待「王三錫命」而後能成功。比之九五内不誡邑人，外不取逆者，而物自歸之，其憂樂之分明矣。

臨與觀求

臨，二陽方進，我出而與人也。觀，二陽將去，人望而求我也。孔孟之周流憂世，思濟斯民，其臨之義乎？反魯居齊，人矜式之，其觀之義乎？

屯　蒙[一]

屯之初九已出乎震而未離乎下，「盤桓」「居貞」，奠而後動，不使有失策也。齊桓公之次於陘，晉文公之

[一] 蒙，據宋本、明抄本、清抄本改。按此條論屯、蒙二卦，例之以其他條目之名稱，當用卦名。

表裏山河，其慮深矣，不可得而危也，此高、光之關中、河內也。蒙之九二藏於坎中，不求於蒙而蒙自求之，「剛中而志應」，不可得而揜也，諸葛孔明、王景略之事是也。此二卦者皆有康主濟民之用，以「居」對「見」，則「見」謂出也。以「著」對「雜」，則「雜」謂隱也。屯雖出而不失其處，蒙雖處而不免於出，二義正相反也。

艮，止也　節，止也　大壯則止

雜卦言止者三：艮，止也；大壯則止；節，止也。震一陽起於初，艮一陽止於終，此天道之起止，自東方而至於東北者也。大壯之「止」與遯之「退」相反，謂陽德方盛，故止而不退也。此「止」有向進之象，非若艮之止〔二〕而終也。節之「止」與渙之「離」相反，謂遏而止之，使不散也，此人止之，非若大壯之自止也。

損　益

「損益，盛衰之始也」，此句發明損、益之義最爲親切。泰之變爲損，損未遽衰也，然損而不已，自是衰矣。否之變爲益，益未遽盛也，然益而不已，自是盛矣。爲人者能使惡日衰，善日盛，其爲聖賢也孰禦哉？爲國者能使害日衰，利日盛，其爲泰和也孰禦哉？

〔二〕止，宋本訛作「上」。

大畜　无妄

以乾之剛而受畜於四五之二陰〔二〕，如大畜者，可以言「時」矣。當无妄之時而猶有災焉，可以言「災」矣。

萃　升

萃則坤衆在内，故「聚」。升則坤衆往外矣，故「不來」。精氣聚則爲物，魂氣上升則散而不來矣。

謙　豫

自以爲少，故謙。自以爲多，故豫。少故「輕」，多故「怠」。「怠」或爲「怡」，蓋以「怡」「時」「災」「來」於韻爲協爾，然「怠」字何嘗不協？平上去入之分自沈約始，贊易時固未分也，「豫」「怠」二字本是古語。

噬嗑　賁

物消曰「食」，色滅曰「无」。噬者合，則强物消矣。賁者施，則真色滅矣。故以「食」與「色」相對也。

〔二〕　陰，宋本脱此字。

兑　巽

屯「見」而蒙「雜」，皆指陽言之也。兑「見」而巽「伏」，皆指陰言之也。坎之隱伏，伏於陰中，遇陷而不能出也。巽之伏，伏於陽下，順伏之也。

隨　蠱

隨以「无故」而偷安，蠱以有故而脩「飭」，故聖人不畏多難，而畏无難也。

剥　復

剥，爛盡，復，反生也。凡果爛而仁生，物爛而蟲生，木葉爛而根生，糞壤爛而苗生，皆剥、復之理也。

晉　明夷

進至於日之當天，天下之進極矣。傷至於體之受誅，天下之傷極矣。

井　困

以「通」與「遇」爲反對，則「遇」爲相抵而不通之象矣。巽之上爻主塞坎水之上流，而井之坎乃出其上，蓋塞而復通者也，故謂之「通」。兑之下爻主塞坎水之下源，而困之坎適在其下，正遇其塞，所以困也。

自乾、坤至此凡三十卦，正與上經之數相當。

咸　恒

天下之速，莫速於感，「咸，速也」，此語最有味。

渙　節

渙、節正與井、困相反。井以木出水，故居塞而能通。渙則以水浮木，故通之極至於散也。節以澤上之水，故居通而能塞。困爲澤下之水，故塞之極至於困也。

解　蹇

解、蹇亦皆以水言，解近於渙，緩而縱之也。蹇近於節，難而止之也。「難」字説見序卦。

睽　家人

睽「外」，家人「内」，皆以離卦言也。火在外則氣散，火在内則神凝，治身治國一也。

否　泰

否、泰之相反，亦在内外之閒，皆以乾言也。乾在外則否，乾在内則泰。乾者，國之君子，身之陽氣也。

大壯　遯

大壯「止」，遯「退」，亦皆以乾言也。乾壯則止而不退，乾遯則退而不止也。

大有　同人

大有、同人皆以離之中爻爲主，在上則人歸乎我，是故謂之「衆」，在下則我同乎人，是故謂之「親」。

革　鼎

革以火鎔金，故爲「去故」。鼎以木鑽火，故爲「取新」。亦以離爲主也。

小過　中孚

小過四陰在外而過其常，中孚二陰在内而守其常，二義正相反對，皆主陰言之。

豐　旅

卦名皆在句上，旅獨在下者，取其韻之叶也。以「多故」對「寡親」，則「故」非事故之「故」矣。凡物之情，豐盛則故舊合，羈旅則親戚離，作易者其知之矣。二卦皆主離言之，雷與電俱至，其黨不亦盛乎？「山上有火」，其勢不亦孤乎？

坎　離

乾陽而在上，坤陰而在下者，陰陽之定體，如人之首上而腹下也。離女而在上，坎男而在下者，陰陽之精氣互藏其宅，如人之心上而腎下也。是故腎之精升而爲氣，則離中之陰也。心之精降而爲液，則坎中之陽也。火，陰物也，而附於陽，故炎上。水，陽物也，而藏於陰，故就下。然則日爲陰，月爲陽乎？曰：日則陽矣，而日中之精則陰之神也，月則陰矣，而月中之精則陽之神也，故曰「離上而坎下」，非知道者不足以識之。

小畜　履

小畜與履皆指一陰言之。履六三不當位，故可暫履而不可久處也。小畜六四雖當位而无力，故能暫制而不能勝也。大有「得尊位大中」，大畜得朋，故皆爲「大」而不爲「寡」。

需　訟

需、訟皆主乾言之。止於坎下，故「不進」。違坎而去，故「不親」。

大過　頤

「頗」與「正」皆主陽言之，陰陷陽爲「頗」，陽養陰爲「正」。大過十月卦，陽始絶也。頤十一月卦，陽復生也。

漸　歸妹

漸、歸妹皆主女而言。女子之進也，始於待聘，終於來歸，既得所歸則女道終矣。過是而不已，則出位而姣，惡之大者也，故曰：「歸妹，征凶，无攸利。」

既濟　未濟

既濟、未濟皆主男而言。水能留火，故「定」。水不能留火，故「窮」。陰陽不交而陽獨受窮者，生道屬陽，死道屬陰也。

女終　男窮

「終」與「窮」不同，終者，事之成，女子之義從一而終，不可以復進也。窮者，時之災，事窮勢極，君子之不幸也。

姤　夬

姤、夬皆主陰而言。陰以遭遇爲喜，故以附決爲憂，遇者，有喜之辭也。自咸、恒至此三十四卦，正與下經之數相當。

末章八卦不對説

雜卦末章自大過而下八卦皆不對説。以爲錯簡邪？則於韻皆叶。以爲非錯簡邪？則姤、夬二卦之辭又若本相對者。此其義之不可曉者也。虞翻謂大過死象而兩體姤、夬，故自大過而下，次以姤而終於夬，言君子之決小人也。其説亦有理，嘗試因其説而推之。大過之象本末俱弱，如人之表裏俱絶，世之上下俱昏，此陰滅陽之時也，故爲棺椁之象而在雜卦之終。聖人作易示天下以无終窮之理，教人以撥亂反正之法，是故原其亂之始生於姤，而極其勢之上窮於夬，以示微之當防、盛之不足畏。自夬而乾，有終而復始之義也。

八卦之序

大過者，亂之極也，亂之原必起於姤。姤者，小人之初長也。漸者，小人之窺伺君子也。頤者，君子遭變而自養也［卦氣：頤在大雪之後，冬至之前］。既濟者，君子之善處小人也［三陽三陰各當其位］。歸妹者，小人之遇合也。未濟者，君子之失位也。小人窮，其勢必決，故受之以夬。此一節自大過而下，特皆以男女爲言，至夬而明言之曰「君子」「小人」，然則聖人之意斷可識矣。

八卦之象

六十四卦爲八者八，雜卦自乾、坤至需、訟爲八者七矣，而末章特餘一八，以寓反復无窮之意，則是八者必不苟取也。蓋嘗攷之，頤、大過者，震、艮、巽、兑之正也［長男、少男、長女、少女］。歸妹、漸者，震、兑、艮、巽之交也［長男、少女、少男、長女］。未濟，坎、離之正也［中男、中女］。既濟，坎、離之交也［中女、中男］。姤，坤消乾也。夬，乾消坤也［父、母］。此八卦者正具八純卦之象，故聚見於末章，以明八卦消長之義也。

附録

後序

樂章

易説以「玩辭」名，蓋識其居閒所作也。繫辭曰「君子居則觀其象而玩其辭」。平菴項公昔忤權臣，擯斥十年，杜門却埽，足迹不涉户限，耽思經史，專意著述，成書數編，此其一焉。逮兵端既開，邊事告急，公被命而起，獨當一面，外禦憑陵，内固根本，成就卓然，皆是書之力也。則知公動而玩占，措諸事業，應變不窮，蓋「動静不失其時」者矣，豈直曰「玩其辭」而已哉！嘉定辛未歲閏二月中澣江陵後學樂章書。

周易玩辭序

馬端臨

易有聖人之道四，變與象居其二焉，自義理之學大明，而變象之説幾晦。先儒欲救其弊則曰：聖人當時自可别[一]作一書，明言義理以詔後世，何用假託卦爻，爲此艱深隱晦之辭乎？愚嘗以爲變之説不一：有隨時之變，如彖、象、小象、文言、繫辭各自一義是也。有逐爻之變，如六九七八、陰陽老少是也。有逐卦之變，如剛柔往来、互體飛伏是也。象之説亦不一：有卦畫之象，陰陽奇耦、三連六斷是也。有大象之象，天地風雷山澤水火是也。有説卦之象，乾爲馬、坤爲牛、乾爲首、坤爲腹之類是也。至簡要者隨時之變也，至支離者逐卦之變也，至精微者卦畫之象也，至瑣碎者説卦之象也。必研究其簡要精微

〔一〕别，清抄本脱此字。

者，而不拘泥其支離瑣碎者，則曰象曰變固無非精義至理之所寄也，豈有二哉？平菴項公玩辭一書，義理淵源伊洛，而於象變之際紬繹尤精，明暢正大，無牽合附會之癖。公嘗謂必徧通五經而後歸老於易，且自言窺其門牆而未極其突奥，今將盡心焉，則是書必暮年所著。家有善本，先公嘗熟復而手校之，方塘徐君掌教初菴，以是書鋟梓學舍，俾贅語其編尾，輒誦所聞。大德丁未菊月，後學馬端臨謹書。

周易玩辭序

徐之祥

予幼嗜易，祖程傳，宗本義，諸儒訓解中取平菴項氏玩辭熟讀精思，道德性命之原，開物成務之故，一出於奇耦，往來不窮之變曰象與占，随時取義玩辭，可知先生此書不特有裨於程子七分之傳，當時往復問學朱子之門，其於本義多所發明，惜書成於本義二十年之後，朱子未及見也。集賢初菴傅公以易學[一]經世，被遇殊休，俾其徒黄棠創建精廬，嘉惠後學，經府傳窟中獨缺此書，予過梧翁先生馬公敀[二]學，得所藏本，乃咸湻乙丑禮部貢院所點校，敬鋟諸梓，與[三]朋友共，使家藏而人誦之，予之志也。大德丁未孟秋冷掾徐之

〔一〕易學，清抄本作「學易」。
〔二〕敀，清抄本作「老」。
〔三〕與，清抄本脱此字。

祥拜手謹書。

周易玩辭序

虞　集

周易玩辭者，江陵項公安世平甫之所著也，其言以爲大傳曰「君子居則觀其象而玩其辭，動則觀其變而玩其占」，其道雖四，而實則二，變乃象之進退，占乃辭之吉凶，聖人因象以措辭，後學因辭而測象，是故學易者舍辭何以哉？項公以其玩于辭而得之者筆於書，使後之學者因其言皆有以玩於前聖之辭而得焉，此項氏著書之意也。〔一〕

嗟夫！天不言生，聖人而代之言，故曰：「聖人之精，畫卦以示，聖人之藴，因卦以發」，「微卦，聖人之藴殆不可悉得而聞。」然卦象未有語言，自非明知，何以知之？中古聖人以其憂患之心，因卦立言，暢於周公，究於孔子，首尾具完，皆所親定，所謂精與

〔一〕此序段落爲整理者所分。

蘊者，後世因得以推見焉。今夫生乎千載之下而仰觀於千載之上，以凡人之資而欲窺見天與聖人之道，苟得於聖人之一言即爲天之命已矣，况乎三聖人之言廣大悉備，雖歷世久遠，遭時喪亂，亘千〔二〕萬古而與所謂卦畫者略不可有所磨滅，豈非天乎？後之立言豈有加於此者？志於學者，誠不可下此而他求已，愚是以深嘆項公之爲知言。

漢晋以來，治易之師其言猶有可見，而於三〔三〕聖人之意未知其何如也。及乎邵子、周子之生，易道蓋中興焉。邵子以先天心學著爲成書，不必麗乎經傳而極天地之妙，通萬物之情，三聖人以降，未之或先，而學者鮮或知之。周子之圖亦不必求同於易象，而理則不二。所謂通書者，皆所以通乎易者也，因卦以立辭者，如乾、損、益、家人、睽、復、无妄、蒙、艮之説僅見，如大畜等卦當時已不得聞，獨賴河南程子親得其宗，以其成德之能事附於三聖人之書而言之，非直傳注而已也。自其學而推之以極其至，則天人之際豈有閒哉？蓋嘗聞之，能盡其性者則能盡人之性，能盡人之性則能盡物之性，故曰「知其性則

〔二〕千，通志堂本作「于」，明抄本、清抄本、四庫本及四庫全書所收虞集道園學古録均作「千」，據改。

〔三〕三，諸本皆作「四」，據四庫全書所收虞集道園學古録校改。按此序另有兩處「三聖人」，諸本皆同，此處作「三」，則序文前後一致。

知天矣」。苟知天矣，則天地之故、鬼神之迹、事物之雜，豈待於攷索推測而後通之？故程子有言不盡意者，誠有望於後世學者自有得于聖人也。朱子發明象占本義，多約程子之言而精之云爾，故學易之士於是得其端緒而不差焉。項公實與朱子同時，當時則又有江西陸先生者，各以其學爲教，又有聰明文學過人之士興於永嘉，項公嘗從而問辨咨决焉，其遺文猶有可徵者。朱、項往來之書至六七而不止，其要旨直以程子「涵養須用敬、進學則在致知」之説以告之，於是項公之學上不過于高虛，下不陷於功利，而所趨所達端有定向，然後研精覃[二]思。作爲此書，外有以采擇諸家之博聞，内有以及乎象數之通變，奇而不鑿，深而不迂，詳而無餘，約而無闕，庶幾精微之道焉。其書既成而朱子殁矣，自序其學皆出于程子，而其言則不必皆同也，是可以見其講明之指歸矣。近時學易君子多有取於其説，豈徒然哉？然而爲是學者，自非深求於程朱之説而有所憤悱於缺塞，則亦不足以知項氏之功也。

[二] 覃，四庫全書所收虞集道園學古録作「殫」。

集之壯歲至好此書，每取其説以與朋友講習，今淮西廉訪僉事幹君克莊[一]好古博雅，學道愛人，嘗以禮學貢[二]於有司而不及奏，有旨俾居成均，勤苦數載，有人所不能堪者。文宗皇帝臨御，開延閣以待天下之士，乃特召見，得與論思之次，一時謂之得人。持節淮壖，至于江上，取是書於篋，俾齊安郡學刻而廣之，蓋嘆乎學者之不多見是書也。不鄙謂集退老林下，庶乎困學之不敢忘，俾叙其説焉。嗚呼！内聖外王之學不明於後世，而爲治者以其知力之所及而行之不無其效，至若上下與天地同流者，則何有哉？昔邵子有言曰：「學於里人而盡里人之情，學於鄉人而盡鄉人之情，學於國人而盡國人之情，學於古人而盡古人之情，學於天地而盡天地之情，如此則可以玩辭觀象而得之，世有斯人也哉？」後學虞集謹書。

[一] 幹，清抄本作「韓」，四庫全書所收虞集道園學古録作「烏」。
[二] 學，清抄本作「樂」。貢，四庫全書所收虞集道園學古録作「責」。

書項氏玩辭後[一]

王懋竑

平甫項氏玩辭十六卷，項氏以玩辭名其書，蓋明與朱子背違，而自言以所得於易傳者述爲此書，其文不與易傳合，而本末條貫無一不本於易傳。今考其實不然，於義理絕無所發明，而繳繞於文辭之間，牽合附會，破碎穿鑿，於程傳無毫髮之似。項氏嘗與朱子及象山先生往還，象山譏其喜文辭、好議論，蓋所不許。而朱子詆斥不遺餘力，其末後一書有云：「將此草本立一切法，橫説豎説誑嚇後[二]生」，蓋雖未見玩辭之書，而已預有以斷之矣。貴與、道園，文章博學之士，於經義甚疏，故皆未之深考而漫有所稱道。至直齋陳氏

[一] 此序乃清人王懋竑作，據四庫全书所收氏著白田雜著卷八移録。
[二] 嚇後，晦庵集作「鯙衆」。

謂其補程傳所未足，徐氏又謂於本義多所發明，尤似夢囈之語，其於項氏之書並未嘗一讀也。朱子之學蓋不及一，再傳而已，非其舊故，是書盛行於宋季而莫有能辨之旨[二]，臨川吴氏作纂言多有取於項説，蓋其牽合附會、穿鑿破碎適有相類，以之啓導後學，愈淆亂矣。子曰：「索隱行怪，後世有述焉」，余懼今之人必有以爲與傳義相輔而行，且又以爲出於傳義之上者，此不可以不辯也，乃備爲之，書其後。

[二] 旨，疑当作「者」。

周易玩辭序

納蘭成德

宋江陵項平甫先生光寧兩朝以直諫著聲，慶元中坐黨籍罷官，杜門著書，爲周易玩辭十六卷，發揮卦爻，抉摘精藴。其意以爲辭者，象之疏也，玩辭者，讀易之法也。不玩其辭而知其象，不知其象而能觀變玩占，以盡人合天者，未有也。其言苞舉天人，兼該理數，學者探索之不盡，其書盛行於宋季，迨元大德中，淮西廉訪僉事幹玉倫徒常刻於齊安，而馬貴與、虞伯生爲之序，數百年來傳本漸稀。近得善本於吾師東海先生，因重校而梓之。古今言易者奚啻數百家，然自注疏外，惟程朱傳義爲世所傳習，平甫自言讀程三十年，而又嘗問學於朱子，與之往復辨論，故其書獨得理要。陳直齋謂程傳一於言理，盡略象數，而此書未嘗偏廢。程氏於小象頗欠發明，而此書爻象尤貫通。又謂其偏攷諸家，斷以己意，誠精且博，不其然哉？吴草廬爲學得力於易，自注疏、程朱外，惟取是書及蔡節齋訓解，則是書之宜輔傳義而行也，審矣，可不急爲傳之乎？幹玉倫者，北庭人，虞伯生稱其好古博雅，學道愛人，其人可想見，於以見有元一代縉紳士大夫通經慕古，宋世之風規，未嘗墜也。康熙丙辰納蘭成德容若序。

周易玩辭提要

周易玩辭十六卷，宋項安世撰，安世字平甫，松陽人，館閣續録載其淳熙二年同進士出身，紹熙五年除校書郎，慶元元年添差通判池州。陳振孫書録解題稱爲太府卿，則所終之官也，事蹟具宋史本傳。振孫又稱安世當慶元時謫居江陵，杜門不出，諸經皆有論説，而易爲全書。然據其自述，蓋成於嘉泰二年壬戌之秋。自序謂：「易之道四，其實則二，象與辭是也，變則象之進退也，占則辭之吉凶也。不識其象，何以知其變？不通其辭，何以決其占？」又自述曰：「安世之所學，蓋伊川程子之書也，今以其所得於易傳者述爲此書，而其文無與易傳合者，合則無用述此書矣。」蓋伊川易傳惟闡義理，安世則兼象數而求之，其意欲於程傳之外補所不及，所謂各明一義者也。馬端臨、虞集作序皆盛相推挹，而近時王懋竑白田雜著中有是書跋，獨排斥甚力，至謂端臨等未觀其書，其殆安世自述中所謂「以易傳之文觀我者」歟？安世又有項氏家説，其第一卷亦解易，董真卿嘗稱之，世無傳本，今始以永樂大典所載裒合成編，别著於録。合觀兩書，安世之經學深矣，何可輕詆也？

中外哲學典籍大全·中國哲學典籍卷
已出版書目

《讀禮疑圖》,〔明〕季本著，胡雨章點校。

《王制通論》《王制義按》，程大璋著，吕明烜點校。

《關氏易傳》《易數鈎隱圖》《删定易圖》，劉严點校。

《易説》,〔清〕惠士奇著，陳峴點校。

《易漢學新校注（附易例)》,〔清〕惠棟著，谷繼明校注。

《春秋尊王發微》,〔宋〕孫復著，趙金剛整理。

《春秋師説》,〔元〕黄澤著,〔元〕趙汸編，張立恩點校。

《宋元孝經學五種》，曾海軍點校。

《孝經集傳》,〔明〕黄道周撰，許卉、蔡傑、翟奎鳳點校。

《孝經鄭注疏》《孝經講義》，常達點校。

《孝經鄭氏注箋釋》，曹元弼著，宫志翀點校。

《孝經學》，曹元弼著，宫志翀點校。

《四書辨疑》,〔元〕陳天祥著，光潔點校。

《小心齋劄記》,〔明〕顧憲成著，李可心點校。

《太史公書義法》，孫德謙著，吴天宇點校。

《肇論新疏》,〔元〕文才著，夏德美點校。

《張九成集》,〔宋〕張九成著，李春穎點校。

《周易口義》,〔宋〕胡瑗著，白輝洪、于文博、［韓］徐尚賢點校。

《周易外傳校注》，〔清〕王夫之著，谷繼明校注。

《周易内傳校注》，〔清〕王夫之著，谷繼明校注。

《春秋集注》，〔宋〕張洽著，蔣軍志點校。

《春秋集傳》，〔宋〕張洽著，陳峴點校。

《錢時著作三種》，〔宋〕錢時著，張高博點校。

《涇皋藏稿》，〔明〕顧憲成著，李可心點校。

《周易玩辭》，〔宋〕項安世著，杜兵點校。

更多典籍敬請期待……